AF671564

GESELLSCHAFT FÜR PHILOSOPHIE UND WISSENSCHAFT

Fabian Geier,
Andreas Spahn und Christian Spahn (Hrsg.):

# Perspektiven philosophischer Forschung Band 2

Vorträge der V. und VI. GPW Graduiertenkonferenz
Heidelberg und Berlin 2006-2007

ldib
Verlag

Bibliografische Information der Deutschen Nationalbibliothek
Die Deutsche Nationalbibliothek verzeichnet diese Publikation in der Deutschen Nationalbibliografie; detaillierte bibliografische Daten sind im Internet über http://dnb.ddb.de abrufbar.

© 2013 Oldib Verlag
Waldeck 14, 45133 Essen
Umschlaggestaltung: Oliver Bidlo
Herstellung: BoD GmbH, Norderstedt
ISBN 978-3-939556-31-2

Dieses Werk ist urheberrechtlich geschützt. Jede Verwendung, die über den Rahmen des Zitatrechtes bei vollständiger Quellenangabe hinausgeht, ist honorarpflichtig und bedarf der schriftlichen Genehmigung des Verlages.

# Inhalt

# Vorwort der Herausgeber

Interdisziplinarität, also der grenzüberschreitende Dialog verschiedener Fachbereiche, ist seit Langem ein wohletabliertes Leitmotiv für Forschungsprojekte, Anträge und Graduiertenkollegien. Dem *inner*disziplinären Diskurs verschiedener Schulen und Denkansätze wird vergleichsweise wenig Aufmerksamkeit geschenkt – obwohl der Spezialisierungsgrad innerhalb mancher Disziplinen ähnlich babylonische Ausmaße angenommen hat. Eines der Hauptziele der *Gesellschaft für Philosophie und Wissenschaft e.V.* ist es, diesen Dialog innerhalb der akademischen Philosophie zu fördern und die verschiedenen Terminologien, Problemstellungen, Methoden und Traditionen miteinander ins Gespräch zu bringen.

Ein Baustein dafür waren die von 2002 bis 2007 jährlich veranstalteten GPW Graduiertenkonferenzen, die Nachwuchswissenschaftlern unterschiedlichster philosophischer Herkunft eine Plattform bieten, um ihre Arbeiten vorzustellen und aktuelle Forschungsprobleme zu erörtern. Der vorliegende zweite Band der *Perspektiven philosophischer Forschung* versammelt Beiträge der V. GPW Graduiertenkonferenz vom 6.-8. Oktober 2006 in Heidelberg sowie der VI. GPW Graduiertenkonferenz vom 5.-7. Oktober 2007 in Berlin.

Die Herausgeber
im Januar 2013

*Christian Tewes*

# Der Homunkulus-Fehlschluss in den Kognitions- und Neurowissenschaften

**Abstrakt**

In diesem Aufsatz vertrete ich die These, dass, obwohl der Homunkulus-Fehlschluss im Hinblick auf die Kognitions- und Neurowissenschaften in den letzten Jahren in wesentlichen Punkten analysiert worden ist, sich seine ontologische und methodologische Bedeutung für die Bewusstseinsforschung insgesamt erst anfänglich abzuzeichnen beginnt. Das Ziel des vorliegenden Beitrages ist es deshalb, diese Gesichtspunkte einer genaueren Betrachtung zu unterziehen und insbesondere die *ontologischen* Implikationen des Fehlschlusses einer weitergehenden philosophischen Einschätzung zugänglich zu machen. So wird der Fehlschluss zunächst (a) eingeführt und in einem weiteren Schritt (b) dessen Auftreten im Zusammenhang mit bestimmten ontologischen Grundannahmen der Kognitions- und Bewusstseinsforschung untersucht. Abschließend soll dann (c) gezeigt werden, dass diese Grundannahmen einen für die Bewusstseinsforschung unhaltbaren Epiphänomenalismus evozieren, als dessen negativer Indikator der Homunkulus-Fehlschluss sich erwiesen hat.

## I. Einleitung

Wie vielfältige Studien und Analysen in den letzten Jahren und Jahrzehnten gezeigt haben, ist der so genannte Homunkulus-Fehlschluss sowohl in der Psychologie und den Neurowissenschaften[1] als auch in den Kognitionswissenschaften[2] insgesamt – wie zum Beispiel in der Entscheidungstheorie, künstlichen Intelligenzforschung, oder auch funk-

---

[1] Vgl. M. R. Bennett / P. M. S. Hacker: Philosophical Foundations of Neuroscience. Oxford 2007.

[2] Vgl. Geert Keil (2003a): *Homunkulismus in den Kognitionswissenschaften*, in: Wolfgang R. Köhler / Hans Dieter Mutschler: *Ist der Geist berechenbar? Philosophische Reflexionen.* Darmstadt 2003. 77-112. Oder John Searle: “Minds, Brains, and Programs”. In: *Behavioral and Brain Sciences* 3, (1980), 417- 458. Derselbe: “Is the Brain a Digital Computer?”, in: *Proceedings and Addresses of the American Philosophical Association.* 64/3, (1990), 21-37.

tionalistischen Theorien des Geistes – ein, wie Searle es ausgedrückt hat, geradezu endemisch auftretendes Phänomen. Im Kern geht es diesbezüglich um das Problem, dass bestimmte Fähigkeiten, die im alltagspsychologischen Verständnis einem geistbegabten Wesen bzw. einer Person zukommen, in den oben genannten Forschungszweigen einem Teil bzw. Subsystem einer solchen Entität zugeschrieben werden. Als Terminus Technicus wurde der Homunkulus-Fehlschluss diesbezüglich bereits 1971 vom Oxforder Philosophen Anthony Kenny wie folgt eingeführt:

„I shall call the reckless application of human-being predicates to insufficiently human-like objects the ‚homunculus fallacy', since its most naive form is tantamount to the postulation of a little man within a man to explain human experience and behaviour."[3] (125).

Wie weitergehende Überlegungen in der Literatur gezeigt haben, kann diese Beschreibung lediglich als eine erste Annäherung an die zugrunde liegende Problematik angesehen werden. So stellen Hacker und Bennett zunächst heraus, dass psychologische Prädikate sich essentiell auf den gesamten Menschen (oder das Tier) beziehen würden und nicht nur auf seine Teile. Gemeint ist, dass nicht das Auge oder das visuelle System des Gehirns die Fähigkeit des Sehens hat, sondern Menschen oder Tiere. Sie bevorzugen diesbezüglich den Ausdruck ‚mereologischer-Fehlschluss', um dem Eindruck vorzubeugen, dass der Fehler lediglich dann auftreten würde, wenn psychologische Prädikate einem imaginären Homunkulus im Kopf zugeschrieben würden.[4] Diesen Punkt macht auch Geert Keil in seinen Arbeiten zum Homunkulus Fehlschluss letztendlich geltend, wenn er den Einwand so reformuliert, dass der Opponent keine personenähnliche Instanz innerhalb einer Person bei der Zuschreibung entsprechender Prädikate annimmt, sondern annehmen müsste, um deren Anwendung zu rechtfertigen.[5] Neben der umstrittenen Frage, ob es sich bei dem Fehlschluss, tatsächlich um ein ungültiges Schlussschema handelt, ist es insbesondere das Verhältnis von Teil und Ganzem, das bezo-

[3] Anthony Kenny: The Homunculus Fallacy. In: Anthony Kenny: The Legacy of Wittgenstein. Oxford 1984. 125-136, 125.

[4] Vgl. Hacker /Bennett (2007), 72-73.

[5] Vgl. Geert Keil (2003b): Über den Homunkulus-Fehlschluss, in: Zeitschrift für philosophische Forschung 57 (2003), 1-26, 3.

gen auf den Homunkulus-Fehlschluss einer genaueren Betrachtung zu unterziehen ist. So ist es offenbar häufig ohne Widerspruch möglich, einen Satz so zu formulieren, dass eine Person *S* zum Beispiel Schmerzen hat und diese Schmerzen *p* einem besonderen Teil des Körpers *F* zukommen, also *S* hat Schmerzen und deren Hand schmerzt usw. Deshalb ist es sinnvoll, den Fehlschluss dahingehend zuzuspitzen, dass er insbesondere dann auftritt, wenn kognitive oder perzeptive Fähigkeiten und Vorgänge der gesamten Person *subpersonalen* Instanzen derselben zugeschrieben werden – also in den Neurowissenschaften insbesondere dem Gehirn.[6]

Um diese Gesichtspunkte weiter zu konkretisieren, soll jeweils ein Beispiel aus den Neurowissenschaften und Kognitionswissenschaften für den Fehlschluss genauer vorgestellt und analysiert werden.

In dem Aufsatz *Selbsterfahrung und neurologische Fremdbestimmung* spricht Wolf Singer im Hinblick auf die in den letzten Jahren geführte Debatte um die Willensfreiheit aus neurologischer Sicht auch von Entscheidungen und Abwägungsprozessen. So heißt es diesbezüglich:

„Hirnforscher behaupten, dass Entscheidungen vom Gehirn getroffen werden, also auf neuronalen Prozessen beruhen. Sie müssen deshalb erklären, wie das Wissen neuronal repräsentiert ist, auf dem Entscheidungen beruhen, wie sich die Motive für Entscheidungen im Nervensystem manifestieren, wie die Abwägungsprozesse organisiert sind, wie das wollende und entscheidende „Ich" sich konstituiert."[7]

Bereits die Auffassung, dass Entscheidungen vom Gehirn getroffen werden, macht deutlich, dass der Homunkulus-Fehlschluss hier insofern vorliegt, als eben nur Personen und nicht Gehirne sich bewusst für oder gegen eine Handlungsoption zu entscheiden in der Lage sind. Zwar könnte man vermuten, dass Singer hier mit dem intentionalen Begriff der „Entscheidung" lediglich meint, dass subpersonale Mechanismen, also z. B.

[6] Ralph Schumacher (1998): *Der Homunkulus-Fehlschluss in der Philosophie des Geistes. Eine Verteidigung des Repräsentationalismus*, in: E. Dölling (Hg.) *Repräsentation und Interpretation*. Berlin 1998, 39-60, 48.

[7] Wolf Singer: *Selbsterfahrung und neurobiologische Fremdbestimmung. Zwei Konfliktträchtige Erkenntnisquellen*, in: H. Schmidinger / C. Sedmak (Hg.): *Der Mensch – ein freies Wesen? Autonomie – Personalität – Verantwortung*. Darmstadt 2005, 135-160, 151.

Neuronenfeuerungen in spezifischen Arealen der Hirnrinde den Entscheidungsprozessen unterliegen bzw. ihn kausal evozieren, eine These, die noch näher zu prüfen wäre. Aber dass es sich hier nicht lediglich um die Verwendung einer Metapher handelt, wird daran deutlich, dass sich auch „Motive für Entscheidungen im Nervensystem" manifestieren sollen oder direkte „Abwägungsprozesse" nach Meinung von Singer auf subpersonaler Ebene vorzuliegen scheinen. Nun wird man wohl kaum leugnen wollen, dass sich neuronale Muster korrelativ zu bestimmten Bewusstseinsleistungen hirnphysiologisch spezifizieren lassen. Aber dies legt natürlich keinesfalls nahe, dass solche Muster mit Motiven oder Abwägungsprozessen auf der personalen Ebene identisch sind. Rationale Abwägungsprozesse werden von Personen vollzogen, so dass ein angeblicher Abwägungsprozess auf subpersonaler Ebene eben eine weitere personenähnliche Instanz voraussetzten muss, was zu dem uns beschäftigenden Fehlschluss führt. Trotzdem fehlt es natürlich nicht an Versuchen, solche und ähnliche Ausführungen wie von Singer in eine übergeordnete und nach Auffassung ihrer Proponenten auch gerechtfertigte Forschungsmethodologie zu integrieren. Obwohl schon häufig zitiert, ist Daniel Dennetts offensive Rechtfertigung des homunkularen Funktionalismus diesbezüglich immer noch eines der markantesten Beispiele für das Vorgehen in den Kognitionswissenschaften:

„One starts, in AI, with a specification of a whole person or cognitive organism … or some artificial segment of that person's abilities … and then breaks that largest intentional system into an organization of subsystems, each of which could itself be viewed as an intentional system (with its own specialised beliefs and desires) and hence as formally a homunculus … If one can get a team or committee of *relatively* ignorant, narrow-minded, blind homunculi to produce the intelligent behavior of the whole, this is progress.[8] (123).

Die leitende Forschungsstrategie besteht hier somit darin, eine Dekomposition des gesamten Systems (Person) mit Hilfe „spezialisierter Ho-

---

[8] Daniel Dennett: *Artificial Intelligence as Philosophy and as Psychology*, in: Daniel Dennett (1981): *Brainstorms. Philosophical Essays on Mind and Psychology*. Cambridge, Massachusetts 1981, 109-126, 123.

munkuli“, also funktional-intentional spezifizierter Systemteile vorzunehmen, deren eigene Funktionsweisen jedoch letztendlich, wie Dennett im weiteren Verlauf des Textes weiter ausführt, rein mechanisch erklärbar sein sollen.[9] Dieser letzte Schritt der Dekomposition zeichnet sich somit dadurch aus, dass intentionale Zuschreibungen endgültig durch rein physikalische Beschreibungen bzw. eine rein mechanisch funktionierende Maschine zu ersetzen sind. Den entscheidenden Einwand gegen die hier vorliegende funktionale Dekompositionsstrategie findet sich bereits bei Margolis (1980). Auch die „stupid homunculi“ sind in ihrer Funktionsweise immer noch von intentionalen Zuschreibungen abhängig, welche Fähigkeiten voraussetzen, die wir berechtigterweise lediglich Personen auf der molaren Erklärungsebene zuschreiben.[10] Ihre Ersetzung durch eine rein funktionale oder physikalische Beschreibung evoziert somit den Fehlschluss erneut.

## II. Zur Ontologie der zeitgenössischen Kognitions- und Bewusstseinsforschung

Wie die Kritiker des Homunkulus-Fehlschlusses immer wieder ausführen, handelt es sich bei diesem zwar um einen rein begrifflichen Fehlschuss, der aber auch die Sinnhaftigkeit empirischer Forschungsprojekte selber in Frage stellen kann. So betont beispielsweise Keil, dass Homunkulus-Fehlschlüsse auch den empirischen Wissenschaften selber schaden würden, da sie gegenstandslose Fragen und degenerierende Forschungsprojekte initiieren könnten.[11]

Betrachten wir zur Klärung dieser Gesichtspunkte zunächst, welche ontologischen Prämissen überhaupt Dennetts Auffassung zugrunde liegen, dass zumindest im Prinzip der homunkulare Funktionalismus in der Lage sein soll, eine vollständig mechanistische Erklärung für personale Fähigkeiten und Zuschreibungen mit Hilfe einer rekursiven Dekompositionsstrategie zu liefern. Erste wichtige Hinweise zur Beantwortung dieser Frage finden sich in der physikalischen Symbolsystem-Hypothese von Allen Newell und Herbert Simon, die in ihrer berühmten Definition

---

[9] Ebenda, 124.

[10] Joseph Margolis (1980): *The Trouble with Homunculus Theories*, in: *Philosophy of Science* 47 (1980), 244 – 259, 250.

[11] Keil (2003b), 109-110.

davon ausgehen, dass ein *physikalisches Symbolsystem* die notwendigen und hinreichenden Mittel für allgemeine intelligente Handlungen besitzen würde.[12] Die Extension des Begriffs der allgemeinen intelligenten Handlung wird von den Autoren diesbezüglich wie folgt bestimmt:

„Mit ‚allgemeine menschliche Handlung' wollen wir denselben Bereich ansprechen, den wir in menschlichen Handlungen finden: dass in irgendeiner wirklichen Situation sich ein Verhalten zeigt, das den Zielen des Systems entspricht und sich den Erfordernissen der Umgebung anpassen kann, und zwar innerhalb bestimmter Grenzen hinsichtlich Geschwindigkeit und Komplexität."[13]

Newell und Simon insistieren bei der physikalischen Symbolsystem-Hypothese darauf, dass sie wissenschaftlich nur angegriffen oder verteidigt werden könne, wenn man starke empirische Belege über die natürliche Welt beibringt.[14] Diese Immunisierungsstrategie gegen philosophische Argumente ist bereits insofern nicht überzeugend, als die Hypothese auf der impliziten (rein begrifflichen) Annahme basiert, dass es keinen grundsätzlich sinnvollen konzeptuellen Einwand gegen die These geben könnte, dass symbolverarbeitende physikalische Systeme über *Bedeutung* und *Intentionalität* in einem starken Sinne verfügen, wie sie für menschliche intelligente Handlungen konstitutiv sind.[15] Doch genau so wenig wie der Verweis auf die Komplexität des Gehirns das Leib-Seele Problem löst, ist der Hinweis auf die mögliche Komplexität symbolverarbeitender physikalischer Prozesse dazu geeignet, die Behauptung zu plausibilisieren, dass es sich bei einem solchen System und dessen Prozessabläufen um genuine intentionale Zustände handeln könnte, die dem

[12] A. Newell / H. Simon. (2000); *Computerwissenschaft als empirische Forschung*, in: Dieter Münch (Hg.): *Kognitionswissenschaft. Grundlagen, Perspektiven.* Frankfurt am Main 2002², 54-91, 61.

[13] Ebenda, 61.

[14] Ebenda, 62.

[15] Im Hinblick auf die analoge Frage, ob experimentelle Untersuchungen bestätigen könnten, ob Gehirne denken, fühlen usw., führen Bennett und Hacker aus meiner Sicht treffend aus: „One cannot investigate experimentally whether brains do or do not think, believe, guess … until one knows what it would be for a brain to do so – that is, until we are clear about the meanings of these phrases and know what (if anything) *counts* as the brain's doing these things and what sort of evidence would support the ascription of such attribution to the brain." (2007), 71.

System *intrinsisch* zukommen. Die Sinnhaftigkeit eines solchen Forschungsansatzes, der offenbar eng mit der Evozierung des Homunkulus-Fehlschlusses verbunden ist, lässt sich somit begründet in Zweifel ziehen.

Die gegenteilige Position wird in den Kognitionswissenschaften häufig im Rahmen eines Drei-Ebenen-Modells vertreten, welches Simons und Newells Auffassung, dass kognitive Leistungen letztendlich durch physikalische Symbolsysteme realisiert werden, weiter konkretisiert. Um ein computationales System wie das Gehirn zu verstehen, reicht es beispielsweise nach David Marr nicht aus, lediglich die Reaktionsmuster individueller Neuronen zu betrachten. Vielmehr muss auf der computationalen Ebene der Theorie zunächst die Frage beantwortet werden, was das Ziel der Berechnung ist. Auf der nächsten Ebene ist das Repräsentationssystem und die für den In- und Output verantwortlichen Algorithmen zu spezifizieren. Erst auf der dritten Stufe geht es dann um die Frage, wie diese Algorithmen physisch realisiert werden.[16] Damit beantwortet sich auch die Frage, welche ontologischen Prämissen Dennetts Strategie der rekursiven Dekomposition personaler Leistungen zugrunde liegen. Bedeutung und Intentionalität sind – trotz ihrer im Funktionalismus und der Informationstheorie zugestandenen multiplen Realisierbarkeit – mit physischen Ereignissen oder Zuständen identisch bzw. werden durch letztere in einem System intantiiert. Es handelt sich somit um eine Variante des Physikalismus, in der eine vollständige Naturalisierung des menschlichen Geistes angestrebt wird und die in den Kognitions- und Neurowissenschaften weit verbreitet ist.[17] Insbesondere Searle hat in verschiedenen Arbeiten immer wieder darauf aufmerksam gemacht, dass Bedeutung und Intentionalität einer Maschine, in der ein Computerprogramm implementiert ist, nicht intrinsisch zukommen, sondern der Benutzer den Zuständen bzw. dem Output des Computers einen repräsentationalen Gehalt von außen so zuschreibt, *als ob* entsprechende Bedeutungen vorlie-

[16] David Marr: Vision. *A Computational investigation into the human representation and processing of visual information*. New York 1982.

[17] Diese These muss im Hinblick auf die Neurowissenschaften insofern konkretisiert werden, als in den ersten beiden Generationen führender Neurowissenschaftler des 19. und 20. Jahrhunderts auch viele erklärte Dualisten – das bekannteste Beispiel ist wohl Eccles – anzutreffen sind, was jedoch nicht mehr für die zeitgenössische Generation der Vertreter dieser Disziplin gilt. Vgl. Bennett / Hacker (2007), 68.

gen. Ansgar Beckermann hat Searles Hauptargument, das er in späteren Arbeiten auch auf die Zuschreibungen syntaktischer Strukturen gegenüber Computern und Gehirnen ausgedehnt hat, wie folgt zusammengefasst:

„1. Computerprogramme sind vollständig durch ihre formale (oder syntaktische) Struktur definiert.
2. Intentionale Zustände haben einen semantischen Inhalt
3. Syntax reicht für Semantik nicht aus
4. Also: Kein System hat allein deshalb intentionale Zustände, weil es formale Symbole aufgrund eines formalen Programms verarbeitet.“[18]

Die dritte Prämisse des Arguments beruht auf der Tatsache, dass die Algorithmen eines Maschinenprogramms mit verschiedenen semantischen Interpretationen durchaus kompatibel sein können. Dies ist im Rahmen der Informationstheorie ein bekannter Sachverhalt: Genauso wie identische funktional-syntaktische Zustände eines Computers mit verschiedenen semantischen Interpretationen kompatibel sind, ist es ebenfalls möglich, dass verschiedene funktional-syntaktische Zustände dieselbe Bedeutung repräsentieren. Dies heißt aber nichts anderes, als dass der Struktur eines materiellen Trägers als Medium einer arbiträren Informationsübertragung Bedeutungen mit Hilfe von Kodierungen zugeschrieben werden müssen, die dieser physikalischen Struktur eben nicht selber zukommen. Überdies gilt auch bereits für syntaktische Strukturen, dass bei der Verwendung von Regeln, die z. B. zur Generierung einer reinen (syntaktischen) Symbolsprache verwandt werden, der Sprachkonstrukteur bereits *implizit* auf Begriffe rekurrieren muss, um unter anderem die Bedeutung (!) von Satzoperatoren festzulegen. Für physikalische Symbolsysteme heißt dies jedoch, dass (a) sowohl einem Rechner als auch (b) dem Gehirn bzw. deren elektrischen Prozessen oder biochemischen Vorgängen – unabhängig von einer Kodierung – keine intrinsischen Bedeutungen zugesprochen werden können.[19]

---

[18] Ansgar Beckermann: *Analytische Einführung in die Philosophie des Geistes*. Berlin $2001^2$, 291.

[19] Vgl. Klaus Fischer: *Drei Grundirrtümer der Maschinentheorie des Bewußtseins*. In: Köhler (2003), 33-57, 39.

Diese Gesichtspunkte gelten auch im Hinblick auf den Konnektionismus, da dessen Vertreter – bei allen Unterschieden zum Repräsentationsbegriff in der klassischen Informationstheorie und künstlichen Intelligenzforschung – im Allgemeinen an der These festhalten, dass auch in neuronalen Netzwerken Repräsentationen entstehen und verarbeitet werden.[20] Überdies bleibt festzuhalten, dass selbst für den Fall, dass die Neurowissenschaften und der Konnektionismus schlüssig zeigen können, dass die physikalische Symbolsystem-Hypothese bezogen auf die Arbeitsweise des Gehirns tatsächlich auch *empirisch* falsch ist, damit der zugrunde liegende Naturalismus in den Kognitions- und Neurowissenschaften keinesfalls aufgehoben wird.[21]

## III. Der Epihänomenalismus als logische Konsequenz einer vollständigen Naturalisierung mentaler Zustände

Aus dem bisher Gesagten ergibt sich natürlich die Frage, mit welchen ontologischen Konsequenzen die vollständige Naturalisierung mentaler Zustände eigentlich verbunden ist. Diesem Gesichtspunkt soll jetzt abschließend nachgegangen werden. Wichtige diesbezügliche Hinweise ergaben sich bereits aus der obigen beispielhaften Analyse des Homunkulus-Fehlschlusses: Handlungsentscheidungen und Bewusstseinsvorgänge, die wir uns im Rahmen der Alltagspsychologie auf der personalen Ebene wechselseitig zuschreiben, werden insbesondere im Hinblick auf ihren tatsächlichen Vollzug bzw. ihre Verursachung auf die subpersonale Ebene projiziert, was den Fehlschluss evoziert. Nicht ich entscheide mich auf der personalen Ebene für eine spontane Handlung $x$, sondern

---

[20] Vgl. Beckermann (2003), 302.

[21] Dies zeigt sich zum Beispiel an der von Smolensky favorisierten integrativen konnektionistisch-konnektiven kognitiven Architektur (ICS). So führt er hierzu aus:: „In other words, in ICS, symbols and rules have crucial *explanatory* roles, but no *causal* roles. There is no magic here: symbols and rules are realized in lower level activities and connections which themselves have causal roles … symbols and rules have no causal roles *in their own right* ..." Paul Smolensky (2000): *Computational Models of Mind.* In: Guttenplan, Samuel (Hg.): *A Companion to the Philosophy of Mind.* Massachusetts 2000[5]. 176-184, 184. Es ist einsichtig, dass unter dieser Voraussetzung beispielsweise die kausalen Zuschreibungen im Rahmen der Alltagspsychologie zwar einen gewissen Erklärungswert haben, aber mentale Vorgänge *als solche* nichts kausal bewirken können. Auch diese integrative Position scheint somit direkt zum Epiphänomenalismus zu führen, als dessen Ursache ich bestimmte naturalistische Grundannahmen ansehe, wie im nächsten Abschnitt gezeigt werden soll.

mein Gehirn hat sich vor meinem introspektiv erlebten Willensentschluss im Millisekundenbereich bereits vorher „entschieden"; nicht Personen sind verantwortlich für ihre begriffliche Motivbildung und rationalen Abwägungsprozesse, die in Handlungen terminieren, sondern all diese Vorgänge sind immer nur als Produkt subpersonal ablaufender neuronaler Prozesse anzusehen. Matthew Elton fasst das diesbezüglich zugrunde liegende Forschungsprogramm wie folgt zusammen:

"The aim of the personal/sub-personal distinction is to address the need to say more about how it is that a person can be in pain, can move her body as she wants, and so forth. If one broadly endorses the Ryle-Wittgenstein view, there is no more to say at the personal level … But what is sub-personal explanation? The standard example of sub-personal explanation is explanation that is concerned with the aggregate of parts that make up a person, and, in particular the parts of her brain. A person does not operate or control parts of her brain. Rather, the successful operation of such parts gives rise to the basic personal level capacities the person has."[22]

Im Rahmen einer solchen Forschungsmethodologie lässt sich nicht erkennen, wie die Schlussfolgerung vermieden werden könnte, dass intentionalen Zuständen, Bewusstseinsprozessen und Bedeutungen lediglich der ontologische Status von Epiphänomenen zukommt, wenn sie nicht sowieso direkt eliminiert werden sollen, was jedoch zu anderweitigen schwerwiegenden konzeptuellen Problemen führt. Zwar räumt Elton in dem obigen Zitat ein, dass es eine personale Erklärungsebene gibt, aber die Fähigkeiten von Personen sind seiner Auffassung nach offenbar vollständig von subpersonalen kausalen Operationen und Prozessen abhängig, denn dass eine Person ihren Körper intentional bewegen kann, impliziert ja für ihn gerade nicht, dass kausale Vorgänge auch mit Bezugnahme auf die personale Ebene spezifiziert werden könnten, wie sein Hinweis auf Wittgenstein und Ryle verdeutlicht.
Unter der Voraussetzung, dass die Rede von Personen und die Verwendung alltagspsychologischer Zuschreibungen auf der personalen Er-

[22] Matthew Elton: *Consciousness: Only at the Personal Level*, in: *Philosophical Explorations*, Vol. III (2000), 25-42, 26.

klärungsebene jedoch keine facon de parlé darstellt, ist somit die Konklusion wohl kaum zu vermeiden, dass phänomenal erlebte Bewusstseinszustände und propositionale Einstellungen auf der personalen Ebene *als solche* – unter Zugrundelegung von Eltons Definition subpersonaler Erklärungen – keinerlei Veränderungen in der physischen Welt hervorbringen können. Betrachten wir diesbezüglich eine Standarddefinition des Epiphänomenalismus in der Literatur:

(A) Mentale Ereignisse haben keinerlei Anteil an der Verursachung physischer Ereignisse.

(B) Kein mentales Ereignis hat irgendeinen Anteil an der Verursachung eines anderen mentalen Ereignisses.

(C) Alle Ereignisse sind verursacht durch physische Ereignisse.[23]

Die zumindest implizite Annahme von (A) haben wir bereits oben für Eltons subpersonale Forschungsmethodologie konstatiert und es ist einsichtig, dass insbesondere der Versuch einer vollständigen Naturalisierung mentaler Zustände in den Kognitions- und Neurowissenschaften deren vollständige Reduzierung auf physische Vorgänge oder (A) und (B) als Konsequenz nach sich zieht. Da im Rahmen einer physikalistischen Ontologie überdies (C) als metaphysisches Grundaxiom der kausalen Geschlossenheit der physischen Welt akzeptiert wird, bedeutet dies, dass die Feststellung epiphänomenalistischer Implikationen in den zeitgenössischen Kognitions- und Neurowissenschaften nicht wirklich überraschen kann. Außerdem verdeutlicht die genauere Analyse des Homunkulus-Fehlschlusses, wie zum Beispiel bei Dennett, dass die ontologischen Konsequenzen der angesprochenen Naturalisierungsprogramme nicht zureichend durch die Kontravalenz ‚entweder physikalistischer Reduktionismus oder Epiphänomenalismus' erfasst sind. Vielmehr lässt sich der Fehlschluss gerade dann diagnostizieren, wenn auf der subpersonalen Ebene physischen Vorgängen in unzulässiger Weise personale Eigenschaften zugeschrieben werden und dadurch gleichzeitig die genuinen Eigenschaften der Person – die wir im Rahmen der Alltagspsychologie auf der personalen Ebene konstatieren und als Ausgangspunkt der Analyse dienen – zu bloßen Epiphänomenen degenerieren.[24] Dies heißt natürlich nicht, dass materialistische und epiphänomenalistische Ontologien

[23] Vgl. D. Birnbacher (1988): *Epiphenomenalism as a solution to the mind-body problem. Ratio* (1988) 1, 17-32, 25.

miteinander koinzidieren. Der Unterschied ist nicht nur intensionaler sondern auch extensionaler Natur. Aber der Homunkulus-Fehlschluss verdeutlicht gewissermaßen ex negativo, dass die vollständige Naturalisierung mentaler Eigenschaften zwischen einem ungerechtfertigten Reduktionismus und einem impliziten Epiphänomenalismus zu oszillieren droht.

Dieser Sachverhalt ist jedoch gerade auch gegenüber dem Bewusstsein als Forschungsgegenstand *empirisch* unangemessen. Im Hinblick auf epiphänomenalistische Positionen hat Poppers evolutionäres Gegenargument diesbezüglich einen relativ hohen Bekanntheitsgrad erreicht. Poppers Einwand lässt sich so zusammenfassen, dass unter der Voraussetzung, dass der Epiphänomenalismus (Axiome (A), (B) und (C)) wahr ist, Organismen mit Bewusstsein nur deshalb selektiert worden sind, weil den mit ihnen korrelierten physischen Prozessen ein entsprechender Überlebenswert zukam bzw. zukommt und eben nicht den Bewusstseinsleistungen selber. Dies scheint jedoch wenig plausibel zu sein, wenn man die Bedeutung des Bewusstseins und der Intentionalität für die biologische und kulturelle Evolution insgesamt betrachtet.[25] Gerade auch als implizite Konsequenz ontologischer und methodologischer Grundannahmen der zeitgenössischen Kognitions- und Neurowissenschaften ist der Epiphänomenalismus für die Bewusstseinsforschung deshalb völlig unangemessen. So fasst der Psychologe und Neurowissenschaftler Merlin Donald die evolutionäre Adaptionsleistung von Bewusstseinskapazitäten wie folgt zusammen:

“When we speak of animals or humans as having conscious capacity, we usually mean that they can bring extra resources to bear on whatever problem they are currently trying to solve. A fully conscious mind doesn’t respond to the world with a canned, stereotyped reaction. It deliberates and experiments, as monkeys do when they are trying to solve a

[24] Ich sehe hier vom eliminativen Materialismus ab, der Bewusstsein, Intentionalität usw. nicht einfach nur auf basalere Prozesse reduzieren möchte, sondern deren Existenz – kontraintuitiv und selbstwidersprüchlich – schlichtweg leugnet. Dies schließt nicht aus, dass es auch „Hybridformen“ gibt, bei denen reduktive Forschungsprogramme mit eliminativen Konsequenzen behaftet sind.

[25] Vgl. K. R. Popper / L. C. Eccles: *Das Ich und sein Gehirn*. München, Zürich 1991[10], 101-105.

puzzle box … Conscious capacity may be seen as an evolutionary adaptation in its own right, whose various functions have evolved to optimize or boost cognitive processing."[26]

Bereits ein einfaches Beispiel verdeutlicht, was gemeint ist: So zeichnet sich ein Gespräch mit mehreren Personen über einen gemeinsam betrachteten Film u. a. dadurch aus, dass (1) jeder der Teilnehmer sich während des Gesprächsverlaufs merken muss, was die einzelnen Personen einschließlich der betreffenden Person selbst gesagt hat, (2) in welche Richtung sich der gesamte Kommunikationszusammenhang bewegt, wie (3) die eigene Meinung oder die der Gesprächsteilnehmer sich während des Gesprächs verändert hat, (4) welche Position sich durchsetzt, (5) welche Personen einen ähnlichen Standpunkt vertreten usw. Zudem müssen die Personen wissen, in welcher sozialen und physischen Umgebung sie sich befinden, wie der Tonfall der Gesprächspartner zu beurteilen ist, wie auch das gesamte mimische und gestische Ausdrucksverhalten der Gesprächsteilnehmer. All dies erfordert extensive Bewusstseinsleistungen von jeder der Personen, wie die aufmerksame Selektion von Informationen, das Aufrechterhalten der Konzentration, die Bestimmung von Prioritäten für die eigenen Beiträge während des Gesprächs und insbesondere eine ständige Aktualisierung des Arbeitsgedächtnisses. Dies verdeutlicht, dass die gründliche Erfor-schung verschiedenster Bewusstseinsleistungen auf der personalen Erklärungsebene gerade auch in der Evolutionsbiologie und Kognitionsforschung unverzichtbar ist.

Zusammenfassend lässt sich daher sagen, dass der Homunkulus-Fehlschluss aufgrund fehlgeleiteter ontologischer Grundannahmen in den Kognitions- und Neurowissenschaften evoziert wird, deren Implikationen paradoxerweise einer methodologisch gründlichen Erforschung des Bewusstseins und der Intentionalität diametral entgegengesetzt sind. Diese Grundannahmen sollten daher aufgegeben und neue Wege in der Bewusstseinsforschung insgesamt beschritten werden. Eine systematische Erforschung des Bewusstseins aus der Ersten-Person-Perspektive wäre diesbezüglich stärker zu berücksichtigen und müsste mit den Forschungsergebnissen der Dritten-Person-Perspektive systematisch in Be-

[26] Merlin Donald: *A Mind so Rare*. New York, London 2001, 131.

ziehung gebracht werden.[27] Erste Ansätze in dieser Richtung liegen beispielsweise in der Neurophänomenologie vor.[28] Dass eine solche Forschungsmethodologie zumindest einem methodologischen Dualismus verpflichtet ist, ergibt sich aus den vorangegangenen Ausführungen. Weitergehende ontologische Fragen nach einer übergeordneten monistischen Perspektive eines solchen methodologischen Dualismus können im Rahmen des vorliegenden Aufsatzes nicht mehr behandelt werden. Allerdings hat die genauere Analyse des Homunkulus-Fehlschlusses bereits ergeben, dass es sich diesbezüglich nicht um einen physikalistisch inspirierten Monismus wird handeln können.

---

[27] Vgl. Christian Tewes: *Grundlegungen der Bewusstseinsforschung. Studien zu Daniel Dennett und Edmund Husserl*. München 2007.

[28] Vgl. A. Lutz / E. Thompson: Neurophenomenology. Integrating Subjective Experience and Brain Dynamics in the Neuroscience of Consciousness, in: Anthony Jack / Andreas Roepstorff: *Trusting the Subject.* Volume 1. Exeter 2003, 31-52.

*Christian Spahn*

# Ein anderes Argument für den Realismus – Nagels Ausweichen vor der Idealismus-Falle

Nagels Hauptanliegen in seinem Buch *The view from nowhere* besteht darin, entgegen gewissen idealistischen Tendenzen in der anglo-amerikanischen Philosophie der Gegenwart einen starken Realismus zu verteidigen.[1] Ausgehend von einem ursprünglich dezidiert realistischen Gestus ‚der analytische Philosophie'[2] in ihrer Gründungszeit als Logischer Positivismus hat sich sowohl ein Zug zu einem Skeptizismus am ursprünglich optimistischen realistischen Programm als auch die Verteidigung sprachrelativistischer, antirealistischer oder internalistischer und damit im Nagelschen Sinne idealistischer Philosophien etabliert.[3] In der Tat scheint damit im neuen empirisch-positivistischen Realismus ein Grundfehler eingebaut zu sein, der ‚contre coeur' einen Übergang zu einem Internalismus, Idealismus oder Antirealismus erzwungen hat. Es sei in die-

[1] „There is a significant strain of idealism in contemporary philosophy, according to which what there is and how things are cannot go beyond what we could in principle think about", Thomas Nagel: *The view from nowhere,* New York/Oxford 1986, 9.

[2] Es ist notorisch schwierig zu definieren, was man unter ‚der' analytischen Philosophie zu verstehen habe, zumal als Gegenbegriff zumeist der Begriff ‚kontinentale Philosophie' verwendet wird, so dass ein *methodischer* Begriff einem *geographischen* entgegengesetzt wird, was die Misslichkeit der Einteilung andeutet. Sicher ist mit der Benennung ‚analytischer Philosophie' der Hinweis auf eine Methode der logischen Begriffsklärung intendiert, womit freilich schon Sokrates zu den analytischen Philosophen gehören dürfte. Andererseits wird der Terminus verstanden als eine nicht nur methodisch, sondern auch *inhaltlich* bestimmte Traditionslinie, die von gewissen gemeinsamen, letztlich *logisch-positivistischen* Grundüberzeugungen ausgeht, auch wenn just diese Grundüberzeugungen (oder "Dogmen" in Quines kritischer Absetzung, vgl. W.v.O. Quine: „Two dogmas of empiricism", in: *The Philosophical Review* 60 (1951), 20-43) nach und nach modifiziert oder gar überwunden werden. Ein Vertrauen in die klärende logische Analyse der Sprache, eine sprachkritische Wende gegen idealistische und metaphysische Philosophien, ein realistisches Verständnis der Wissenschaft und ein Bekenntnis zum Naturalismus kennzeichnen diese Traditionslinie.

[3] Zu einer freilich sehr knappen Skizze der Stationen der Internalisierungstendenzen in der modernen Philosophie von Carnap über Quine zu Putnam, Davidson und Rorty siehe Ch. Spahn, „Prospects of Objective Knowledge", in: *Interdisciplinary Anthropology: The Continuing Evolution of Man*, ed. by W. Welsch, W. Singer, A. Wunder, Berlin/Heidelberg 2011, 55-77, dort 58-63.

sem Aufsatz näher untersucht, was laut Nagels Diagnose die Gründe für ein ‚Abgleiten' der ursprünglich empiristisch-realistischen Positionen in einen Idealismus sind. Aus einer Betrachtung dessen, was Nagel unter dem Stichwort Idealismus behandelt, ergibt sich zugleich sowohl die Bestimmung dessen, was Nagel als realistische Position verteidigen will, als auch eine Antwort auf die Frage, wie das ‚Idealismusproblem' nach Nagel zu lösen sei. Im Folgenden soll dabei die Diagnose von Nagel weitestgehend geteilt werden, aber ein gänzlich anderer Therapievorschlag unterbreitet werden.[4] Nachdem die Grundkonturen des Nagelschen Realismus skizziert worden sind (1), soll im Mittelpunkt der kritischen Analysen das *Unhintergehbarkeitstheorem* stehen: *die idealistische Falle,* derzufolge alle menschlichen Erkenntnisse mit menschlichen (konzeptionellen und begrifflichen) Mitteln produziert und durch diese geprägt sind (2). Dieses Argument wird, so soll gezeigt werden, von Nagel als Grundargument des Idealismus identifiziert und zunächst zurückgewiesen, insofern er gegen Kant davon ausgeht, dass wir nicht nur die Welt der Erscheinungen, sondern auch Teile der Realität an sich erkennen können (3). Sofern Nagel aber selbst einen allgemeinen Skeptizismus nicht ausschließen will und gleichzeitig daran festhält, dass Realität dasjenige ist, das in einem wesentlichen Sinne über das von uns Konzeptionalisierbare hinausgeht, scheint er doch selbst wiederum in die Idealismus-Falle zu tappen, womit sich sogleich die Frage nach einer anderen Interpretation des Idealismus-Arguments ergibt, der abschließend nachgegangen werden soll (4).[5]

---

[4] Zum Unterschied von Realismus und Idealismus siehe insbes. *View from nowhere,* Kapitel VI („Thought and Reality"), 90-109.

[5] Rückblickend wird damit ein subjektiver Idealismus als *Gegenposition zum Realismus* von einer epistemisch realistischen Position des objektiven Idealismus unterschieden werden müssen, s.u. (4). Zu einer entsprechenden Typologie vergleiche mit Rückgriff auf Diltheys Konzeption der drei möglichen philosophischen Weltanschauungen V. Hösle: „Begründungsfragen des objektiven Idealismus", in: W. Köher, W. Kuhlmann, P. Rohs (Hrsg.), *Philosophie und Begründung, herausgegeben vom Forum für Philosophie Bad Homburg,* Frankfurt/M. 1987, 212-76.

## 1. Nagels Verteidigung des Realismus gegen ‚idealistische' und ‚reduktionistische' Tendenzen in der analytischen Philosophie: Grundkonturen des Nagelschen Realismus

Nachdem Nagel im fünften Kapitel das Grundargument für den Idealismus skizziert, setzt er sich im sechsten Kapitel des Buches mit Berkeley, Kant (und mit Strawsons Rekonstruktion der Kantischen Position) sowie mit Wittgenstein auseinander, um diese drei Varianten einer idealistischen Position zu kritisieren. Nagel unterscheidet hierbei ein schlechtes Argument für den Idealismus (von Berkeley) von besseren Argumenten, wobei zugleich zu betonen ist, dass auch Kants besserer Idealismus letztlich ebenfalls auf einer „bad Berkeleyan reason"[6] basiert. Der Grundfehler aller Idealismen besteht hierbei Nagel zufolge darin, aus der Subjektivität der *Form* der Erkenntnis auf die Subjektivität des *Inhalts* zu schließen, um so unser Wissen auf bloßes Wissen von Erscheinungen zu reduzieren. Was für Kant die Subjektivität der Anschauungs- und Denkformen ist, sei für die analytische Philosophie die ‚Subjektivität' (oder ‚Intersubjektivität') der Sprache: Seit Wittgenstein und Carnap gilt, dass nur das Erkenntnis sein kann, was sich klar in der Sprache artikulieren lasse.[7] Diese Betonung der Möglichkeit der sprachlichen ‚Conceptualization' aller Erkenntnis ist für Nagel das Einfallstor des neueren Idealismus. Nagel bedauert, dass hiermit als zentrales Element des neuen Realismus gleichsam ein „epistemological test of reality"[8] auftrete, der letztlich

[6] *View from nowhere*, 103. Kants Argumentation beruht bekanntlich auf der Herausforderung des Skeptizismus von Hume. Allgemeingültige und notwendige Aussagen lassen sich nicht aus der Erfahrung ableiten, da es sie aber gibt (die Naturwissenschaften, die Ethik und die Metaphysik setzen sie als möglich voraus), müssen sie apriorisch sein, d.h. aus der Vernunft stammen. Somit beziehen sie sich nach Kant jedoch nur auf den Bereich möglicher Erfahrungen; wendet man sie auf die noumenale Welt an, verwickelt sich die Vernunft in Widersprüche und Antinomien. Diese komplexe Architektur des Kantischen ‚Idealismus'(im Sinne Nagels) wird von Nagel jedoch nicht weiter untersucht.

[7] Vgl. R. Carnap, *Der Logische Aufbau der Welt*, Hamburg $^{2}$1961, 253ff., 256. Hierin sieht übrigens Carnap selbst eine *Gemeinsamkeit* mit den Idealisten, die sonst die Gegner aus der Sicht des eigenen Programms sind. Erkenntnis bewegt sich notwendig innerhalb des Rahmens, den die (logisch normierte Ideal-)Sprache vorgibt, so wie für den Idealisten Erkenntnis und Wahrheit *bewusstseinsimmanent* oder *vernunftimmanent* sei. Es kommt eben, wie weiter unten ausgeführt werden soll, alles darauf an, *wie dieser Rahmen selbst* zu verstehen ist: Handelt es sich bei unserem Denken um objektives Denken (wie es zum Beispiel gegen Kant der objektive Idealismus behauptet) oder um eine subjektive Zutat?

[8] *View from Nowhere*, 91, siehe entsprechend schon einleitend 9f.

Wirklichkeit auf die Reichweite *menschlicher* Erkenntnis zurückbeziehe und reduziere. Über Nagel hinaus ließe sich darin sogar eine gewisse tragische Ironie finden: just das Element, das den neuen Realismus vor der alten Metaphysik und vor dem alten Idealismus absichern soll (pointiert: Erkenntnis muss logisch ausweisbar, d.h. ‚klar sagbar' sein, sonst ist es vielleicht verdächtige ‚Wortmusik'), ist in seiner Diagnose verantwortlich für ein erneutes Umschlagen des Realismus in einen sprachlichen Idealismus. Bevor nun diese ‚idealistische Falle' aus Nagels Sicht näher dargestellt wird, sei ein kurzer Blick auf die spezifische Konzeption des Nagelschen Realismus geworfen. Dieser erhält nämlich sein besonderes Gesicht zum einen durch den Versuch, diese noch näher zu betrachtende Falle um jeden Preis zu umgehen, so dass also auf der *Transzendenz* des ‚Wirklichen' gegenüber dem bloß ‚Begrifflichen' zu bestehen sei. Zum anderen ergeben sich die Grundkonturen des Nagelschen Realismus dadurch, dass Nagel die Spannung zwischen einer *subjektiven* oder *perspektivischen* Sicht (‚the view from here and now') einerseits und einer *objektiven* ‚view from nowhere' andererseits *nicht vorschnell zugunsten der letzteren auflösen will*, um nicht falschen Reduktionismen Vorschub zu leisten. In einer objektivistischen Sicht von außen könnten insbesondere diejenigen Merkmale, die *Subjektivität* kennzeichnen (wie Qualia, Willensfreiheit, ethische Konzepte usf.) nicht hinreichend erfasst werden,[9] gleichzeitig ist dennoch für einen rationalen Fortschritt im Wissen ein Transzendieren der limitierten menschlichen Perspektive nötig. Das Phänomen Subjektivität ist damit also zweifach präsent: epistemisch als

[9] "Reality is not just objective reality, and any objective conception of reality must include an acknowledgement of its own incompleteness", *View from Nowhere*, 26. Siehe ebenfalls schon 5ff. und auf S. 18 heißt es: "The fundamental idea behind the objective impulse is that the world is not our world. This idea can be betrayed if we turn objective comprehensibility into a new standard of reality." Begrifflich ist klar, das Physikalismus und Realismus zwei streng zu unterscheidende Positionen sind, da es sich einmal um eine ontologische, im anderen Fall um eine epistemische Position handelt. In der Regel wird aber heute oftmals der gängige Realismus nahezu zwangsläufig mit einem Naturalismus oder Physikalismus identifiziert. Nagel will nun weder die vor-objektivistische naive Perspektive noch die wissenschaftlich-objektivistische Perspektive mit 'der Wirklichkeit' identifizieren, da für beide gilt, dass wir nicht die Realität mit unserer Perspektive gleichsetzen können. (Eine Ausnahme muss dann freilich *diese Positionierung* selbst sein, die eine zutreffende Beschreibung des Verhältnisses von unseren Perspektiven und der Realität darstellen soll, und die damit letztlich selbstwidersprüchlich ist, worauf noch einzugehen sein wird, s.u.)

die Perspektive, aus der heraus wir die Welt betrachten, wobei wir limitierte Perspektiven überschreiten müssen, und ontisch als ein Phänomen in der Welt, das wir bei aller Erweiterung unserer zunächst provinziellen epistemisch-subjektiven Perspektive nicht aus den Augen verlieren sollten. Idealistische Absorption des Realismus und physikalistische Verkürzungen sollen gleichermaßen gebannt werden. Im Folgenden soll allerdings vor allem die epistemische Fragestellung im Vordergrund stehen: Wie sieht nun Nagels Realismus in Abgrenzung zum *epistemischen* Idealismus aus? Zunächst gilt sicher allgemein erstens die Möglichkeit der *Erkennbarkeit der Welt* als das Kennzeichen des Realismus, durch das sich dieser vom subjektiven Idealismus, vom Skeptizismus und vom Konstruktivismus unterscheidet.[10] In der Tat verteidigt auch Nagel die These, dass wir – entgegen Kants Behauptung – nicht nur die Erscheinungswelt, sondern die ‚wirkliche Welt an sich' zumindest partiell erkennen können.[11] Interessant ist nun, dass diese *epistemologische* These (‚Die wirkliche Welt ist erkennbar') von Nagel erst in zweiter Hinsicht von Bedeutung ist. Zentral ist für Nagel vielmehr die *ontologische* These: Realismus bedeute im Wesentlichen und zuallererst, „that the world is independend of our mind."[12] Mit dieser ontologischen Unabhängigkeit geht für Nagel allerdings zugleich einher, dass die Welt die Reichweite unseres Verstandes *überschreite*.[13] Nagel wird nicht müde zu betonen, dass es Dinge gibt, die wir prinzipiell nicht ‚konzeptualisieren', ‚erfahren' oder ‚begreifen' können.[14] Schließlich möchte Nagel drittens, wie

[10] Der Idealist behauptet, dass uns nur Erkenntnis von ‚Erscheinungen' zusteht, also nur von der Welt, wie sie sich geprägt und verzerrt durch unsere Subjektivitätsmittel darstellt, so dass etwa ein Internalismus oder ein radikaler Konstruktivismus als Spielarten des subjektiven Idealismus betrachtet werden können. Der Skeptiker im Sinne Nagels trifft nicht *positiv* diese antirealistische Behauptung. Es könnte durchaus sein, dass wir realistische Erkenntnis haben, aber dass auch unsere beste Erkenntnis nur eine Konstruktion sein *könnte*, sei prinzipiell nicht auszuschließen, vgl. *View from nowhere,* 89 sowie insgesamt das Kapitel V.

[11] *View from nowhere,* 91.

[12] *View from nowhere*, 90.

[13] „In a very strong sense, the world extends beyond the reach of our minds.", ebd. Vgl. auch: "What there is and what we, in virtue of our nature, can think about are different things, and the latter may be smaller than the former.", *View from nowhere*, 91.

[14] Nagel formuliert: „I am concerned here rather with the admission of possibilities and actualities in the sense that we have and can have no conception of them.", *View from nowhere*, 92. Ausführlich wendet sich Nagel dabei gegen Davidsons Argument der Identität von content und scheme, vgl. D. Davidson: „On the very idea of a conceptual sche-

erwähnt, die prinzipielle *Möglichkeit* eines weitgehenden Skeptizismus ebenfalls – entgegen gewissen transzendentalen Abwehrversuchen in der gegenwärtigen Philosophie – nicht ausschließen.[15] Zwischen diesen beiden Tendenzen, so die Grundthese der folgenden Überlegungen, besteht aber eine Spannung, die Nagel nicht aufzulösen vermag: Zum einen soll die wirkliche Welt erkennbar sein, und zwar mit unseren Subjektivitätsmitteln (unserer Sprache, unseren Begriffen), dann muss Realität aber zumindest teilweise begriffshomolog sein (können) bzw. unsere Begriffe müssen Bereiche der Realität in ihrem Wesen erfassen können. Andererseits soll die Totalität der Realität nicht mit 'unserer Sicht' identifiziert werden, Realität soll radikal über diese hinausgehen. Um dies zu gewährleisten betont Nagel, dass es Dinge gibt, die wir niemals konzeptionalisieren können. Diese ontische *Kontravalenz*these von Konzeptionalisierungsleitung und Realität und die auf Homologie drängende epistemische Erkennbarkeitsthese der Realität mit unseren Mitteln lassen sich auf diese Weise aber nicht ohne Weiteres vereinbaren, was wohl dazu führt, dass Nagel im selben Buch *zugleich* den Realismus verteidigen will *als auch* die Möglichkeit eines prinzipiellen Skeptizismus betont.

Nagel behauptet also

i) die ontische Unabhängigkeit der Welt von uns (*ontischer* Realismus, R*o*),

ii) die (partielle) Erkennbarkeit der Welt an sich (*epistemischer* Realismus R*e*),

iii) dass es prinzipiell unerkennbare Bereiche der Wirklichkeit gibt (Begrenztheit des Konzeptionellen, BK),

iv) dass ein grundsätzlicher Skeptizismus bezüglich *all* unserer bisherigen Erkenntnis nicht ausgeschlossen werden kann (Möglichkeit eines universalen Skeptizismus, uS).

---

me", in: *Proceedings and Addresses of the American Philosophical Association*, (1974), Vol. 47, 5-20.

[15] *View from nowhere*,73. Nur ein sehr radikaler Skeptizismus, demzufolge ich nicht einmal irgendetwas denken könnte, mag ausgeschlossen werden (siehe ebd.). Nagel sieht, dass auch der Skeptizismus als Bedingung der Möglichkeit der Geltung seiner eigenen Aussagen gewisse Wahrheitsansprüche voraussetzen muss, hierauf wird noch einzugehen sein. Ansonsten heißt es schon einleitend (S.7), „[...] skepticism is revealing and not refutable", vgl. entsprechend *View from nowhere*, 74.

Während die Thesen R*o* und R*e* sicher jeden Realismus kennzeichnen, sind die Thesen BK und uS nicht unbedingt ein notwendiger Bestandteil des Realismus: Strawson etwa wird von Nagel die Position zugeschrieben, dass wir nicht nur die Erscheinungswelt, sondern die Welt an sich erkennen können (R*e*), wobei Strawson sicher auch die Unabhängigkeit der Welt (R*o*) annimmt und gegen die Sinnhaftigkeit eines prinzipiellen Skeptizismus (uS) argumentiert.[16] Der unerkennbare Bereich soll hierbei allerdings für Strawson vielmehr ein *noch nicht* erkannter Bereich sein (d.h. es handelt sich um Fragen, die wir noch nicht beantworten können oder bei denen wir noch nicht wissen, wie wir sie stellen sollen, also die ‚Negation' von BK).[17] Zudem wird die angedeutete Spannung erkennbar, die darin besteht, dass man, wenn man *für* die These R*e* argumentieren will, man sich wohl *gegen* die These uS wenden wird, wohingegen eine Argumentation für die These uS die Argumentation für die These R*e* schwächt. Nagel will nun gerade jenen Strawson'schen zu *optimistischen* Realismus bekämpfen, da just dieser vor der *idealistischen Falle* nicht sicher sei. Hierdurch erklärt sich die sonst überraschende Betonung der notwendigen *Begrenzung* des Realismus. Für Nagel, so scheint es, ist die These BK der Rettungsanker des Realismus vor der Gefahr der idealistischen Absorption.[18]

Gerechtigkeit gegenüber dem Phänomen der Ich-Perspektive, die von außen nicht zureichend erfasst werden kann, und Betonung der Endlichkeit unseres Wissens, um so nicht zuletzt auch der Gefahr der Absorbierung des Realismus in einen konstruktivistischen Idealismus zu begegnen, be-

---

[16] Nagel führt Strawsons Argumente nicht aus (vgl. *View from nowhere,* 99f.). Sie basieren darauf, dass für Strawson der Begriff prinzipiell unerkennbarer Dinge an sich selbstwidersprüchlich sei, vgl. P. Strawson, *The Bounds of Sense: An Essay on Kant's Critique of Pure Reason*, London: 1966. Dieses Argument, demzufolge die Annahme *eines von uns prinzipiell unerkennbaren Bereiches sinnlos sei*, will Nagel nun gerade nicht teilen, da er dieses Argument als ein *pro-idealistisches* Argument auffasst.

[17] Vgl. das Strawson-Zitat in *View from Nowhere*, 100.

[18] Die These uS scheint der Anker gegen den Physikalismus zu sein: unsere jetzige physikalistische Konzeption der Natur mag nach Nagel grundlegend falsch sein, vgl. *View from nowhere*, 9ff., wo auch bezeichnenderweise der Objektivismus der Wissenschaften mit dem *Idealismus* (die Welt ist nichts anderes als das mit unseren Mitteln Erkannte) in Verbindung gebracht wird. So erklärt sich, dass aus Nagels Sicht die sicher nur historische Koinzidenz von epistemischem Realismus (verstanden als konzeptionellen Objektivismus, in Nagels Worten wohl eben eine letztlich epistemisch-idealistische Theorie) und Physikalismus gemeinsam bekämpft werden. Vgl. auch *View from nowhere*, 8, 15f., 25f.

stimmen damit die Grundausrichtung des Nagelschen Realismus. Nagel will den schmalen Weg zwischen einem prinzipiellen Subjektivismus und einem starken Objektivismus finden: Die Diagnose Nagels dabei lautet also, dass just die Betonung der *Endlichkeit* unseres Wissens, d.h. die These, dass die Welt in einem wesentlichen Sinne das ist, was über unser Bewusstsein und über unsere Erkenntnisgrenzen hinaus existiert (R*o* und BK), ein Abgleiten in den Idealismus verhindert.
Es soll nun dafür argumentiert werden, dass diese *Externalitätsthese* der Welt gegenüber den Grenzen des von uns Konzeptionalisierbaren (BK) in Wahrheit nicht notwendig ist, ja kontraproduktiv ist, um eine Option für objektive oder ‚realistische' Erkenntnis im Sinne Nagels zu verteidigen (R*e* und R*o*). Dazu wird nun zunächst wie angekündigt die ‚Idealismus-Falle' näher betrachtet, die sich in Wahrheit nicht als Falle für Erkenntnis mit Objektivitätsanspruch erweisen wird. Wenn sie aber keine Falle ist, muss sie nicht umgangen werden. Vielmehr wird sich zeigen, dass Nagels Realismus *und* der Idealismus gemeinsam eine falsche oder zumindest diskussionswürdige Prämisse teilen, die unten zurückgewiesen werden soll. Die Frage der prinzipiellen Grenzen unseres Geistes wird damit aber zu einer unabhängigen Debatte, über die nicht schon – wie Nagel glaubt – mit der Option für den Realismus entschieden ist. Im gleichen Zuge lässt sich damit auch *Nagels eigene Idealismus-Kritik* zurückweisen.

## 2. Die Idealismus-Falle

Im fünften Kapitel skizziert Nagel das Grundproblem des Realismus: Zunächst gehen wir naiv von einer Annäherung unseres Wissens an eine äußere Realität aus. Sodann entdecken wir, dass wir aber in Wahrheit nicht unser Bild von der Wirklichkeit mit der Wirklichkeit an sich, so wie sie unabhängig von unseren Denkbestimmungen wäre, vergleichen können, sondern immer nur unser ursprüngliches Bild von der Wirklichkeit mit einem anderen, vielleicht abstrakteren Bild von der Wirklichkeit, das aber nichtsdestotrotz natürlich nicht ein echter Blick von außen, sondern *unsere Konstruktion eines möglichen Blicks von außen*, also ein *Blick von außen von innen,* darstellt.[19] Nagel möchte nun trotz dieser

[19] *View from nowhere*, 67f. In diesem Sinne rekonstruiert Nagel später im fünften Kapitel Berkeleys Argument: Der vorgestellte Baum (die *subjektiv*e Wahrnehmung des Baumes)

konstitutiven und sicher unbestreitbaren *Unhintergehbarkeit* unserer Perspektive sowohl die Idee der Objektivität (also des Versuches, unsere limitierte Perspektive zu überschreiten) verteidigen als auch betonen, dass dieser Versuch seine Grenzen hat. Diese bestehen zum einen, wie erwähnt, darin, dass wir uns, wenn wir uns von außen betrachten, nicht mehr recht als die subjektiven Wesen verstehen können, die wir sind. Zum anderen bleiben auch bei jedem Grenzüberschritt, gerade *weil* er ein Grenzüberschritt mit unseren *perspektivischen* Mitteln ist, große Teile der Realität unerkannt, wobei wir einen prinzipiellen Skeptizismus niemals ausschließen können, just weil wir immer *innerhalb* unseres Denkens bleiben müssen.[20] Dies zu übersehen und Wirklichkeit auf Erkennbarkeit zu reduzieren, ist das Problem des Idealismus und desjenigen optimistischen Realismus, der just durch seinen Optimismus in einen Idealismus zu kippen droht. Genauer, wenn auch nicht viel poetischer, ließe sich diese Falle als *‚transzendental-logische Subjektivitätsfalle'* bezeichnen, da nach Nagel von einer angenommenen Unhintergehbarkeit der Leistungen des Subjekts für jede Erkenntnis auf den prinzipiellen Subjektivitätscharakter aller Erkenntnis geschlossen wird. Dies sei der Fehler Berkeleys – aber wohl letztlich auch die Grundfigur einer jeden idealistischen Argumentation. Im Sinne Nagels lässt sich dies mit Rückgriff auf das fünfte und sechste Kapitel wie folgt skizzieren:

(1) (Relationalitätsthese 1) Jede Erkenntnis ist Erkenntnis eines Erkenntnissubjekts.
(2) (Relationalitätsthese 2) Sie ist damit eine Darstellung oder Erfassung des Objekts im Modus der verfügbaren Konzeptionsleistungen (im Verstand/in der Wahrnehmung/in der Sprache) des erkennenden Subjekts.
(3) (Dualismusthese von Subjektivität und Objektivität): Die Wahrnehmung eines Gegenstandes vermittelst jener Konzeptionsleistungen *ist nicht* der Gegenstand selbst. Sie ist notwendig ‚subjektiv getönt' bzw.

---

soll mit dem wirklichen Baum (dem Baum an sich) verglichen werden. Dieser Baum, so Berkeley, ist aber selbst eine *Vorstellung*, die wir uns machen, vgl. *View from nowhere*, 93.

[20] *View from nowhere,* 74. Auf die interessanten Bemerkungen zum Skeptizismus wird noch weiter unten eingegangen werden, vgl. Abschnitt 3.

durch die Eigenschaften des erkennenden Subjekts (durch seine Perspektive) ‚eingefärbt' oder *mehr oder weniger weitgehend*[21] bestimmt.

Von dieser Einsicht der subjektiven Einfärbung jeder Erkenntnis (jede Erkenntnis muss, damit sie *meine* Erkenntnis ist, mit meinen ‚subjektiven' Bedingungen der Möglichkeit von Erkenntnis notwendig übereinstimmen) wird im Idealismus zur folgenden These übergegangen:

(4) (Grundthese des subjektiven Idealismus) Die Erkenntnis ist somit notwendig in einem entscheidenden Sinne *inhaltlich* und in ihrer Geltung *subjektiv*.
(5) (Vergleichsthese) Um zu überprüfen, ob die subjektive ‚Darstellung' oder ‚Auffassung' des Objekts tatsächlich mit der Wirklichkeit übereinstimmt, müsste diese mit jener verglichen werden können.
(6) (Unhintergehbarkeitsthese) Ein solcher in (5) geforderter Vergleich ist nicht möglich, da jede Vorstellung oder Konzeption einer *Objektivität an sich*, so der Idealist, *unsere* Konzeption einer *Objektivität an sich* ist. Sie ist damit eine Objektivität ‚an sich für uns', die ebenfalls notwendig mittels unserer subjektiven Denkbestimmungen konzipiert ist – wie anders könnte sie sonst von uns gedacht oder erfasst werden? Ich kann demzufolge gerade nicht – im Sinne einer radikalen ‚*view from nowhere*' oder einer *God's eye view* unseren Standpunkt verlassen, um gleichsam neutral unsere Sicht und die Wirklichkeit an sich zu vergleichen.

Die transzendentallogische Falle der Subjektivität schlägt zu: Auch ein Standpunkt, der als unabhängig von uns konstruiert oder gedacht wird, ist unsere Konstruktion bzw. unser Gedanke. Offensichtlich, so der Idealist, gibt es kein Entrinnen aus der Falle der Subjektivität, sobald man auf die *Unhintergehbarkeit* der Subjektivität bzw. des Denkens für jede Erkenntnis verweist. Das ‚ich denke', das jeden Gedanken begleiten können muss, werden wir nicht los, so sehr wir es abschütteln wollen: In diesem Sinne hält auch Nagel einen prinzipiellen Skeptizismus für unwiderlegbar. Die Thesen (5, Vergleichsthese) und (6, Unhintergehbarkeitsthese) sowie die Dualismusthese (3) werden sich als die entscheidenden Annahmen herausstellen, von deren Interpretation die Grundoption für

[21] Dies ist der Ansatzpunkt für Nagels Kritik, s.u.

einen Realismus oder Idealismus abhängen, doch sei zunächst Nagels Gegenargument aus dem fünften Kapitel dargestellt.

## 3. Nagels Argumentation gegen den (subjektiven) Idealismus

### *3.1.Der Fehlschluss Berkeleys*

Nagel macht zunächst auf einen seiner Auffassung nach grundsätzlichen *Fehlschluss* in der dargestellten Argumentation aufmerksam. Nagel verabschiedet sich dabei in einem ersten Schritt von dem Ziel eines ‚unmöglichen Sprungs von innen nach außen'.[22] Es kann nicht darum gehen, eine Erkenntnis *außerhalb* des Denkens anzustreben, sondern nur darum zu begreifen, wie die Welt sein könnte, so dass die angenommene oder entdeckte perspektivische Verzerrung erklärt werde. Wir müssen nach einer objektiveren Sicht streben, die unsere Sicht und eine Theorie darüber, wie die Welt beschaffen sein könnte, aus der unsere Perspektive verständlich wird, umfasst – eingedenk der Tatsache, dass dies selbst wiederum unsere Perspektive und Hypothese bleibt.[23] Bevor jedoch jene Betonung der Erkenntnis*grenze* weiter skizziert werden soll, seien zunächst Nagels pro-realistische Argumente hervorgehoben.

Gegen Berkeley wendet Nagel zurecht ein, dass aus der Tatsache, dass es ein Subjekt ist, das eine Erkenntnis habe, diese nicht dem Inhalt nach subjektiv, sondern höchstens der Form nach subjektiv sei.[24] Wenn etwa immer ich es bin, der den Baum wahrnimmt, so nehme ich doch *den Baum* wahr und nicht meine *Wahrnehmung* des Baumes.[25] Erkenntnis kann nicht schon dadurch subjektiv sein, dass sie Erkenntnis eines Subjekts ist. So richtig Nagels Einwand ist – seine Position wird unten prinzipiell verteidigt werden – so sehr ergibt sich nun anscheinend naturge-

---

[22] *View from nowhere,* 84.

[23] *View from nowhere*, 64f.

[24] *View from nowhere*, 93f., 101f. Siehe auch schon vorher 74. Genau genommen folgt, wie unten gezeigt werden soll, nicht einmal dies.

[25] So hält zurecht schon Hegel in der Skepsis-Schrift gegen den subjektiven Idealismus des ‚neuen Skeptizismus' daran fest, dass wir Vorstellungen *von Gegenständen*, nicht Vorstellungen *von Vorstellungen* usf. hätten: selbst die skeptischen Thesen einer grundsätzlichen *Differenz* zwischen Vorstellung und Gegenstand sollen ja real das Verhältnis *treffend beschreiben*, nicht bloß eine (falsche) Vorstellung der Vorstellung (usf.) einer Differenz zwischen Gedanken und Welt sein, vgl. G. W. F. Hegel: „Verhältnis des Skeptizismus zur Philosophie", in: *Werke in zwanzig Bänden*. Auf der Grundlage der Werke von 1832-45 neu ed. Ausgabe [Red. Eva Moldenhauer und Karl Markus Michel], Frankfurt/M. 1996, Band 2: *Jenaer Schriften 1801-1807,* 213-271, 254.

mäß die Frage nach der Unterscheidung von subjektiver Form und objektivem Inhalt. Was ist das Objekt als Objekt *in* der Erkenntnis, was ist subjektive Zutat? Haben wir eine Möglichkeit, dies zu trennen, und können wir sicher sein, dass wir uns etwa langsam den primären Qualitäten der Welt annähern?

### *3.2. Subjektive Form und objektiver Inhalt*

Nagel selbst lobt etwa am Physikalismus den Versuch, zu einer objektiven, d.h. möglichst subjekt-unabhängigen oder überindividuellen Sicht der Welt zu gelangen, beklagt aber zugleich, dass dieses Bild der Welt ‚bleached out' ist, da alle subjektiven Zutaten weggelassen sind, ja er beklagt, wie erwähnt, dass in ihr ‚mind' selbst als objektive Tatsache gar nicht mehr vorkommt.[26] Gleichwohl unterscheidet auch Nagel selbst klassisch zwischen primären und sekundären Objekteigenschaften.[27] Während Farbe insofern subjektiv ist, als ihr Vorkommen von der Relation des Objekts zum Subjekt abhängt, sei etwa die quadratische Form eine primäre Eigenschaft. Ein mögliches objektives Rot-Sein verursache keine Rot-Wahrnehmung, aber die quadratische Form eines Objekts sei der Grund dafür, warum es quadratisch erscheine. Diese Unterscheidung zwischen dem Objekt an sich und der Erscheinung ist für Nagel gegen Kant gleichsam eine *innerweltliche* Unterscheidung. Nicht die ganze empirische Welt sei Erscheinung, und ihr ‚An-sich-sein' sei teilweise erkennbar. Damit behauptet Nagel i) die Existenz primärer Eigenschaften und ii) deren (partielle) Erkennbarkeit.

i) Sein Grundargument für die *Existenz* primärer Objekteigenschaften besteht darin, dass sie *notwendig* anzunehmen sind, sollen Objekte den Menschen irgendwie affizieren. Nicht alles, was die Subjektivität hinzufügt, kann als objektiv gelten, aber ohne die Annahme *primärer* Eigenschaften gerät man in den infiniten Regress. Sekundäre (subjektive) Eigenschaften sind *die subjektive Erscheinungsform* objektiv primärer Eigenschaften. Wenn man auch die *primären* als sekundär betrachten wolle, so müsse es ‚meta-primäre' Eigenschaften geben, dessen *Erscheinungsform* die nun bloß subjektiv verstandenen ‚Primär-Eigenschaften' seien usf. Um den infiniten Regress zu vermeiden, müssen

[26] Vgl. insbesondere *View from nowhere*, Kapitel II, siehe auch Anmerkung 18.

[27] Vgl. *View from nowhere*, 100ff.

nach Nagel primäre Objekteigenschaften notwendig angenommen werden.[28]

ii) Doch sogleich stellt sich die Frage, warum diese primären Eigenschaften tatsächlich *erkennbar* sein müssen. Könnte nicht Kants Position überzeugen, nach der selbst noch Raum und Zeit *subjektive* Formen (Anschauungsformen des *Subjektes*) sind? Nagel gibt Kant darin recht, dass selbst das notwendige Vorkommen von Raum und Zeit in *aller* Anschauung (und man könnte hinzufügen: eine notwendige kategoriale Ordnung aller Dinge in der Erkenntnis) selbst noch nicht ein Argument für die *Objektivität* dieser Formen ist. Sie könnten Erscheinungsform einer dahinter liegenden unerkennbaren Welt der Dinge an sich sein.
Es ist bemerkenswert, dass nun Nagel mit Strawson – aber ohne Strawsons Argumente zu teilen – gegen diese Dinge an sich vorgehen will. Nagels Argument ist, dass auch Kant einen Berkeleyschen Fehler[29] begehen würde. Dass die Dinge notwendig in unserer Erkenntnisweise erscheinen, mache sie nicht subjektiv. Die Dinge an sich jenseits der Erscheinungswelt seien zudem ein postulierter Platzhalter: Es ist nicht geklärt, wie sie uns affizieren können, wohingegen primäre Eigenschaften in dieser Hinsicht in einer Theorie der Affizierung verwendet werden könnten. Warum also, so Nagel, eine Theorie einer noumenalen Welt akzeptieren, wenn die primären Eigenschaften die Theorielücke an dieser Stelle weit besser ausfüllen?[30]

### *3.3. Der Dualismus von Subjektivität und Objektivität kehrt wieder in der Form-Inhalt-Unterscheidung*

Nagels Kritik an der Kantischen Position zielt zwar in die richtige Richtung, ist für sich genommen aber mitnichten zwingend. Zunächst scheint die Unterscheidung von Form und Inhalt für Nagel der Ausweg aus der Idealismus-Falle zu sein. *Subjektiv* ist nur die Form (conceptualization), objektiv ist der Inhalt (content): Allerdings wurde gezeigt, dass Nagel wieder in die Idealismus-Debatte hinein gerät, wenn er die Frage erörtert (die nach der Einführung der Form-Inhalt Unterscheidung sich aufdrängt), ob nicht auch die primären Eigenschaften zur *subjektiven Form*

[28] *View from nowhere*, 101f.
[29] *View from nowhere*, 103.
[30] *View from nowhere*, 102ff., siehe auch Anmerkung 6.

gehören könnten. Wieviel gehört zum objektiven Inhalt und was zur subjektiven Form und wie lässt sich dies entscheiden? Gegen die Thesen, derzufolge eine Theorie primärer Qualitäten unsere perspektivische Sicht besser erklären kann,[31] bleibt somit die skeptische Frage bestehen, warum wir überhaupt eine *Verursachung* unserer Erscheinung durch externe Ereignisse annehmen dürfen: woher wissen wir, dass unsere kategorialen Bestimmungen (wie etwa die der kausalen Ordnung) nicht selbst grundsätzlich subjektiver Art sind?[32] Ist die *Unterscheidung* zwischen Form und Inhalt selbst eine subjektive Konstruktion oder eine objektive Aussage? Muss die ‚subjektive Form' hinter sich gelassen werden, um zu objektiver Erkenntnis der Wirklichkeit zu gelangen? Auch die Unterscheidung von Form und Inhalt ist zunächst natürlich in einem trivialen Sinn *unsere* Unterscheidung, nun muss sie allerdings nach Nagel *nicht schon deswegen* eine subjektive Unterscheidung sein, nur weil sie selbst mittels unserer Denkbestimmungen getroffen wird. Aber woher *wissen* wir nach Nagel, dass sie bzw. ob sie objektiv ist und dass wir sie hier richtig anwenden? Reicht das Kriterium, dass wir so eine erweiterte Perspektive haben, die unsere Sicht und eine angenommene unterschiedene Realität zugleich enthält, aus?

---

[31] Es bleibt zu klären, ob dies wirklich der Fall ist: wenn Wellenlängen als Farben erscheinen, ist nicht leicht zu erklären, wieso ein quantitativer Prozess jene Qualitäten hervorruft. Dies ist weder kausal selbstverständlich noch logisch eindeutig, wie das Gedankenexperiment, demzufolge Farben auch komplementär zugeordnet sein könnten oder durch andere Qualitäten erlebt werden könnten (vgl. Th Nagel, *What does it all mean?*, New York 1987, 21f.), zeigt.

[32] Dies wendet Nagel selbst etwa gegen Putnam ein: Ein Skeptiker kann vielleicht nur mit Selbstwiderspruch bestreiten, dass er selbst ein *denkendes und schlussfolgerndes* Wesen ist, woher will er aber wissen, dass seine in der skeptischen Argumentation *nicht vorausgesetzten* Kategorien von Input, Kausalität, Existenz usf. der Welt notwendig richtig sind?, vgl. *View from nowhere*, 73f. Ein ähnlicher skeptischer Vorbehalt kann schon gegen Kant erhoben werden: einschlägig für kritische Angriffe ist immer wieder die kurze Bemerkung bei Kant geworden, derzufolge es den Bereich der Dinge an sich hinter der Erscheinung geben müsse, da es Erscheinungen nicht *ohne das geben könnte, was erscheint*, Kritik der reinen Vernunft, *Werke in sechs Bänden*, hg. v. Wilhelm Weischedel, Darmstadt 1983, Band 2, BXXVIIf (31). Damit werden aber die Kategorien der Verursachung (und der Existenz) auf das Verhältnis von Noumena und Phänomena angewendet, was just unmöglich sein soll, sollen sie *bloß unsere Kategorien* sein. Zur Hegelschen Kritik am Ding-an-sich-Theorem vgl. Ch. Spahn: “Was können wir (nicht) wissen? Vernunftkritik und metaphysischer Optimismus bei Hegel, Kant und in der Gegenwart”, in: H.W. Ingensiep, H. Baranzke, A. Eusterschulte (Hrsg.): *Kant-Reader,* Würzburg 2004, 34-52.

Es liegt nahe zu vermuten, dass das grundsätzliche Problem wie bereits angedeutet in der unkritischen Voraussetzung *sowohl des [subjektiven] Idealismus (im Sinne Nagels) als auch des Realismus* liegt, nach der letztlich doch von allen subjektiven Formen, von den subjektiven Erkenntnismitteln zu abstrahieren ist, um zur letzten Erkenntnis der Wirklichkeit, wie sie *an sich* (definiert als: *ohne* Hinzunehmen einer subjektiven Perspektive) ist, zu gelangen, oder um zumindest eine *Bestätigung* der Identität der Sicht von innen und außen zu haben. Auch Nagel hält an dieser Voraussetzung fest, wenn er, obwohl er die objektive Perspektive *in uns* verordnet, zugleich dann doch den radikalen Skeptizismus (etwa gegen Putnams Versuch der Widerlegung der These, dass wir Gehirne im Tank sein könnten) für eine Option hält, solange nicht eine ‚externe Bestätigung' für unser Denken und seiner Übereinstimmung mit der Welt vorliegt,[33] und wenn er umgekehrt für den Realismus notwendig den Bereich einer nicht-konzeptualisierbaren ‚jenseitigen' Wirklichkeit annimmt und *nur dadurch* glaubt, dem Idealismus zu entkommen. Die Idee

---

[33] Nagel unterscheidet *skeptische* und *heroische* Antworten auf das Problem des Idealismus und entscheidet sich genaugenommen für einen Mittelweg, *View from nowhere*, 69f. Auch in seinem Buch ‚*What does it all mean*', 14f., fragt Nagel bezüglich des Problems der Beweisbarkeit der Existenz der Außenwelt: Was wäre anders, wenn alles in unserem Bewusstsein bloß eine Illusion wäre? Die Antwort ist natürlich, dass nichts anders wäre, und wir die Existenz der Außenwelt nicht beweisen könnten, denn alles, auf das wir verweisen können, ist Teil unseres Wissens. Hegen wir einen *generellen* Zweifel gegen unser Wissen, können wir auch nicht auf *Teile* unseres Wissens als verlässlich zurückgreifen, ohne uns in einem Zirkel zu bewegen. Die (zutreffende) Entdeckung der Unhintergehbarkeit konstitutiver Denkleistungen für unser Wissen und die Vermutung, dass wir eine unabhängige Bestätigung bräuchten, die aber just wegen jener Unhintergehbarkeit nicht möglich ist, kennzeichnen das Problem der Existenz der Außenwelt und stellen nach Nagel die Berechtigung der nicht auszuschließenden Möglichkeit des Skeptizismus dar. Nagel sieht ferner klar, dass etwa Descartes Lösung zirkulär ist: Wenn wir unserem Denken keine ontische Valenz zutrauen bzw. um dies zu tun, wir die Annahme eines benevolenten Gottes brauchen, dieser aber durch unser Denken bewiesen werden soll, so drehen wir uns im Kreise. Wenn wir unserem Denken zutrauen, Gott beweisen zu können, so gehen wir schon davon aus, dass unserem Denken Realität entspricht, wenn wir aber dies bezweifeln, so können wir auch jenem Beweis nicht trauen, vgl. *View from nowhere*, 88. Diese Kritik an Descartes macht die Ambivalenz von Nagels Position deutlich: Zum einen hält er, um zu einer Erkenntnis der Realität an sich zu gelangen, ein Verlassen des Denkens und unserer Sicht nicht für möglich und nötig. Wir können *in* unserer Sicht in der Welt und bei der Realität sein. Andererseits lehnt er Descartes Argument zurecht als Zirkel ab: Da der Gottesbeweis mit *unseren* Mitteln erfolgt, kann er, sollte die Geltung unserer Erkenntnismitteln in Frage stehen, diese nicht begründen. Wie solle aber ein *externes* Argument aussehen, wenn unser Denken unhintergehbar ist?

eines *externen Vergleichstest* (These 5), der zugleich *unmöglich* sein soll (These 6), bleibt implizit in der Nagelschen Argumentation bestehen: nur dadurch ist ja erklärbar, dass die Tür für den Skeptizismus prinzipiell offen bleiben soll.

Damit führt aber auch Nagel sowohl einen Kampf gegen die Dualismusthese (These 3) und verteidigt diese zugleich: In der Kritik am Berkleyschen Fehlschluss *gelangt er über sie* hinaus, ja er überwindet sie: subjekt-relationale Erkenntnis kann objektiv sein. Wir haben Objektivität *inmitten* des Denkens. In der Verteidigung des Skeptizismus und in der Kritik an denjenigen ‚Idealisten', die eine (freilich subjektiv gewendete) *Identifizierung von Realität und Erkenntnis* vorschlagen und auf den bloß subjektiven, aber unhintergehbaren ‚Rahmen der Sprache' beharren, greift Nagel den *soeben überwundenen Dualismus* wieder auf: Denn hier ist für Nagel Wirklichkeit oder Realität nur dann, so scheint es, ‚echte' Wirklichkeit, wenn sie *fundamental anders* ist oder mindestens sein kann als unsere Konzeptualisierung.[34] Nur dies sichere ihr den Vorrang vor der *idealistischen Absorption* und insofern bemüht sich Nagel um eine Widerlegung der Davidsonschen These, derzufolge es im Prinzip keinen Dualismus zwischen Form und Denken (Sprache) und Inhalt bzw. Wirklichkeit und zwischen verschiedenen Sprachen (oder Konzeptionalisierungen) geben kann. Während die Erkennbarkeitsthese der Wirklichkeit an sich eigentlich eine Homologiethese von subjektiver Form und Objektivität erfordert, und diese auch von Nagel in Ansätzen verteidigt wird, benötigt nach Nagel die Unabhängigkeitsthese (als These gegen den Idealismus) eine Heterogenitätsthese, also eine Rückkehr zum Dualismus, und ein Beharren darauf, dass es außerhalb *unserer Perspektive* eine Welt gäbe, die just dadurch *wesentlich Welt und nicht Konstrukt ist*, dass sie in weiten Teilen zumindest *unerkennbar* ist.

Um diese zu verteidigen, argumentiert Nagel bekanntlich gegen den von anti-skeptischer Seite erhobenen Sinnlosigkeitsverdacht gegen die These, dass es Dinge gibt, die wir prinzipiell nicht erkennen können. Sein Argument gegen Davidson verdeutlicht Nagel in einem Gedankenexperiment, demzufolge in einer Welt aus Neun-Jährigen, die per Hypothese natürlich nicht alles Wissen der Welt haben und auch *nicht haben können*, selbst jedoch das Davidson-Argument entwickelt werden könnte: Ein

[34] Vgl. Anmerkung 13.

neunjähriger Davidson könnte einem neunjährigen (Nagelschen) Realisten ‚transzendental beweisen', dass es keine Wirklichkeit außerhalb des Denkens gäbe, obwohl wir ja per Voraussetzung *wissen*, dass die Gedankenwelt der Neunjährigen limitiert und sicher nicht die ganze Wirklichkeit ist. Versucht der Realist den Bereich desjenigen, das nicht erkennbar ist, zu benennen oder zu konzeptionalisieren, ist es nicht mehr derjenige Bereich, der *radikal jenseits unserer Erkenntnis* liegt. Wir greifen damit als Neunjährige also im Gedanken auf das zu, auf das wir nicht im Gedanken zugreifen können, auf das wir also doch durch jene negativen Bestimmungen in selbstwidersprüchlicher Weise zugreifen, indem wir sowohl seine Existenz als auch seine Andersheit behaupten, womit gleich zweimal unsere Kategorien auf diesen ja nicht für uns kategoriesierbaren Bereich angewendet wurden. Nagel betont jedoch, das wir in diesem Gedankenexperiment von außen betrachtet ja sehen und wissen, dass diese Argumente vielleicht zwingend klingen, aber nicht zutreffen, gegen sie hat der neunjährige Realist recht, und wenn er recht haben könnte, ist dann auch in unserer Welt vielleicht etwas mit dem Davidsonschen Argument nicht in Ordnung?[35] Das Beispiel als solches ist in dieser Form sicher schlicht zirkulär: Es steht ja gerade *in Frage, ob es einen Weltbereich gibt, der prinzipiell außerhalb begrifflicher Reichweite liegt,* während das Beispiel *voraussetzt,* dass dem so sei. Einschlägiger sind sicher diejenigen Argumente von Nagel, denen zufolge wir doch über Begriffe verfügen, die über die Grenzen des Begrifflichen hinausweisen können, und dass es zwar widersprüchliche Begriffe gäbe (wie rundes Viereck), denen wohl nichts entsprechen wird, dass aber Begriffe wie ‚alles' oder der Begriff ‚desjenigen, das sich nicht durch das Denken erfassen lässt', *nicht selbstwidersprüchlich* seien.[36] Doch gerade hierin besteht das Argument der Idealisten (und Nagel gibt an anderer Stelle bedauernd zu, dass es schwer fällt etwas zu sagen, das der Idealist nicht in seinem Sinne interpretieren kann[37]): der Begriff desjenigen Bereichs, der nicht durch Begriffe erfasst werden kann, *wird eben just durch diesen* Begriff erfasst, ja er soll durch ihn *zutreffend* charakterisiert sein. Dieses

[35] *View from nowhere,* 96f.

[36] „Every concept that we have contains potentialy the idea of its own complement – the idea of what the concept doesn't apply to", *View from nowhere*, 97f.

[37] *View from nowhere*, 101

Argument ist schlicht eine Variante der Unhintergehbarkeitsthese, die Nagel selbst ja – insofern er einen Skeptizismus nicht ausschließen will, stark macht.

So kontrovers jene Debatte um die Grenzen der Erkenntnisfähigkeit geführt wird, die Vermutung bleibt gerechtfertigt, dass es performativ *selbstwidersprüchlich* ist, mithilfe des Denkens positiv die Existenz eines Bereichs außerhalb des Denkens zu postulieren, der dadurch, dass er als existierend erkannt oder auch nur behauptet wird, eben nicht mehr *außerhalb* des Denkens ist.[38] Zwar mag man – wie schon Kant – die Existenzbehauptung von der Erkennbarkeitsthese unterscheiden,[39] oder auch die Existenz solcher Bereiche nur als eine *Möglichkeit* ansehen, die nicht durch unser Denken positiv ‚erkannt' wurde, um den Selbstwiderspruch zu umgehen. Doch auch dann, so kann man argumentieren, verschwindet der Widerspruch nicht, insofern auch ‚Existenz' (von Weltbereichen) eine Kategorie unseres Denkens ist, ja auch die modallogischen Kategorien sind schlicht noch Kategorien des Denkens. Vielleicht ist die Vermutung nicht abwegig, dass es sich bei der These, dass all unser Denken (Denken über die erkannte Welt *und* Denken über die unerkennbare Welt) *unser* Denken ist, um eine Tautologie handelt, also um eine not-

[38] Hegel schreibt, dass jene Selbstbegrenzung der Vernunft immer wider in den gleichen Widerspruch mündet. Indem man eine Grenze ziehen will, ist man zugleich über sie hinaus, vgl. GW. F. Hegel, *Wissenschaft der Logik*, in: *Werke*, Band 5, 145.

[39] Ausführlicher zu dieser Debatte des Widerspruchs einer unerkennbaren Wirklichkeit jenseits des Denkens sei erneut verwiesen auf Ch. Spahn: „Was können wir (nicht) wissen?". Gegen die Idee einer prinzipiell unerkennbaren Realität vgl. auch den zweiten Teil von Hösles Argumentation für den objektiven Idealismus, in V. Hösle, „Begründungsfragen". Gegen diese Grundthese des objektiven Idealismus, die ein sophistischer Trick sei, insofern in illegitimer Weise von der begrifflichen Form des Denkens auf eine begriffliche Form der Realität geschlussfolgert werde, siehe H. Albert: „Hösles Sprung in den objektiven Idealismus", in: *Zeitschrift für allgemeine Wissenschaftstheorie* 20 (1989), 124-131; K.-O. Apel: „Metaphysik und die transzendentalphilosophischen Paradigmen der ersten Philosophie", in: V. Hösle (Hrsg.): *Metaphysik. Herausforderungen und Möglichkeiten*, Stuttgart-Bad Cannstatt 2002, 1-30, 14f. Leider nimmt auch Nagel in seinem Konzept dessen ‚that we cannot conceive of' verschiedene Modi des Denkens, Wissens, Erfahrens, Erlebens und Vermutens zusammen: So gibt es sicher Bereiche, die wir positiv nicht erkannt haben, die wir in einem Menschenleben nicht wissen werden, die wir subjektiv nicht erlebt haben usf. Philosophisch einschlägig ist hier jedoch nur die These, dass Teile der Welt (*oder die ganze Welt)* gänzlich außerhalb begrifflicher Reichweite liegen. Hierin eben besteht Nagels Dualismus: da wir *im* Denken verbleiben und die Welt *da draußen* anders ist oder sein könnte, bleibt der Realismus beschränkt.

wendige begriffliche Wahrheit, gegen die es vielleicht nicht *anzugehen* gilt, sondern die *richtig* zu interpretieren wäre.
Fassen wir das Ergebnis der Betrachtung des Nagelschen Realismus zusammen: Gegen die Absorption in den Idealismus wird die Unhintergehbarkeitsthese angegriffen, aus der Tatsache, dass auch noch die Erfassung primärer Eigenschaften mit *unseren unhintergehbaren* Erkenntnismitteln geschieht, folgt nicht, dass es sich dabei bloß um subjektives Erscheinungswissen handelt. Wir haben Erkenntnis von der Welt *in* unserem Denken, Denken und Welt können homolog sein. Ebenso wird dann jedoch gegen den Idealismus eine *dualistische Externalitätsthese* verteidigt: die Welt lässt sich nicht auf das reduzieren, was wir erkannt haben oder *jemals* in Sprache und Bewusstsein erkennen *können*: sie ist damit außerhalb unserer Reichweite. Insbesondere ist unsere objektivistische *physikalistische* Sicht der Dinge nicht geeignet, das Phänomen Subjektivität hinreichend in seinem Wesen zu erfassen. Um diese Thesen zu verteidigen, muss also nun doch der Verdacht Bestand haben können, dass all das, was wir wissen, eben *nur unser Wissen* ist, wohingegen die ‚wahre Realität' außerhalb unserer Konzeptionalisierungen bleibt bzw. die physikalistische Konzeptionalisierung grundlegend falsch sein könnte.[40]
Es bleibt also die Frage offen, *in welchem dieser beiden entgegengesetzten Sinne* die Unhintergehbarkeitsthese zu interpretieren ist.
An diesem Punkt scheint es nach der Lektüre Nagels so, als läge hier notwendig eine *Entscheidung* über eine fundamentale *Prämisse* vor: Entweder man betrachtet all unsere Denkbestimmungen und Erfahrungskategorien als subjektiv (und objektivitätsheterolog): dann ist der Verweis auf jede Erkenntnis – als selbst mittels jener subjektiven Kategorien gedacht – ebenfalls subjektiv und ungeeignet, diese Voraussetzung zu widerlegen. So verteidigt Nagel den Skeptizismus, denn ein solcher Widerlegungsversuch verweist nur erneut darauf, wie *wir* eben denken müssen, ohne ein Kriterium der Entscheidung (siehe oben: etwa durch einen Vergleich oder die Betrachtung von außen) zu liefern. Wirklichkeit ist dann als derjenige Bereich zu denken, der über den Bereich des Erkennbaren/Konzeptualisierbaren hinausgeht. Und gerade da Wirklichkeit über unsere Konzeptualisierung hinausgeht, sind unsere Erkenntnisse bloß subjektiv und ist ein verifizierender Vergleich unmöglich.

[40] Vgl. die Anmerkungen 9 und 18.

Oder aber man behauptet ebenfalls mit Nagel, dass eine Erkenntnis *auch dann* objektiv (im Sinne einer Erfassung der Realität) sein kann, wenn sie mittels unserer Bestimmungen gefällt wird, dann müssen aber Objektivität und Subjektivitätsmittel homolog sein können.[41] Sodann drängt sich die Frage auf, was ein überzeugendes *Argument* für die prinzipielle Objektivitätsmöglichkeit subjektgetränkter Erkenntnis im Allgemeinen und ein Kriterium für das positive Wissen einer ‚Übereinstimmung' im Besonderen sein kann. Muss dann nicht auch die *subjektive Form*, nicht nur der Inhalt *objektiv* sein oder sein können? Woher wissen wir aber dies, dass bzw. ob unsere Bestimmungen objektiv bzw. subjektiv sind? Wie entscheiden wir über die in Frage stehende Prämisse, wenn uns der Vergleich von außen verwehrt bleibt?
Man kann nun vermuten, dass Nagel das entscheidende Argument gegen den Idealismus gerade dadurch aus der Hand gibt, dass er trotz seiner Überwindungsversuche an der *dualistischen Konzeption* von Form und Inhalt festhalten will, in der sich der abstrakte Dualismus von *Subjektivität und Objektivität* versteckt wiederfindet. Echte Realität kann er sich nur als ein ‚prinzipielles Jenseits' gegenüber der Konzeptualisierbarkeit denken, nur dann sei die Gefahr der ‚Idealisierbarkeit' *und* des Reduktionismus gebannt. Doch wäre an dieser Stelle eine grundsätzliche Entscheidung notwendig: Entweder ist objektive Erkenntnis *trotz* Unhintergehbarkeit der subjektiven Mittel möglich, dann stellt aber auch die These von der prinzipiellen Erkennbarkeit der *gesamten* Wirklichkeit durch uns keine Idealismusgefahr im Sinne Nagels dar. Oder prinzipielle Konzeptualisierbarkeit beinhaltet prinzipiell Subjektivierung, dann ist die prinzipielle Unhintergehbarkeit des subjektiven Standpunkts ein schlagendes Argument für den Idealismus. Wenn man aber an einem prinzipiellen Dualismus von Subjektivität und Objektivität festhält, so ist das Argument, dass wir von unserer Position nicht abstrahieren können, um Erscheinung und Wirklichkeit an sich zu vergleichen, zwingend. Es gibt kein ‚externes' Beurteilungsprinzip zu unserem Standpunkt, das nicht

[41] Man denke an die These Wittgensteins im Tractatus (Satz 2.2, L. Wittgenstein, Tractatus logico-philosophicus, Frankfurt/Main 1994, 19f.), nach der die Realität und der Satz etwas *gemeinsam* haben: *die logische Form*. Diese ist so nicht nur etwas Subjektives, sondern etwas Objektives.

wiederum von unserem Standpunkt (mit unserer Sprache, unseren Bestimmungen, mittels unserer Vorstellungskraft usf.) aus konzipiert wäre. Doch ist die Behauptung, man müsse von unserem Standpunkt zum *view of nowhere* hin abstrahieren, eine These, *die schon voraussetzt*, dass unsere Erkenntnis schlechthin subjektiv ist. Nur unter dieser Voraussetzung ist ein Verlassen der eigenen Position notwendig, um so die Wirklichkeit an sich zu erkennen. Wenn aber unsere Erkenntnis mit Subjektivitätsmitteln entgegen dieser Voraussetzung schon objektivitätsträchtig ist, dann wäre eine Abstraktion von unserer subjektiven Form gerade ein Schritt ins Leere. Ein Verlassen unserer Perspektive wäre *unter dieser zweiten Voraussetzung* nicht nötig. Unsere Perspektive wäre schon (zumindest partiell) eine objektive Perspektive.

### 4. Ein anderes Argument gegen den (subjektiven) Idealismus

Liegt hier nun tatsächlich eine *Entscheidung* vor, oder gibt es ein Argument zugunsten der einen oder der anderen Position? Oder handelt es sich, schlimmer noch, um ein *unentscheidbares* Problem, so dass der Verdacht der frühen logischen Empiristen, diese Metabetrachtungen seien weder wahrheitsfähig noch falsifizierbar, sondern eben sinnlose Debatten, berechtigt ist?

Ich denke, dass mit dem Hinweis auf den tautologischen Charakter der Argumentation *zugunsten* des Idealismus bereits eine wesentliche Einsicht gewonnen ist: Die von Nagel zutreffend skizzierte Idealismus-Falle ist – auch wenn nicht neu – so doch schlicht überzeugend, aber falsch bzw., wie erwähnt, nur dann ein Argument gegen den Realismus, wenn man sich *von vornherein* für einen Kontravalenzdualismus von Subjektivität und Objektivität, menschlicher Erkenntnis und Realität *entschieden* hat. Somit reduziert sich diese Argumentation aber m. E. auf eine recht harmlose Einsicht: Wenn unser Wissen nicht mit der Welt übereinstimmt, dann stimmt unser Wissen nicht mit der Welt überein. In Wahrheit *folgt* der Idealismus gar *nicht aus* der Annahme der Unmöglichkeit einer Konzeptionalisierung einer Welt an sich (der wirklichen Welt jenseits unserer Perspektive, der von uns unerkennbaren realen Welt ‚da draußen', der Welt, wie sie ohne Perspektive aussehe, usf.), sondern *aus der Annahme, dass die wirkliche Welt eine kategorien-transzendente Welt wäre,* die nicht begriffshomolog zu erfassen ist.[42] Denn nur *unter dieser Voraussetzung* müssten wir von unseren begrifflichen Zutaten, Verfälschungen und Subjektivierungen abstrahieren, um einen klaren Blick auf die wirkliche Welt zu haben. Es ist in *dieser* Argumentation für den subjektiven Idealismus schlicht *vorausgesetzt,* dass unsere Begriffe, insofern sie aus der menschlichen ‚Perspektive' stammen, die als der Welt entgegengesetzt und von der Realität verschieden konzipiert und verstanden wird, nicht welthaltig oder objektiv sind und hinter sich zu lassen wären. Wenn unsere Perspektive (wie schon dieses Wort suggeriert) nicht eine objektive Perspektive ist und sein kann, und wir zweitens sie (oder die Tatsache, dass wir eine Perspektive einnehmen) niemals hinter uns lassen können, dann bleiben wir im Dunstkreis eben just unserer subjektiven Überzeugungen. Dies mag, wohlgemerkt, wahr sein, es mag stimmen, dass unsere Kategorien vielleicht allesamt subjektivistisch idiosynkratisch sind, aber die in den Schritten (1)-(6) zusammengefasste Argumentation *zeigt dies nicht*, sondern *setzt* es bereits *voraus*.

Dies wird deutlich, wenn wir einmal probehalber annehmen, unsere Bestimmungen könnten objektiv sein, und siehe da: dann wäre also eine Erfassung der Welt an sich (da diese nicht als kontravalent zu unseren Begriffen definiert ist, was nur Sinn ergibt, wenn unsere Begriffe subjektiv sein sollen) natürlich möglich, und die Tatsache, dass wir dabei unsere Mittel verwenden, ist, wenn diese objektiv sind, sicher kein Problem. Es wäre geradezu falsch, sie *nicht* zu verwenden oder die Wahrheit neurotisch außerhalb der richtigen Bestimmungen zu suchen. Man würde sich gleichsam die Augen ausreißen, um dann besser und freier sehen zu können. Der erste Schritt für einen überzeugenden Realismus bestünde dann nicht darin, der Idealismus-Falle auszuweichen, weil man gerade dadurch das Problem nur repliziert. Man hält so stillschweigend *genau an der Voraussetzung fest*, die *zum subjektiven Idealismus führt*. Das Ausweichen von Nagel besteht, so wurde skizziert, eben darin, eine Externalitätsthese als Garant für den Realismus zu verwenden. Dies ist aber ein Zug nach außerhalb, der nur unter der Voraussetzung plausibel ist, dass eine begrifflich erfasste Welt *nicht die Realität* sein kann. Sollten sich die Argumente der Unhintergehbarkeit ‚unserer Perspektive' aber als zwingend erweisen – und auch sie stehen eben verdächtig nahe an einer Tau-

[42] Zum Folgenden siehe auch Ch. Spahn: *„Prospects of Objective Knowledge"*, 62f.

tologie – so kann man dennoch diese Argumente akzeptieren und dessen ungeachtet eine realistische Erkenntnistheorie vertreten, allerdings nur, wenn man sich mit guten Gründen für eine *objektiv-idealistische* Position entscheidet, die als Alternative in der modernen Debatte um den Realismus und Idealismus nur selten in den Blick gerät.

Was wären nun aber, abschließend gefragt, die Argumente *für eine solche* manchen heute ja recht extravagant erscheinende Position? Knapp gesagt ist es eben zum einen sowohl die Einsicht in die *Unhintergehbarkeit* unseres Denkens einerseits als auch in die Selbstwidersprüchlichkeit der Subjektivierungsversuche unseres Denkens andererseits aus denen zusammengenommen sich eine Option für den objektiven Idealismus als tragfähige Alternative ergibt. Denn bei genauerem Hinsehen lässt sich festhalten, dass von den beiden möglichen Thesen (Homologiethese von Begrifflichkeit und Welt und Kontravalenzthese) nur die erste ohne Selbstwiderspruch begründet und behauptet werden kann, währen die zweite Annahme, die *sowohl* dem Idealismus *als auch* dem Realismus zugrunde liegt, *sich selbst widerspricht.* Eine strikt selbstwidersprüchliche Position ist aber falsch.[43]

Die subjektivistische Position setzt voraus, (i) dass der unhintergehbare Gebrauch unserer Denkbestimmungen *alle* unsere Erkenntnisse versubjektiviere (kontaminiere, verfälsche, verzerre), da die Welt/Wirklichkeit nicht so (‚rein') erfasst wird, wie sie wirklich – an sich, ohne die subjektive Form, Zutat, Verzerrung usf. – ist. (ii) Damit kann diese These (i) selbst schlicht keine *‚zutreffende' These* darüber sein, wie sich Denken und Realität ‚in Wirklichkeit' zu einander verhalten, da die These (i) selbst eine mittels unserer subjektiven Denkbestimmungen formulierte These ist. Sie wäre damit nach eigenen Voraussetzungen nicht eine These

[43] Dies sei auch festgehalten gegen Carnap oder andere Versuche, diese Debatte anderweitig als unlösbar zu klassifizieren: Die Postion ist widersprüchlich, nicht ‚sinnlos'. Sinnlos mag eine ‚paradoxe' oder ‚antinomische' Aussage sein, der kein konstanter Wahrheitswert zugeordnet werden kann. „Dieser Satz ist falsch" ist antinomisch (wenn wahr, dann falsch, wenn falsch, dann wahr). Der Satz „Alle Sätze sind falsch" ist schlicht falsch (wenn er stimmt, ist er falsch, wenn er falsch ist, bleibt er falsch: er wird nicht aufgrund seiner Struktur wahr). Insofern ist auch das obige Problem nicht *unentscheidbar* oder ein Carnapsches Scheinproblem, da nur eine der beiden Positionen sich selbst widerspricht. Es scheint mir daher nicht eine ‚sinnlose' (nicht wahrheitswertfähige) Debatte zu sein. Allenfalls mag man andere logische Bedenken gegen Selbstanwendungsargumente diskutieren, denen hier nicht weiter nachgegangen werden kann.

über *das wirkliche Verhältnis* von Denken und Sein, sondern eine subjektiv verzerrte, nicht zutreffende usf. These. Wenn unser Wissen tatsächlich in diesem Sinne bloß (und notwendig) subjektiv ist, dann ist diese Metaaussage selbst bloß subjektiv und kann nicht den Anspruch erheben, eine objektive Fassung der *tatsächlichen Reichweite unserer Subjektivität* zu sein. Die These (i) hebt sich auf, weil sie – um sinnvoll zu sein – ihr Gegenteil voraussetzt. Dies scheint die Grundintention zu sein, die allen Selbstaufhebungsargumenten gegen den Skeptizismus zugrunde liegt und die auch noch hinter dem umstrittenen Argument von Putnam gegen die These, dass wir Gehirne im Tank seien, steht.

Nun ist diese Argumentform bekannt, einfach und elegant, gleichwohl natürlich seit jeher umstritten.[44] Wenn man sie nicht gerade als Taschenspielertrick abtun will, so gibt es doch einige kritische Einwände, die abschließend skizziert werden sollen, so dass die eigentlichen Aufgaben einer zeitgemäßen Verteidigung eines Realismus konturiert werden können, was hier freilich nur sehr programmatisch geschehen kann.

[44] W. Kuhlmann gibt in seinem Buch *Reflexive Letztbegründung. Untersuchungen zur Transzendentalpragmatik,* Freiburg/München 1985, einen freilich sehr kurzen Überblick über die Geschichte transzendentaler Reflexion auf das Selbstwidersprüchlichkeitsargument, V. Hösle, *Wahrheit und Geschichte. Studien zur Struktur der Philosophiegeschichte unter paradigmatischer Analyse der Entwicklung von Parmenides bis Platon*, Stuttgart-Bad Cannstatt, 1984, verweist auf den historischen Sokrates als Entdecker der Selbstaufhebung des Skeptizismus. In der Gegenwart ist jenes Argument sowohl in erkenntnistheoretischer als auch in ethischer Hinsicht diskutiert worden, vor allem in der Debatte um die Letztbegründung, neben V. Hösle, *Begründungsfragen*, sei auf V. Hösle, *Die Krise der Gegenwart und die Verantwortung der Philosophie. Transzendentalpragmatik, Letztbegründung, Ethik*. München 1990; D. Wandschneider, *Grundzüge einer Theorie der Dialektik: Rekonstruktion und Revision dialektischer Kategorienentwicklung in Hegels „Wissenschaft der Logik“*, Stuttgart: 1995; K.-O. Apel: *„Das Apriori der Kommunikationsgemeinschaft und die Grundlagen der Ethik*, in: Ders. (Hrsg.), *Transformation der Philosophie, Band 2: Das Apriori der Kommunikationsgemeinschaft*, Frankfurt/M. 1976, 358-435, Ch. Illies, *The grounds of ethical judgement: new transcendental arguments in moral philosophy.* Oxford/New York 2003, verwiesen. Kritisch zum Letztbegründungsbeweis Hösles siehe jüngst M. Ossa, *Voraussetzungen voraussetzungsloser Erkenntnis? Das Problem philosophischer Letztbegründung von Wahrheit.* Paderborn 2007. B. Braßel hat in seinem bemerkenswerten Buch *Das Programm der idealen Logik,* Würzburg 2005, programmatisch die Reichweite transzendentaler Argumentation vermittelst der Selbstaufhebungsfigur eindrücklich vorgeführt. Eine nähere Analyse der Varianten, Konkretionen und Probleme jener Argumentation kann hier natürlich nicht geleistet werden, ebenso ist eine historische Betrachtung der Geschichte des Selbstaufhebungsarguments ein Desiderat.

So mag man zunächst einwenden, dass es vielleicht richtig ist, dass die gängige *dualistische* These auf sich selbst angewendet widersprüchlich ist. Die Gegenthese der prinzipiellen Objektivitätsmöglichkeit *mit unseren subjektiven Mitteln* ist aber nur *zirkulär* zu beweisen. Jeder Versuch, *dafür* zu argumentieren, dass objektive oder realistische Erkenntnis möglich ist, setzt schon die Objektivitätsmöglichkeit unserer Erkenntnis voraus, sonst könnten wir den Gründen *für* die Objektivität nicht trauen. Dagegen kann jedoch die alte Einsicht festgehalten werden, dass grundsätzliche philosophische Debatten in einem gewissen Sinne *notwendig* ‚reflexiv' (aber nicht ‚zirkulär') sein müssen.[45] Hegels Argument gegen die Möglichkeit einer reinen unbeteiligten Epistemologie oder Kritik der Vernunft ist in diesem Sinne m.E. stichhaltig. Man kann nicht zuerst Erkennen wollen, wozu unsere Erkenntnismittel taugen. Denn diese Meta-Untersuchung geschieht nicht anders als *erkennend.* Sie setzt (mindestens) die Tauglichkeit des Erkenntnisvermögens zur Selbstuntersuchung oder Selbstkritik voraus, womit schon prinzipiell positiv über unser Vermögen, Erkenntnisse zu haben, entschieden ist.[46] Allerdings: der vorliegende ‚Zirkel' basiert auf der logischen *Unhintergehbarkeit* des Erkennens, das selbst beim Erkennen des Erkennens ‚zum Einsatz kommt'. Ein gewöhnlicher Zirkel unterscheidet sich von diesem reflexiven Argument dadurch, dass das Gegenteil des durch den Zirkel bewiesenen Satzes problemlos gleichermaßen angenommen werden kann. Dies ist hier nicht der Fall: die gegenteilige Annahme widerspricht sich selbst.[47]

---

[45] Aristoteles bemerkt bekanntlich zurecht, dass für den Satz vom zu vermeidenden Widerspruch kein direkter Beweis geführt werden kann, freilich ein indirekter Beweis durch Aufweis des Widerspruchs im Versuch der Bestreitung dieses Satzes möglich sei, Metaphysik IV (Γ). Kritisch dagegen siehe J. Łukasiewicz, *Über den Satz des Widerspruchs bei Aristoteles*, Hildesheim/New York 1993. Auch Mill, *Utilitarianism*, London 1867, 2, und G.E. Moore, *Principia Ethica*, Cambridge 1903, betonen, dass für das Konzept des Guten als Prinzip der Ethik keine rückführende Analyse bzw. kein Beweis geführt werden könne. Bekanntlich bewegte auch die deutschen Idealisten die Frage, wie ein Beweis des ‚Absoluten', also des ersten Prinzips möglich sein soll, wenn man dafür nicht noch fundamentalere und somit ‚erstere' Prinzipien ansetzen will. Gerade aufgrund der Beschränkung moderner philosophischer Argumentationsmethoden auf das Modell des formallogischen axiomatisch-deduktiven Beweises, das in der Tat in das Problem des infiniten Regresses, des dogmatischen Abbruchs oder des Zirkels führt, wird die Alternative reflexiver Argumentation heutzutage zumeist übersehen oder mit dem gewöhnlichen Zirkel verwechselt, vgl. auch V. Hösle, *Krise,* 159f.

[46] Hegel, *Werke*, 8.53f.

[47] Vgl. auch Hösle, *Krise,* 162.

Auch Nagel gesteht ein, dass ein Skeptiker vielleicht nicht alle möglichen Prinzipien des Denkens bestreiten kann, er müsse sich selbst als ein denkendes und argumentierendes Wesen begreifen, auch wenn seine Tätigkeit im Bestreiten besteht.[48] Freilich ist Nagel zuzugeben, dass mit der punktuellen Einsicht der Falschheit des Subjektivismus, ja des subjektiven Idealismus und der dualistischen These *noch nicht* ein Weg zu konkreter Erkenntnis aufgezeigt ist.[49] Dennoch ist die Vermutung plausibel, dass sinnkritische Reflexionen auf die Voraussetzung der Skepsis mehr leisten kann, als nur die Zurückweisung falscher Hypothesen: Ein gelungenes skeptisches Argument besagt ja nicht lediglich, dass wir keine Wahrheit besitzen, was selbst wiederum keine Wahrheit sein kann. Es folgert die Unmöglichkeit wahrer Aussagen *aus konkreten, allgemein akzeptierten Prämissen*. Gerade darin, nicht in dem negativen, mehr oder minder schnell widerlegbarem Resultat besteht die Herausforderung des Skeptizismus. Damit ist aber auch eine Möglichkeit des *produktiven* Umgangs mit der Skepsis gewonnen: Hält man entgegen dem Resultat zwingender skeptischer Argumente aufgrund der Einsicht in die Unmöglichkeit jener Konklusion an der Wahrheitsmöglichkeit menschlicher Erkenntnis fest, so ist durch das skeptische Argument angezeigt, *welche* Prämissen aufzugeben sind, will man am Anspruch menschlicher Erkenntnis, Teile der Welt zu erfassen, festhalten. So mag ein Ergebnis dieses Aufsatzes eben der schon geäußerte Verdacht sein, dass die dem Realismus und dem subjektiven Idealismus *gemeinsame Prämisse* eines radikalen Dualismus zwischen Subjektivität und Objektivität aufzugeben sein wird, will man eine konsistente Theorie menschlicher Erkenntnis

[48] Vgl. Anmerkung 15.

[49] Am ehesten kann das Programm der Wissenschaft der Logik von Hegel als der Versuch angesehen werden, durch Aufweis antinomischer Selbstwidersprüchlichkeit in den Grundbestimmungen des Denkens eine *Ableitung konkreter ausgewiesener* Bestimmungen und Begrifflichkeiten zu leisten. Programmatisch vgl. die in Anmerkung 43 genannte Literatur. Es wäre transzendentalphilosophisch in der Tat zu fragen, was es wirklich bedeutet, wenn wir uns nicht ohne Selbstwiderspruch als denkende und argumentierende Wesen begreifen können: Können wir etwa mit Wahrheitsanspruch wirklich für eine nicht ontologisch valente Vernunft argumentieren, wenn wir uns dazu zugleich dieser Vernunft bedienen? Sollte es wirklich echte Denknotwendigkeiten geben, können wir dann in einem zweiten Schritt im Gedankenexperiment doch gegen sie andenken, indem wir annehmen, die Welt wäre möglicherweise anders, oder sie müsste es gar sein? Zu diesem kritischen Übergang von Denknotwendigkeit zur ontologischen Valenz siehe Hösle, *Krise*, 175ff.

skizzieren. Die eigentliche Frage besteht damit vielleicht nicht darin, ob ein solcher Weg der Aufgabe derjenigen Prämissen denkbar ist, die zu selbstwidersprüchlichen und nicht zufriedenstellenden epistemischen Positionen führen. Wenn man weiß, welche Fallen nicht zu umgehen sind, welche Anfangsannahmen aufzugeben sind, so weiß man noch nicht positiv, welcher Weg stattdessen zu gehen ist. Hierin besteht, dies sei abschließend eingestanden, der nächstliegende Einwand: Gedanken und Wirklichkeit, Subjektivität und Objektivität *sind doch schließlich nicht ohne Weiteres zu identifizieren, sie sind doch auch wesentlich unterschieden.*[50] Dies ist in der Tat der Fall, nur kann dieser Unterschied nicht als ein *absoluter* Dualismus rekonstruiert werden – schon gar nicht in den irreführenden Metaphern von innen/außen, Perspektive, Abbild usf. – demzufolge sich subjektive Erfassung und Objektivität gegenseitig ausschließen. Wenn wahre Erkenntnis vorliegt, muss das Subjektive objektiv sein können und umgekehrt. Sprache und Realität, Begriff und Wirklichkeit können nicht ‚substanzdualistisch' einander entgegengesetzt sein: Die Sprache muss, um erneut auf Wittgenstein zu verweisen, mit der Wirklichkeit die *logische Form* gemeinsam haben, oder um mit Hegel zu sprechen, das Begriffliche muss objektiv sein bzw. das Objektive ‚begrifflich'.[51] Es bestehen damit zwei philosophische Aufgaben: Die philosophisch eigentlich anspruchsvolle erste Aufgabe besteht darin, zu überprüfen, welche ‚Ontologie' (welche Realitätskonzeption) mit dem Anspruch der Möglichkeit objektiver Erkenntnis (etwa über die physikalische Welt) verträglich ist. Nicht zuletzt ist damit sicher auch Hegels Theorie einer objektiven Logik, die zugleich eine *Onto*logie zu sein beansprucht, ein möglicher Ansatzpunkt.[52] Die Überwindung dingon-

---

[50] Zurecht ist so etwa an Davidsons Verkündigung eines *direct touch with reality,* vgl. D. Davidson: „*On the very idea of a conceptual scheme*", 18, zu monieren, dass es, vorsichtig formuliert, ein wenig unklar ist, wie eine Korrespondenz zwischen scheme und content, Subjekt und Objekt möglich ist, wenn man beide Seiten der Relationen aufgibt bzw. identifiziert, eine Kritik, die Davidson später aufgenommen hat, und die zeigt, dass Identitätsrelation und Differenz von Subjektivität und Objektivität in concreto ausbuchstabiet werden müssen.

[51] Hegel, Werke, 8.80ff. Ähnlich spricht Aristoteles in *De anima* (Buch III (2), 426a 15ff.) davon, dass in der wahrhaften Erkenntnis das Wahrnehmende und das Wahrgenommene der Wirklichkeit nach (nicht dem Sein nach) eins sein muss.

[52] Verwiesen sei erneut auf den §24 der Enzyklopädie, in der Hegel seine Konzeption des „objektiven Gedankens" skizziert, Hegel, *Werke*, 8.80f., vgl. dort ebenso die Ausführungen zu den verschiedenen Stellungen des Gedankens zur Objektivität.

tologischer Vorstellungen und Metaphern, denen zufolge das Verhältnis von Subjekt und Realität ausbuchstabiert wird wie ein Verhältnis zweier physikalischer Objekte, ist ein weiterer. Zweitens bleibt die Aufgabe bestehen, *auch der bloßen Subjektivität* unserer Erkenntnis ihr Recht einzuräumen. Es war nur dafür argumentiert worden, dass nicht *alle unsere* Erkenntnisse prinzipiell subjektiv sind, dass nicht *alle unsere* Denkformen subjektiv im Sinne eines Abweichens von der Objektivität sein können. Gleichwohl ist klar, dass es Prinzipien der Wirklichkeitsstrukturierung gibt, die eher dazu geeignet zu sein scheinen ‚objektivere' Erkenntnisse zutage zu fördern als andere. Ein erstes Kriterium hierfür können nur reflexiv-transzendentallogische Überlegungen sein: Nur diejenigen Denkbestimmungen, die nicht ohne Selbstwiderspruch bestritten werden können, sind Kandidaten für den Kreis möglicher universaler ‚objektiver Denkbestimmungen'. Erst als zweites Kriterium können diejenigen Prinzipien diskutiert werden, die wie Kohärenz, Vorhersage, praktischer Erfolg, Konsens, Holismus, Fruchtbarkeit usf. eben nicht *eo ipso* einen Realismus garantieren, sondern nur unter der Voraussetzung eines solchen funktionieren: Die Reduzierung des Wahrheitskriteriums *auf ein anderes Prinzip als das der Übereinstimmung eines Gegenstandes mit dem Gedanken* führt notwendigerweise ebenfalls in einen subjektiven Idealismus, da alle jene ‚zweitrangigen Kriterien' erfüllt sein können, ohne dass dadurch eine realistische Beziehung zwischen Gedanken und Welt garantiert wäre.

Doch führen diese Fragen ab von dem Wenigen, was in diesem Text gesagt werden sollte: Nur unter der Voraussetzung eines kontravalenten Dualismus zwischen Konzeptionalisierung und Gehalt bzw. Begriff und Welt erweist sich die dargestellte Argumentation als unüberwindlich für den Realismus. Sie ist aber eben kein Argument für einen subjektiven Idealismus, es sei denn, man hat sich von vornherein schon für eine konstruktivistische Grundauffassung unseres unhintergehbaren Beitrags zur Erkenntnis entschieden. Dies heißt umgekehrt, dass es nicht abwegig ist, ein Festhalten an realistischen Überzeugungen mit einer objektiv-idealistischen Ontologie verbinden zu wollen: Die naive und gleichwohl gängige Entgegensetzung von *Realität an sich* und *unserer (bloß beschränkten?)*Perspektive ist somit zu hinterfragen, der fragwürdige Zielpunkt eines *view from nowhere* ist zu überwinden. Aber nicht, weil ein ‚objektiver‘ Standpunkt unmöglich sei: Nur wenn man unsere Erkenntnis mit dem Maßstab einer externalistisch verstandenen *God's eye view* misst, erscheint sie als ‚bloß subjektiv.‘ Doch wenn sich dieser Maßstab als selbstwidersprüchliches oder leeres Konzept auflöst, löst sich die fehlerhafte Relativierung unserer Objektivitätsmöglichkeiten zugleich auf.

*Robert N. Geisler*

# Farbe – Herausforderung neurowissenschaftlicher Forschung

Hält man dem Stier ein rotes Tuch vor,
so wird er wütend;
aber der Philosoph, wenn man nur überhaupt von Farbe spricht,
fängt er an zu rasen.
Johann Wolfgang von Goethe[1]

*Neurowissenschaften*

Das interdisziplinäre Vorhaben von Wissenschaften, die sich mit Wahrnehmungs- und Bewusstseinsprozessen beschäftigen, wird als Neurowissenschaften bezeichnet. Ziel dieses interdisziplinären Vorhabens ist eine adäquate Formulierung und Lösung des Problems des Bewusstseins. In diesem Zusammenhang wird Farbe Thema der Neurowissenschaften.[2] Philosophie kommt im Rahmen der Neurowissenschaften insofern eine Sonderstellung zu, als sie, im Gegensatz zu den anderen beteiligten Wissenschaften, keine empirische Wissenschaft ist. Als nichtempirische Wissenschaft kann Philosophie die Ergebnisse dieser Forschungen nur reflektieren. Sie selbst betreibt keine empirische Forschung. Sie stellt nur Denkmodelle auf, bzw. prüft Ergebnisse anderer Wissenschaften über Denkmodelle in Bezug auf deren Schlüssigkeit und deren Konsequenzen.

*Die natürliche Einstellung*

Aufgrund des alltäglichen Verständnisses von Farbe, in natürlicher Einstellung[3], scheint zunächst unplausibel, dass Farbe den Neurowissenschaften überhaupt zum Thema wird: Wie ein Apfel der Sorte Gloster ein bestimmtes Gewicht hat, ist er bei Tageslicht rot. Beide Eigenschaften sind zunächst Eigenschaften des Apfels, eines materiellen Gegenstandes

[1] J. W. Goethe, Zur Farbenlehre, 1810, in: J. W. Goethe, Hamburger Ausgabe in 14 Bänden, Bd. 13, München 1981, 325.

[2] E. R. Kandel, J. H. Schwartz, T. M. Jessell (Hrsg.), *Principles of Neural Science*, New York etc. 2000, 572-589, 1317f.

[3] D. Katz, *Der Aufbau der Farbwelt*, Leipzig 1930, 3f.

in der Welt. Beide Eigenschaften werden wahrgenommen, aber sind, zumindest in natürlicher Einstellung, keine Eigenschaften `im Kopf´. Wie der Apfel auf dem Mond ein anderes Gewicht hat, kann er im Dämmerungslicht violett wirken – und wie der Apfel für ein Kind schwerer ist, kann er einem Farbenblinden in anderer Farbe erscheinen.[4] Über ein auf normale Bedingungen einer Messung auf der Erdoberfläche geeichtes Messinstrument lässt sich das Gewicht des Apfels objektiv bestimmen. Ebenso sollte sich über ein auf Tageslicht geeichtes Messinstrument die Farbe des Apfels objektiv bestimmen lassen. Die Messergebnisse sollten dann in eine absolute Größe wie Masse umgerechnet werden können. Auf diese Weise sollte sich der Apfel als wirklich rot bestimmen lassen. Einem Farbenblinden ließe sich dann nachweisen, dass sein Farbmesssystem, da er die Farbe des Apfels nicht richtig sehen kann, defizitär ist. Würde er aber dieselben Unterschiede von Farben diskriminieren lernen, die ein Normalsichtiger diskriminieren kann, würde er auch mit seinem Farbmesssystem die Farbe des Apfels richtig sehen können.

*Wellenlänge und Farbe*

Die physikalischen Untersuchungen von Farbe durch Newton führten zur heutigen Wellenlängentheorie[5] der Farbe. Nach dieser ist weißes Licht sichtbares Licht, das verschiedene Wellenlängen im Bereich von ca. 400 bis 800 nm in gleicher Verteilung und Stärke enthält. Farbiges Licht ist Licht, das nur eine bestimmte Wellenlänge oder eine bestimmte Mischung von Wellenlängen enthält. Alle Farbtöne einschließlich Weiß und fast alle Farben lassen sich durch verschiedene Intensitäten von Licht der drei additiven Primärfarben Rot, Grün und Blau herstellen. Die Primärfarben der subtraktiven Farbmischung Cyan, Magenta und Blau reflektieren ein entsprechend weites Spektrum sichtbaren Lichts, so dass mit ihnen alle Körperfarben[6] gemischt werden können. Dass sich über je-

---

[4] Vgl. G. Ryle, *Der Begriff des Geistes*, Stuttgart 1969, 300ff.

[5] Verschiedene Frequenzen von Wellenlängen können gemäß der Quantenhypothese auch als Ströme von Photonen verschiedener Energiemenge beschrieben werden. T. Walther & H. Walther, *Was ist Licht?*, München 2004, 15-31; K. Nassau, *The Physics and Chemistry of Color*, New York etc. 2001, 387ff.

[6] Als Körperfarben werden im Gegensatz zu Lichtfarben Farben bezeichnet, die als Eigenschaften von Oberflächen wahrgenommen werden. Lichtfarben werden als Farben von Licht oder der Beleuchtung von Gegenständen wahrgenommen. Das Rot des Apfels der Sorte Gloster ist eine Körperfarbe. Vgl. H. Gekeler, *Handbuch der Farbe*, Köln 2003, 22.

weils drei Primärfarben alle Farben mischen lassen, wird über die trichromatische Konstruktion des menschlichen Auges erklärt, die drei Zapfentypen für chromatisches und einen Stäbchentyp für achromatisches Sehen enthält. Wellenlängen des sichtbaren Spektrums machen nur einen kleinen Ausschnitt des Wellenlängenspektrums aus.[7] Die Wellenlängentheorie ist keine Spezialtheorie zur Erklärung von Farben, sondern integraler Bestandteil physikalischer Theorie. Mischmöglichkeiten und Mischergebnisse von Wellenlängen führen zum CIE-Farbenraum.[8] Über den CIE-Farbenraum können die physikalischen Größen von Wellenlängenzusammensetzung und -intensität den psychologischen Größen Farbton, Sättigung und Helligkeit über von Versuchspersonen wahrnehmbare Unterschiede bei der Betrachtung von Farben zugeordnet werden[9]. Die Zuordnung von Farben und Wellenlängen weicht nicht nur zwischen normalen menschlichen Trichromaten, sondern auch bei einzelnen Versuchspersonen zu verschiedenen Zeiten ab.[10] Farben lassen sich nur über einen statistisch ermittelten Standardbeobachter Wellenlängen zuordnen. Auch wenn diese Abweichungen einzelner Individuen bei der Wahrnehmung von Farben geringfügig sind, folgt daraus, dass unterschiedliche Individuen zu unterschiedlichen Zeitpunkten bei identischen physikalischen Bedingungen unterschiedliche Farben sehen. Gesehene Farbe muss daher von Farbverhalten unterschieden werden. Auf die Farben, die ein anderes Individuum sieht, kann ein Individuum nur aus dessen von seinem Verhalten abweichenden Verhalten schließen.

---

[7] E. B. Goldstein, *Wahrnehmungspsychologie*, Heidelberg & Berlin 2002, 41-80; K. Stromer & E. P. Fischer, *Die Natur der Farbe*, Köln 2006, insbes. 11-39 und 58-107.

[8] Commission internationale de l'éclairage; homepage der CIE: *http://www.cie.co.at/index_ie.html*, Stand: 03.03.2009.

[9] Es ist allerdings bisher noch nicht vollständig gelungen, die empfundenen Farbabstände auf den CIE-Farbenraum abzubilden. Auf der Bestimmung empfundener Farbabstände über präsentierte Proben von Körperfarben beruht der Farbenraum des Natural Color Systems (NCS). Das NCS setzt, anders als die CIE, bei empfundener Farbe an. Den bislang erfolgreichsten Versuch, Farbreaktionen auf Ergebnisse der Wellenlängenmischung zu beziehen, stellt die Variante des CIE-Farbenraums von D. L. MacAdam dar. N. Silvestrini & E. P. Fischer, *CIE – Douglas L. MacAdam*, in: K. Stromer (Hrsg.), *Farbsysteme*, Köln 2003, 133ff.; J. J. Koenderink & A. J. van Doorn, *Perspectives on Colour Space*, in: R. Mausfeld & D. Heyer: *Colour Perception*, Oxford & New York 2003, 1-56; homepage des NCS: *http://83.168.206.163/webbizz/mainPage/main.asp*, Stand: 03.03.2009.

[10] C. L. Hardin, *Color for Philosophers*, Indianapolis & Cambridge 1993, 78ff.

Farbverhalten stellt, da dieselbe Farbreaktion über eine Wellenlänge oder verschiedene Wellenlängen hervorgerufen werden kann, nicht nur eine informationsarme Repräsentation dar. Andere psychophysische Untersuchungen des Farbverhaltens zeigen zudem, dass Farben andere Eigenschaften zukommen als Wellenlängen. So werden bestimmte Wellenlängen oder Mischungen von Wellenlängen als Grundfarben wahrgenommen. Grundfarben sind Farben, die nicht über Mischungen anderer Farben beschrieben werden können, mit denen sich aber alle anderen Farben beschreiben lassen. Während ein Orange über Rot und Gelb beschrieben werden kann, kann ein Rot nicht über Blau und Gelb beschrieben werden.[11] Als chromatische Grundfarben gelten Rot, Gelb, Blau und Grün, wobei strittig ist, ob Grün nicht über Blau und Gelb beschrieben werden kann. Weiß und Schwarz sind achromatische Grundfarben, die nicht nur den Sättigungsgrad, sondern zumindest bei Lichtfarben auch die Helligkeit einer Farbe bestimmen. Über seine Ähnlichkeit zu den sechs Grundfarben kann so jeder Farbe eine eindeutige Stellung im Farbenraum zugeordnet werden. Der Farbenraum erweist sich nicht nur als eindeutig strukturiert, sondern auch als geschlossen: Menschen weisen kein Farbverhalten auf, das den Begriff einer anderen als der sechs Grundfarben erfordert. Diese tatsächlichen psychophysischen Beschreibungen des Farbverhaltens erweisen sich aus subjektiver Perspektive als notwendige Eigenschaften von Farben. Zur Feststellung dieser Eigenschaften von Farben sind empirische Untersuchungen überflüssig. Farben haben nicht nur notwendig diese Eigenschaften, diese sind auch offensichtlich[12]. Dass bestimmte psychophysische Beschreibungen von Farbverhalten nicht vorkommen, wird aus subjektiver Perspektive plausibel: Solches Verhalten entspräche Farben, die nicht vorstellbar sind. Nicht nur lässt sich keine Farbe außerhalb des Farbenraums vorstellen, jede visuelle Vorstellung impliziert die Vorstellung einer Farbe des Farbenraums.[13]

[11] C. L. Hardin, 1993, 40-45.

[12] „Daß es den Menschen so scheint, ist ihr Kriterium dafür, daß es so *ist*." L. Wittgenstein, *Bemerkungen über Farben*, in: *Werkausgabe in 8 Bänden*, Bd. 8, Frankfurt am Main 1999, 60 (Teil I, Nr. 98).

[13] Abwesenheit von Wellenlängen wird durch das subjektive Augengrau repräsentiert, vgl. Katz, 1930, 72 und Hardin, 1993, 23. Das Auftreten eines satten Schwarz erfordert komplexe Bedingungen. Selbst wenn das subjektive Augengrau durch sattes Schwarz repräsentiert würde, würde die Abwesenheit von Wellenlängen durch Anwesenheit von Schwarz repräsentiert werden. Schwarz ist zumindest eine Flächenfarbe und kein visuel-

Da Grundfarben durch gemischte Wellenlängen erzeugt werden können, entspricht der Begriff der Grundfarbe nicht dem der Primärfarbe; im Gegensatz zu diesem bezieht er sich nicht auf physikalische Eigenschaften. Während der Farbenraum geschlossen ist und Farben einer bestimmten Sättigung und Helligkeit im Kreis angeordnet werden können, sind Wellenlängen über ihre jeweiligen Länge linear anzuordnen und reichen beidseitig weit über den Bereich des sichtbaren Spektrums hinaus. Wie gezeigt, können Farbverhalten bzw. Eigenschaften von Farben nicht über Wellenlängen erklärt werden. Nicht nur *Farbverhalten* und *Farbe*, sondern auch *Farbe* und *Wellenlänge* sind unterschiedliche Begriffe. Über die Eigenschaften von Farben und darüber, dass der Farbenraum nicht homogen ist[14], lässt sich das bekannte, auf Locke zurückgehende Gedankenexperiment des Invert widerlegen: Invert sähe immer die Gegenfarben von Nonvert, d.h. eines normalen Beobachters, was aber von anderen nicht zu entdecken ist, weil er sein Blau Gelb nennt und sein Gelb Blau.[15] Das Verhalten eines Invert würde von dem eines Nonvert abweichen. Er wäre ebenso zu erkennen, wie ein Farbenblinder zu erkennen ist.[16] Farben entstehen `im Kopf´, aber bei den meisten Menschen sind es Farben eines ähnlichen Farbenraums. Die Farben, die ein Individuum sieht, sind für ein anderes nicht zu sehen. Dennoch lassen sich aus dem Farbverhalten eines anderen Individuums heraus bestimmte Aussagen über die von ihm gesehenen Farben machen.[17] Bei Versuchen, die zum CIE-Farbenraum führen, werden Farben vor einem neutralen, zumeist schwarzen Hintergrund betrachtet. Diese isolierte Betrachtung empfiehlt

les `Nichts´. Vgl. Anmerkung 48.

[14] Normale menschliche Beobachter können bei verschiedenen Farben unterschiedlich viele Abstufungen wahrnehmen. Dies zeigt sich im CIE-Farbenraum von MacAdam an seiner schneckenartigen Form und im NCS an nicht von Farbplättchen belegten Stellen; vgl. Anmerkung 9. Farben haben zudem noch weitere, ihnen notwendig zukommende Eigenschaften, wie z.B. die einzigartige Beziehung von Gelb und Braun, die bei ihrer Gegenfarbe Blau nicht besteht; vgl. W. Kandinsky, *Über das Geistige in der Kunst*, Bern 2004, 91-97 und L. Wittgenstein, 1999, 7-112.

[15] J. Locke, *An Essay concerning human understanding,* 1689, Buch II, Kapitel 32.

[16] C. L. Hardin, *Reinverting the spectrum*, in: A. Byrne & D. R. Hilbert (Hrsg.): *Readings on color*, Bd. 1, *The Philosophy of Color*. Cambridge, Mass. & London 1997, 289-30. Anzumerken ist, dass dieses Argument nur gilt, insofern jemand nicht in einer nicht mehr als visuell zu bezeichnenden Weise wahrnimmt.

[17] Vorbehaltlich dessen, dass sich das Individuum als `philosophischer Zombie´ erweisen könnte. Vgl. M. Tye, *Ten Problems of Consciousness*, Cambridge & London 1995, 21-24; vgl. dazu Anmerkung 49.

sich, um Farbe möglichst unabhängig von anderen Faktoren untersuchen zu können. Untersucht man Farben, die unmittelbar von einer anderen Farbe umgeben sind, zeigt sich das Phänomen des Simultankontrastes: Die Wahrnehmung einer Farbe wird von der sie umgebenden Farbe beeinflusst[18]. Welche Farbe von einer Wellenlänge hervorgerufen wird, hängt nicht nur vom Beobachter ab, sondern auch von den Beobachtungsbedingungen. Andere Effekte können dazu führen, dass eine Wellenlänge nicht nur in einer anderen Farbe desselben Farbtons wahrgenommen wird. Sie können auch zu einem vollständigen Farbtonwechsel führen. Wird beispielsweise grünes Licht so auf einen weißen Hintergrund projiziert, dass in die Mitte des Hintergrundes kein Licht fällt, bleibt dort eine schwarze bzw. dunkle Stelle. Wird dann weißes Licht über den gesamten Hintergrund projiziert, einschließlich der vom grünen Licht ausgesparten Stelle, sollte sich gemäß den vom CIE prognostizierten Farbmischungen die ausgesparte Stelle ein wenig erhellen und das Grün seiner Umgebung entsättigen. Die ausgesparte Stelle leuchtet aber in hellem Rosa.[19] Weißes Licht wird damit als Rosa repräsentiert, ein Farbtonwechsel findet statt. Wellenlängen können also unter bestimmten Umständen durch gänzlich andere Farbtöne repräsentiert werden, als dies die Ergebnisse der Versuche mit isolierten Farben implizieren. Dass sämtliche Farbtöne mit nur einen Teil des Spektrums umfassenden Wellenlängen hervorgerufen werden können, wird in Versuchen mit komplexen Szenen deutlich. Wenn man dieselbe komplexe Szene durch zwei Schwarzweißdias, von denen ein Dia denselben Gegenstand heller oder dunkler als das andere darstellt, mit gelblichem Licht übereinander projiziert, wird die Szene auf einem weißen Hintergrund vollständig farbig gesehen – und nicht nur in verschiedenen Gelbtönen, wie gemäß des CIE zu erwarten wäre. Auch wenn die gesehenen Farben entsättigt sind, sind doch alle Farbtöne vorhanden. Derselbe Effekt tritt bei der Projektion derselben Schwarzweißdias mit andersfarbigem Licht ein – die empfundene Farbe scheint von Wellenlängen zwar nicht ganz unabhängig, aber doch auch nicht direkt abhängig zu sein.[20] Aber nicht nur können gleiche

---

[18] L. M. Hurvich, *Color Vision*, Sunderland, Mass. 1981, 151ff.

[19] C. L. Hardin, 1993, 50.

[20] E. Land, *Experiments in Color Vision*, in: *Scientific American* 200 Nr. 5 (1959), 84-99, ausführlicher dargestellt bei F. Bello: *An Astonishing New Theory of Color*, in: Fortune 5/59, 1959, 144-148.

Wellenlängen unterschiedlich, sondern auch unterschiedliche Wellenlängen als gleich repräsentiert werden. Dieses Phänomen der Farbkonstanz ist ein alltägliches Phänomen. Es taucht erst bei der Wahrnehmung komplexer Szenen in räumlicher Struktur auf, bei denen Reflektanzstufen, d.h. Stufen unterschiedlicher reflektierter bzw. erzeugter Wellenlängen, von Beleuchtungsstufen, d.h. Stufen eines Beleuchtungswechsels, unterschieden werden können. Bei der Unterscheidung von Beleuchtungs- und Reflektanzstufen scheinen kognitive Einflüsse und sensorische Mechanismen zusammenzuwirken.[21] Ein gelbes Handtuch, das bei Dämmerung über ein Fensterbrett gehängt wird, das also zur einen Hälfte in einem durch Kunstlicht beleuchteten Raum, zur anderen im bläulichen Resttageslicht hängt, wird, zumindest auf den ersten Blick, als einheitlich im selben Gelbton wahrgenommen – obwohl die von ihm reflektierten Wellenlängen isoliert betrachtet zur Hälfte ein Blaugrün und zur Hälfte ein Orangegelb hervorbringen würden. Dass Farben eine informationsärmere Repräsentation von Wellenlängen sind, gilt nur annähernd und nur für Laborbedingungen. Unter solchen Bedingungen ist nur die Einnahme der sogenannten kritischen Einstellung, die Betrachtung von Farben als Flächenfarben möglich – und nicht die natürliche Betrachtung farbiger Szenen. Farben scheinen durch das Nervensystem evoziertes Resultat der Verarbeitung von Wellenlängen zu sein. Anders als beim Gewicht, scheint ihnen nichts in der Welt zu entsprechen. Ein Messapparat würde nicht nur eine Konstruktionsweise gemäß einem höheren Nervensystem erfordern, sondern müsste auch eine subjektive Perspektive entwickeln. Damit wäre er für präzise Messungen ebenso ungeeignet, wie ein normaler menschlicher Beobachter. Konsequenz wäre, dass Farbe nicht in eine absolute Größe wie Masse umgerechnet werden kann. Findet man keinen anderen physikalischen Kandidaten für Farbe, folgt daraus, dass die visuelle Welt `im Kopf' entsteht. Der Apfel wäre dann nicht rot, er schiene nur rot – unter bestimmten Bedingungen für bestimmte Betrachter. Er wäre Resultat der Interpretation von auf die Retina fallenden Wellenlängen durch das Nervensystem, deren Ergebnis über Farben dargestellt wird. Durch Wellenlängen vermittelt, scheint im Kopf eine von der objektiven physikalischen Welt gänzlich verschiedene visuelle Welt zu entstehen. Wir scheinen in zwar oft ähnlichen, aber unter-

[21] J. Beck, *Surface Color Perception*, London 1972, 2-8; E. B. Goldstein, 2002, 168-171.

schiedlichen Welten zu leben und uns in einem globalen Irrtum[22] über die Welt zu befinden. Dies gilt um so mehr, als wir farbige Gegenstände als von uns entfernt wahrnehmen, Wellenlängen aber erst wahrgenommen werden, wenn sie auf die Retina fallen. Dass Sehen ein Fernsinn ist, scheint, wie die gesamte natürliche Einstellung überhaupt, eine Illusion zu sein.

*Objektivismus*

Die genannten Farbkonstanzphänomene zeigen ebenso wie die beschriebenen Versuche mit Schwarzweißdias, dass auch bei schlechten Lichtverhältnissen oder Lichtwechseln der Apfel rot und das Handtuch gelb bleibt. Oberflächenfarben wie die von Apfel und Handtuch werden von den Farben des sie beleuchtenden Lichts unterschieden. In natürlicher Einstellung werden, anders als bei der Betrachtung einer isolierten Farbfläche in kritischer Einstellung, vom Wahrnehmungssystem verschiedene Farbmodi unterschieden. Wir sehen im Alltag Farben vor allem an Oberflächen von Gegenständen – und eben nicht am visuellen Feld des Bewusstseins. Wir sehen die Welt, nicht aber das Bewusstsein. Aufgrund der im Alltag normalerweise eingenommenen natürlichen Einstellung liegt es nahe, die Oberflächenstruktur eines Gegenstandes, die auf sie einfallende Wellenlängen in einer bestimmten Weise reflektiert, als das von Farbe Repräsentierte anzunehmen. Sollte sich diese Annahme bestätigen, wäre globaler Irrtum als irrig erwiesen. Wellenlängen könnten nur Informationen über die Spektralreflektionseigenschaften der Oberfläche eines Gegenstandes bzw. Emissionseigenschaften einer sichtbaren oder nicht sichtbaren Lichtquelle (surface spectral reflectance, SSR) übermitteln. Dem würde entsprechen, dass die Farbe eines Gegenstandes auch bei Lichtwechseln gleich wahrgenommen wird. Die SSR scheint die gesuchte als Farbe repräsentierte physikalische Eigenschaft zu sein:[23] Der Apfel ist rot, wenn er eine bestimmte SSR hat.

Das visuelle System scheint sich Wellenlängen zunutze zu machen, um die SSR eines Gegenstandes zu messen, die dann als Farbe richtig repräsentiert wird. Dass die Repräsentation der SSR bei unterschiedlichen

---

[22] E. Thompson, *Colour Vision*. New York & London 1995, 32.

[23] A. Byrne & D. R. Hilbert, *Colors and Reflectances*, in: dieselben (Hrsg.), *Readings on color*, Bd 1: *The Philosophy of Color,* Cambridge, Mass. & London 1997, 263-288.

Messsystemen leicht abweichend oder bei Farbenblinden defizitär ist, wäre dabei zu erwarten. Auch wäre es nicht verwunderlich, dass Farbkonstanz teilweise der Interpretation bedarf. Dass im Laborversuch fehlerhafte Informationen über SSR erzeugt werden, verwundert ebenso nicht: Ungeeignete Versuchsbedingungen führen grundsätzlich zu Fehlmessungen. Dass in verschiedenen Perspektiven SSR durch andere Farben repräsentiert werden können, ließe sich als feinstufigere Wahrnehmung durch die Einnahme alternativer Perspektiven erklären.[24]

Dieses Denkmodell, das die natürliche Einstellung gegenüber globalem Irrtum rehabilitieren kann, geht zudem konform mit den neurophysiologischen Grundlagen des Farbwahrnehmungssystems. Die Rezeptoren des Auges reagieren nicht ausschließlich auf bestimmte Wellenlängenbereiche: Jeder Rezeptortyp produziert ein fast vollständiges, über einen weiten Bereich des Spektrums reichendes Bild in Helligkeitsabstufungen – allerdings aufgrund seiner selektiven Sensibilität in verschiedener Weise. Gemäß dieser dem objektivistischen Denkmodell des SSR-Physikalismus zugrunde liegenden Retinextheorie werden diese Bilder kompletter Szenen nach Vorverarbeitungsstufen wie dem Gegenfarbmechanismus in höheren Bereichen des Gehirns miteinander verglichen und dann weiterverarbeitet,[25] um so die SSR zu ermitteln und als bestimmte Farbe darzustellen. Bei besserem Verständnis des zentralen Nervensystems und seiner Funktionen sollte ein entsprechend funktionierendes SSR- bzw. Farbmesssystem nachgebaut werden können, das die tatsächliche Farbe eines Apfels ermitteln kann. Wellenlängen vermitteln zwar Informationen über die Welt, aber sie scheinen nicht selbst diese Information zu sein. Sie scheinen der Repräsentation von Farbe zu dienen, aber nicht selbst das von ihr Repräsentierte zu sein.

Farben können auch anders als über Wellenlängen erzeugt werden. Ein distaler Stimulus einer bestimmten Intensität erzeugt ein Nachbild in den Gegenfarben eines ursprünglich gesehenen Bildes, das im visuellen Feld nach der Entfernung des ursprünglichen Bildes noch eine Zeit lang bestehen bleibt. An der Stelle der Retina, an der die Nervenbahnen der Re-

---

[24] D. R. Hilbert, *Color and color perception,* Stanford 1987; Byrne & Hilbert, 1997, 265, 273; A. Byrne & D. R. Hilbert, *Hardin, Tye, and Color Physicalism*, in: *The Journal of Philosophy* 101, 1, 2004, 42f.

[25] E. Land, *Recent Advances in Retinex Theory*, in: Vision Research 26 (1986), 7-21.

zeptoren das Auge verlassen, befinden sich keine Rezeptoren – schließt man ein Auge und sieht auf einen an einer Stelle unterbrochenen farbigen Balken, stellt man fest, dass diese blinde Stelle des visuellen Feldes mit der jeweiligen Farbe des Balkens ausgefüllt wird.[26] Solche subjektiven Farben stellen ein Problem für die Identifikation von Farbe und SSR dar. Sie treten unabhängig von Stimuli auf und repräsentieren nichts in der Welt. Um diesem Problem zu begegnen, werden subjektive Farben vom SSR-Physikalismus als illusionäre Farben bezeichnet und von wahrhaftigen Farben unterschieden.[27] Dies Unterscheidung zweier Farbbegriffe, wie sie der SSR-Physikalismus erfordert, brächte eine Verschiebung des Farbbegriffes mit sich. Kriterium für die richtige Verwendung des Wortes *Farbe* wäre das Vorliegen einer wahrhaftigen Farbe. *Farbe* würde sich auf eine vorliegende SSR[28] beziehen. Ich gebrauche aber das Wort *Farbe* ebenso richtig, wenn ich die Farbe des Flugzeuges der British Airways, als das ich das Nachbild der Sonne am Himmel identifiziere, dunkelblau nenne. Der Gegenstand des Nachbildes, das Flugzeug, mag sich beim näheren Hinsehen als illusionär erweisen – die Farbe selbst aber ist wahrhaftig vorhanden. Ich stelle sie mir nicht vor und ich täusche mich nicht über sie, sie ist wahrhaftig vorhanden und sie ist wahrhaftig dunkelblau. Sie nicht mehr als wahrhaftige Farbe bezeichnen zu können, bedeutet eine der Sachlage nicht angemessene dogmatische Restriktion der Verwendung des Farbbegriffes – dasselbe Dunkelblau kann sich als Farbe eines wirklichen Flugzeuges der British Airways am Himmel erweisen. Ebenso ist das ausgefüllte Gelb des blinden Flecks bei der Betrachtung des gelben Balkens mit einem Auge dasselbe Gelb wie das des Balkens selbst. Dies entspricht der alltäglichen Verwendung des einen Wortes *Farbe* anstelle von zwei Worten für eine illusionäre und eine wahrhaftige Art von Farben. Um wahrhaftig wahrgenommen zu werden, muss Farbe nichts repräsentieren.

Die Retina bestimmter Spezies weist standardmässig mehr als drei Zapfentypen auf. Die Sensibilität der Zapfen solcher Spezies umfässt in der Regel zudem einen Bereich des Spektrums, der in den für normale

[26] L. M. Hurvich, 1981, 123ff.

[27] D. R. Hilbert & M. E. Kalerdon, *Color and the Inverted Spectrum*, in: S. Davies (Hrsg.), *Color Perception,* New York & Oxford 2000, 187.

[28] Vgl. Anmerkung 12.

menschliche Beobachter unsichtbaren ultravioletten Bereich hineinreicht. Zu solchen Spezies gehören z.B. Vögel.[29]

Während der Farbenraum von Trichromaten über den CIE-Farbenraum im Wesentlichen durch die drei Primärfarben der additiven Farbmischung beschrieben werden kann, benötigt eine vollständige, alle Möglichkeiten von Farbmischungen zu berücksichtigende Beschreibung des Farbenraums von Tetrachromaten vier Primärfarben. Durch den vierten Zapfentypen entstehen neue Mischmöglichkeiten mit jeder anderen Wellenlänge, so dass dem CIE-Farbendiagramm eine neue Dimension hinzugefügt werden muss.[30] Ein Farbenhyperraum entsteht. Sollen Helligkeitsstufen von Farben dargestellt werden, ist entsprechend eine fünfte Dimension erforderlich. Sieht ein Trichromat vier chromatische Grundfarben, sollte ein Tetrachromat sechs chromatische Grundfarben sehen können. Diese neuen Farben hätten eigene Eigenschaften – da sie auch andere, außerhalb unseres Farbenraums liegende Farbtöne aufweisen müssten, wären sie für normale menschliche Beobachter unvorstellbar.

Tetrachromaten sollten damit bei gleichen Beobachtungsbedingungen an Stellen, an denen normale menschliche Beobachter einen bestimmten Farbton sehen, einen anderen sehen[31]. Damit wird dieselbe SSR bei Tetrachromaten in anderer Weise dargestellt als bei Trichromaten, und dies nicht bei einem defizitären, sondern einem überlegenen Wahrnehmungssystem. Dass die Farben eines Farbenhyperraumes nicht mehr als Farben bezeichnet werden können,[32] ist ebenso unplausibel, da der Farbenhyperraum entscheidende Charakteristika wie Geschlossenheit und Form mit dem trichromatischen Farbenraum teilt. Auch die Restriktion der natürlichen Einstellung als einzig richtiger zur Ermittlung der Farbe eines Gegenstandes ist ungerechtfertigt: Es bedarf nicht unbedingt das visuelle System verwirrender Laborbedingungen, um einzelne Farben durch Einnehmen der kritischen Einstellung zu isolieren. Die Farben einer komplexen Szene können auch rein willentlich im Flächenfarbmodus gese-

---

[29] T. H. Goldsmith, *Ultraviolet Receptors and Color Vision: Evolutionary Implications and a Dissonsnce of Paradigms*, in: Vision Research 34 (1994), 1483.

[30] Ebd.

[31] E. Thompson, 1995, 117.

[32] D. R. Hilbert, *Was ist Farbwahrnehmung?* In: *Deutsche Zeitschrift für Philosophie* 46(4), 1998, 632-637; E. Thompson, *Comparative Color Vision*, in: S. Davies (Hrsg.), *Color Perception,* New York & Oxford 2000, 173.

hen werden.[33] Ich kann sehr wohl sehen, dass die Farbe der im Tageslicht liegenden Hälfte des Handtuchs blauer ist als die der im Kunstlicht liegenden Hälfte. So erweist sich das Argument, dass Wahrnehmungssysteme von Vögeln nicht der Diskriminierung von SSR dienen und daher nicht als Farbwahrnehmungssysteme bezeichnet werden können,[34] als hinfällig – auch das menschliche visuelle System ist zumindest kein ausschließliches SSR-Wahrnehmungssystem. Die Möglichkeit, eine gesehene Farbe durch Wechsel der Einstellung oder des Modus willentlich zu verändern, macht allerdings nicht nur die Identifikation von SSR mit Farbe, sondern die Aussicht auf ein physikalisches Korrelat von Farbe überhaupt zunichte. Wenn es ein Korrelat von Farbe gibt, muss dies ein neuronales sein.

*Subjektivismus*

Dieses neuronale Korrelat muss, da Farbe eine qualitative, bewusste Empfindung ist und willentliche Einflüsse umfasst, unter Berücksichtigung niederer Vorverarbeitungsprozesse auf höchster Ebene des zentralen Nervensystems gesucht werden. Als einzig kohärentes Denkmodell scheint sich ein eliminativer Reduktionismus[35] vertreten zu lassen: Farben sind aus der Welt zu eliminieren und auf Konstruktion und Prozesse des Nervensystems zu reduzieren. Farben scheinen bestimmte höhere Hirnprozesse zu repräsentieren, über die sie kausal mit physikalischen Vorgängen außerhalb des Nervensystems bzw. des Körpers verbunden sind.

Die natürliche Einstellung erwiese sich damit endgültig als Illusion. Entgegen der natürlichen Einstellung scheint doch die Empfindung rot zu sein, und nicht der Apfel. Der Satz *Der Apfel ist rot* scheint sich, anders als der Satz *Der Apfel ist leicht*, nur auf die Wahrnehmung, nicht auf die Welt zu beziehen. Wir scheinen uns zu irren, wenn wir etwas als farbig

[33] A. Gelb, 1929, *Die "Farbenkonstanz" der Sehdinge*, in: A. Bethe, G. von Bergmann, G. Embden, G, A. Ellinger: *Handbuch der normalen und pathologischen Psychologie*, Berlin 1929, 599; D. B. Judd, *Hue Saturation and Lightness of Surface Colors with Cromatic Illumination*, in: *Journal of the Optical Society of America* 30, Nr. 1, 1940, 7; K. Knoblauch & S. K. Shevell, *Color Appearance*, in: L. M. Chalupa & J. S. Werner (Hrsg.), *The Visual Neurosciences*. Cambridge, Mass. & London 2003, 905.

[34] D. R. Hilbert, 1998, 625-635.

[35] C. L. Hardin, 1993, 112.

bezeichnen. Präziser wäre es, da nichts in der Welt farbig ist, etwas nur als farbig scheinend zu bezeichnen. Globaler Irrtum scheint das letzte Wort zu sein.

*Neutralismus*

Vergleichendes Farbensehen wie das von Tetrachromaten und Trichromaten zeigt, dass unterschiedliche Lebewesen die Welt stark abweichend repräsentieren. Unterschiedliche Lebewesen leben in unterschiedlichen Lebenswelten. Diese Lebenswelten stellen nur in einem schwachen Sinn Repräsentationen dar. Eindeutiger sind diese als von dem jeweiligen Nervensystem eines Lebewesens hervorgebrachte Präsentationen zu bezeichnen.[36] Präsentationen bilden die Welt zwar niemals wahrhaftig ab – versteht man sie aber als Ergebnis evolutionärer Anpassung zur optimalen Orientierung eines körperlichen Lebewesens an seine Umwelt, stellt die jeweilige Präsentation die Welt in einer ihrem jeweiligen Zweck adäquaten bzw. für das Überleben des jeweiligen Wesens möglichst optimalen Weise dar. Präsentationen vermitteln keinen globalen Irrtum über die Welt, sondern, im Gegenteil, eine für das jeweilige Lebewesen in seiner Umwelt optimale Darstellung der Welt. Damit lässt sich in Anbetracht des Subjektivismus die natürliche Einstellung rehabilitieren, ohne die kritische als falsche Einstellung diskriminieren zu müssen. Farben können als auf das jeweils wahrnehmende Lebewesen bezogene Eigenschaften der Welt begriffen werden[37]. Auf diese Weise lässt sich eine mittlere Position zwischen Subjektivismus und Objektivismus einnehmen.[38] Dieses neutralistische Denkmodell kann alle Versuchsergebnisse und alle phänomenalen Merkmale in eine Theorie integrieren, die der natürlichen Einstellung keinen globalen Irrtum unterstellt. Zudem bietet sie einen aussichtsreichen Ansatz für einen Bezug von Farbe auf neuronale Systeme und deren Funktionen. Der Satz *Der Apfel ist rot* bezöge sich ebenso wie *Der Apfel ist leicht* über die jeweilige Lebenswelt eines Lebewesens auf seine Umwelt und damit auf die Welt.

---

[36] Vgl. E. Thompson, 1995, 298.

[37] F. J. Varela, E. Thompson & E. Rosch, *The Embodied Mind*, London & Cambridge, Mass. 1992, 134f., 167, 172ff., 180-184; E. Thompson 1995, 177; E. Thompson, 2000, 180; A. Noe & E. Thompson, *Introduction*, in: dieselben (Hrsg.), *Vision and Mind*, Cambridge, Mass. & London 2002, 3.

[38] E. Thompson, 2000, 181.

Die Suche nach einem neuronalen Korrelat für die Aufarbeitung der Welt muss gemäß diesem Denkmodell das gesamte Lebewesen in seiner Umwelt berücksichtigen. Bei einer als Neurophänomenologie[39] bezeichneten Methode sollen Präsentationen der Lebenswelt über phänomenologisch geschulte Versuchspersonen eindeutig Strukturen und Prozessen des neuronalen Systems zugeordnet werden können.
Die nähere Betrachtung des Phänomens der Farbe zeigt, dass eine plausible Erklärung sowohl in objektivistischen als auch in subjektivistischen oder neutralistischen Denkmodellen komplexe höhere Hirnprozesse involviert.

*Lebenswelt und phänomenales Bewusstsein*

Konsequenz des neutralistischen Denkmodells ist, dass jedes Lebewesen die Welt nur als als Lebenswelt präsentierte Umwelt erfahren kann. Die jeweilig präsentierte Lebenswelt eines Lebewesens ist nur aus der subjektiven Perspektive dieses jeweiligen Lebewesens unmittelbar erfahrbar. Lebenswelten anderer Lebewesen sind einem bestimmten Lebewesen aus der Perspektive seiner Lebenswelt heraus nur induktiv als einem seiner Lebenswelt nicht angemessenen, abweichenden Verhalten zugänglich. Lebenswelten weisen alle Merkmale des phänomenalen Bewusstseins[40] auf. Sie sind nicht nur subjektiv und perspektivisch, sondern bei natürlicher Einstellung auch transparent: Ich nehme die Welt durch meine Lebenswelt hindurch wahr, ohne die Lebenswelt als solche zu sehen. Als Präsentationen beziehen sich Phänomene der Lebenswelt immer auf die Welt. In diesem Sinne sind Lebenswelten intentional. Lebenswelten sind qualitativ, während die objektive Welt einem Lebewesen nur als Theorie über die Lebenswelt vorliegt. Sie umfassen Qualia, einfache, nicht weiter analysierbare Bewusstseinsmerkmale, die zu ihrer wirklichen Kenntnis erfahren werden müssen – satte reine Grundfarben sind solche Qualia. Allerdings zeigt sich an den Grundfarben, dass zumindest Farbqualia bestimmte beschreibbare und damit aussagbare Eigenschaften haben. Lebenswelten sind an keiner Stelle ein unstrukturiertes Etwas.

---

[39] A. Lutz & E. Thompson, *Neurophenomenology*, in: *Journal of Consciousness Studies* 10, Nr. 9-10, 2003, 31.

[40] T. Metzinger, *Einleitung,* in: ders. (Hrsg.), *Bewusstsein*, Paderborn usw. 1996, 15-36, 43-48; M. Tye, *Ten Problems of Consciousness*, Cambridge & London 1995, 3-35.

Lebenswelten sind unmittelbar und offensichtlich – was man in der Lebenswelt sieht, ist wie ein Nachbild, als solches wirklich und durch keine Argumentation widerlegbar. Weiterhin bestehen zwischen Lebenswelten und der von ihnen präsentierten Welt kausale Wechselbeziehungen – der Apfel wird rot präsentiert, und damit er weiterhin so schön rot bleibt, lege ich ihn in den Kühlschrank und ändere damit Zustände der physikalischen Welt. Lebenswelten erweisen sich damit als Bewusstseinswelten. Der Ansatz bei einer der natürlichen Einstellung entsprechenden, rein materialistischen Auffassung führt über Argumente empirischer Untersuchungsergebnisse zum Begriff der Präsentation und über diesen zur Rehabilitation des Begriffes von Bewusstsein.

*Epistemische Argumente*

Mit der Rehabilitation einer nur subjektiv zugänglichen Bewusstseinswelt werden skeptische Einwände epistemischer Tradition wirksam.[41] Aus der Perspektive einer Bewusstseinswelt heraus wird fraglich, ob diese Bewusstseinswelt überhaupt eine Präsentation von etwas ist. Intentionalität und Transparenz der Bewusstseinswelt könnten sich als bloße Illusion der Bewusstseinswelt selbst erweisen. Die materialistische Minimalannahme, dass Bewusstsein wie auch immer von einem Nervensystem hervorgebracht wird, wird bezweifelbar: Auch das in einer Bewusstseinswelt als eigenes Nervensystem erfahrene Nervensystem ist selbst bloß Teil der Bewusstseinswelt, sein objektives Bestehen über die jeweilige Bewusstseinswelt hinaus bleibt ungesichert.

Mit der Bezweifelbarkeit selbst eines minimalen Materialismus wird zugleich auch die Evolutionstheorie bezweifelbar, die das Bewusstsein als evolutionär optimierte und damit angemessene Darstellung der Welt erklärt. Aus bewusstseinsweltlicher Perspektive kann dafür nicht mehr mit der Evolutionstheorie argumentiert werden – zunächst müsste umgekehrt erwiesen werden,[42] dass Bewusstsein überhaupt eine Präsentation einer objektiven Welt ist. Physik wird damit von einer Theorie, die die be-

[41] B. Stroud, *The Significance of Philosophical Scepticism,* Oxford 1984, 1-38; T. Grundmann & K. Stüber, *Philosophie der Skepsis*, Paderborn usw. 1996, 9-57.

[42] Vgl. B. Irrgang, *Lehrbuch der Evolutionären Erkenntnistheorie*, München 1993, 136-144.

wusstseinsunabhängige objektive Welt erklärt, zu einer Theorie[43], die Ungereimtheiten der Bewusstseinswelt erklärt. So erklärt sie, dass Mischungen von Lichtfarben zu anderen Ergebnissen führen als Mischungen von Körperfarben oder warum zwei weiße Papiere in unterschiedliche Farben ausbleichen. Sie erklärt auch, warum sich weißes Licht aus allen Farben mischen lässt, obwohl Weiß nicht aussieht, wie eine Mischung aller Farben.[44] Physik wird zu einer Metatheorie über Bewusstsein.[45] Ich könnte nicht nur ein `Hirn im Tank´ sein, dessen Nervensystem nicht über einen Körper in die Welt reicht, sondern mit einem Körper und Welt simulierenden, interaktiven System verbunden ist. Ebenso gut könnte ich ein bloßes Bewusstseinswesen ohne jede materielle Grundlage sein, das Körper, Nervensystem und Welt nur projiziert; bestimmte Bereiche dieser Projektion, wie den roten Apfel ins Tageslicht zu legen, wären nur indirekt über den als Körper projizierten Bereich, den Leib, modifizierbar, andere, wie durch Einstellungsänderung entweder den Apfel rot oder die Farbe am Ort des Apfels als violett wahrzunehmen, direkt über Willensanstrengungen. Dass bestimmte Bereiche des phänomenalen Bewusstseins, die als mein Leib dargestellt werden, bei bestimmten Modifikationen globale Veränderungen des Bewusstseins selbst bewirken,[46] wäre kein Hinweis auf die Wirklichkeit einer von meiner Projektion unabhängigen Außenwelt; sie verwiesen lediglich auf bestehende Zusammenhänge einer Bewusstseinswelt und in dieser Bewusstseinswelt auftauchende Gegenstände. Das Merkmal der Intentionalität des Bewusstseins gilt nicht als Beleg für Bewusstsein als starke oder schwache Repräsentation der Welt, sondern wäre in phänomenologischem Sinne unter Enthaltung über die Frage der Geltung von Materia-

[43] Obwohl Theorien der Physik zu bewusstseinsweltlichen Anwendungen wie der Nanotechnologie oder Kernenergie führen, ist die Aussicht, dass sie die Bewusstseinswelt als objektive Welt erweisen können, gering oder sogar unmöglich. Photonen als solche können, da mithilfe ihrer gesehen wird, prinzipiell nicht gesehen werden. Sie könnten nur über Apparate bewusstseinsweltlich sichtbar gemacht werden. Dies aber würde aber bedeuten, dass von bewusstseinsweltlichen Gegenständen auf Gegenstände der objektiven Welt wieder bloß geschlossen würde.

[44] J. W. Goethe, 1810, 450.

[45] Ob die Annahme anthropozentrischer, komplexer physikalischer Eigenschaften, als die die SSR von D. R. Hilbert, 1987, 14f. oder A. Byrne und D. R. Hilbert, 1997, 22 angesehen wird, sinnvoll ist, entscheidet damit allein ihr Erklärungswert innerhalb der physikalischen Theorie.

[46] Vgl. Herbert Plügge, *Der Mensch und sein Leib*, Tübingen 1967, 17ff.

lismus als Merkmal der Struktur der Bewusstseinswelt selbst aufzufassen. Bewusstsein ist immer auf etwas gerichtet, ein Innen des Bewusstseins ist nicht erfahrbar[47]. Weder den roten Apfel noch meine Gedanken oder Begriffe erfahre ich als etwas Inneres: Meine Bewusstseinswelt ist von Gedanken durchdrungen und – zumindest weitgehend – begrifflich strukturiert.

Bewusstsein weist Geschlossenheit auf, es hat kein Loch[48]. Die Welt wäre ontologisch neutral, also von der Geltung von Materialismus oder Idealismus unabhängig, der Sachlage angemessen gewissermaßen als Monade beschrieben. In der Bewusstseinswelt ist der Apfel wirklich rot, in ihr beziehe ich mich direkt – und nicht über eine Präsentation oder Repräsentation – auf ihn[49]. Andere Sprecher beziehen sich ebenso auf diesen roten Apfel – wie ich mich aus ihrer Perspektive auf den roten Apfel beziehe, den sie sehen. Die Welt wäre ontologisch neutral als sich ineinander spiegelnde Monaden zu beschreiben.[50]

*Präsentationspräsupposition und Neurophänomenologie*

Diese Beschreibung wirft das Problem auf, dass ich den Apfel durch meinen aufgrund dieser Beschreibung veränderten Begriff der Welt in einem leicht anderen Rot sehe[51] als in natürlicher Einstellung gemäß dem

[47] Vgl. D. Münch, *Intention und Zeichen*, Frankfurt am Main 1993.

[48] Entgegen L. Wittgenstein, 1999, 105 (Teil III, Nr. 316) ist zumindest visuelles Bewusstsein aber auch nicht überall. Man versuche, ohne den Kopf zu drehen bzw. ohne die Augen nach hinten zu richten, nach hinten zu sehen. Dort ist kein subjektives Augengrau, sondern nichts. Man \`erfährt´ ein blindes \`Feld´.

[49] Es wäre zu untersuchen, ob der Streit zwischen Externalismus und Internalismus vor dem Hintergrund einer ontologisch neutralen Beschreibung der Welt als sich ineinander abspiegelnde Monaden nicht geschlichtet werden kann.

[50] Hier eröffnet sich die Möglichkeit des Solipsismus, gegen den über das Argument der Flexibilität von Sprechern argumentiert werden könnte. Es wäre zu untersuchen, inwieweit Flexibilität des Sprachgebrauchs über Regelbefolgen hinaus Verstehen impliziert.

[51] Nicht nur kritische und natürliche Einstellung haben Einfluss auf die Wahrnehmung einer Farbe. J. L. Delk & S. Fillenbaum, *Differences in perceived color as a function of characteristic color*, in: *American Journal of Psychology* 78, 1965, 290-293, zeigen, dass das Rot einer Fläche mit der Kontur eines Apfels intensiver empfunden wird, als dasselbe Rot einer Fläche mit der Kontur eines Pilzes. Durch eine Form evozierte Begriffe scheinen die Wahrnehmung einer Farbe zu beeinflussen. Auch wenn, wie B. Berlin & P. Kay, *Basic Color Terms*, Berkeley etc. 1991 zeigen, interkulturelle Regelmäßigkeiten des Farbverhaltens bestehen, wird Farbverhalten bzw. werden wahrgenommene Farben durch kulturelle Einflüsse – und damit auch Denkmodelle – zumindest leicht modifiziert. Vgl. dazu auch M. Pastoureau, *Blue. The History of a Color*. Princeton & Oxford 2001, 9f.

minimalen Materialismus. Den Apfel wieder im selben Rot sehen zu können, wird erst durch die Einführung der Präsupposition, dass die Bewusstseinswelt eine Präsentation ist, möglich. Über die Einführung der Präsentationspräsupposition kann die Welt wieder gemäß der natürlichen Einstellung des alltäglichen Umgangs `richtig´ gesehen werden. Die Lösung des Problems des Bewusstseins über eine Präsupposition ist ein unbefriedigender Behelf. Die Entwicklung eines sie einlösenden alternativen Denkmodells müsste in jedem Fall bei der jeweiligen Bewusstseinswelt ansetzen. Zwischen einer Bewusstseinswelt und einem bestimmten Gegenstand in ihr, dem als Leib gespürten Körper und dessen Nervensystem, bestehen wechselseitige kausale Zusammenhänge. Diese kausalen Zusammenhänge können innerhalb einer jeweiligen Bewusstseinswelt experimentell untersucht werden. Nur im Selbstversuch[52] ist eine jeweilige Bewusstseinswelt zugänglich. Nur er bietet einen Zugang zum Bewusstsein, um es untersuchen zu können. Beim Selbstversuch besteht keine Kluft[53] zwischen Bewusstsein und – immer nur als Gegenstände der Bewusstseinswelt vorhandenen – Gegenständen der Welt. Die Kluft besteht nicht zwischen Bewusstseinswelt und Bewusstsein, sondern zwischen verschiedenen Bewusstseinswelten. Auf diese Weise kann untersucht werden, welche Modifikationen von Gegenständen einer Bewusstseinswelt zu welchen globalen Modifikationen dieser Bewusstseinswelt führen. Im Zentrum experimenteller Untersuchungen, die zu den Neurowissenschaften beitragen, muss daher der Selbstversuch stehen. Der Geltungsbereich der Ergebnisse solcher Untersuchungen ist zunächst ausschließlich die je eigene Bewusstseinswelt. Ziel dieser Untersuchungen wäre eine Erweiterung dieses Geltungsbereiches auf die Welt und damit die Rehabilitierung eines hinreichenden Begriffes von Objektivität.

[52] Hiermit ist insbesondere die eigene Teilnahme von Bewusstsein untersuchenden Wissenschaftlern an psychophysischen oder anderen empirischen Versuchen im Rahmen der Neurowissenschaften gemeint; auf diese Weise kann beispielsweise im Rahmen eines psychophysischen Versuches Farbe – und nicht nur Farbverhalten – untersucht werden.

[53] C. Dick: *„Es ist ein Verrat am Unmittelbaren“ Warum eine Integration der Phänomenologie in die kognitiven Wissenschaften nicht dazu beitragen kann, den Explanatory Gap zu schließen*, in: F. Geier, A. Spahn, C. Spahn (Hrsg.), *Perspektiven Philosophischer Forschung*, Essen 2007, 86-91.

*Fabian Geier*

# Die Natur der Technik oder: Warum die Wut von Programmierern nicht bloß Willkür ist

## Technik und Natur

Von einer Natur der Technik zu sprechen erscheint paradox. Natur ist ja gerade das, was nicht technisch, also nicht künstlich ist. Natürlichkeit bedeutet seinen eigenen, inneren Anstößen und Gesetzen zu entsprechen, statt von Fremdeinflüssen strukturiert und instrumentalisiert zu werden. Der Begriff Technik hat allerdings (mindestens) zwei Bedeutungen. Ausgehend vom griechischen τέχνη, das jede zielgerichtete Kunstfertigkeit bezeichnet, hat er eine lange philosophische Tradition. Und im Rahmen einer Theorie der Instrumentalisierung und technischen Rationalität ist er ein Schlüsselbegriff zur Interpretation der Moderne geworden. In der modernen Alltagssprache verwenden wir den Begriff aber nicht so sehr für das Verwenden einer Sache als Werkzeug, sondern für das Werkzeug selbst, zumindest wenn es einen gewissen Subtilitätsgrad hat (also eher für einen Computer als für einen Wanderschuh). Meine These ist, dass sich von solchen Gegenständen durchaus sagen lässt, dass sie eine Natur haben. Sie haben Eigengesetzlichkeiten, aus denen sich ihre Struktur und Weiterentwicklung bestimmen. Dadurch teilen sie in einer gewissen Hinsicht das Schicksal von klassischeren Beispielen für Natur, wie unberührten Landschaften oder frei lebenden Raubkatzen: nämlich, daß sie von äußeren Einflüssen entgegen ihrer inneren Anlage beschränkt und korrumpiert werden können. Natürlich gibt es signifikante Unterschiede: Geräte sind keine Subjekte. Und sie bilden ihre Natur erst im Kontext menschlicher Zwecksetzungen heraus, durch die sie überhaupt geschaffen werden. Anders als bei einem im Käfig leidenden Tiger besteht ihre Korruption daher weder für sie selbst, und nur unter besonderen Umständen sträubt sich die nicht zur Geltung gekommene Natur erkennbar gegen ihre Vereinnahmung. Um von einer Natur eines Werkzeugs zu sprechen, muss man zwischen primären und sekundären Zwecken unterscheiden. Für alle Arten von Werkzeugen gilt: Ihre Natur konstituiert sich durch die primäre Zwecksetzung, die mit ihnen verbunden ist. Ein Spaten ist primär dazu da, gut mit ihm zu graben. Wenn nun eine Firma den sekundären Zweck verfolgt möglichst viel Profit mit der Produktion von Spaten zu machen, und deswegen minderwertiges Material verwendet, erfüllt er seinen primären Zweck schlechter. Die primäre Zwecksetzung verhält sich dann zur sekundären genauso wie eine Natur zu ihrer instrumentellen Vereinnahmung.

Ich will allerdings die These von einer Natur der Technik nicht von allen Werkzeugen, sondern speziell am Beispiel der Informationstechnologie diskutieren. Diese hat die Eigenschaft, sich in gewissem Sinne sogar über den bloßen Werkzeugcharakter herauszuheben. Diese Möglichkeit besteht zwar überall, wo Technologie kompliziert genug ist, dass man sich auch anders als rein instrumentell mit ihr befassen kann, doch die Informationstechnologie ist das denkbar beste Beispiel dafür: Ein Computer ist nämlich eine *universale Maschine*, und ist daher zu keinem bestimmtem sondern zu jedem denkbaren Zweck geschaffen[1]. Diese Universalität bestimmt seine Struktur. Und sie kann daher auch die Wahrnehmung und Ästhetik eines menschlichen Bewusstseins prägen, das sich mit diesen Dingen beschäftigt. Wer heute ernsthaft von Naturen spricht, wirkt jedoch mindestens anachronistisch. Und vermutlich lässt sich nicht von einer Natur sprechen, ohne dass man Natur auch in irgendeiner Weise teleologisch denkt. Und mit Teleologie verbunden ist meist auch eine latente Normativität: dass Dinge ihrer Natur entsprechen *sollen* – womit man dann einen naturalistischen Fehlschluss riskiert. Die Vorstellung einer natürlichen Struktur und Zielgerichtetheit auch von Gegenständen ist von der Antike bis ins Spätmittelalter eine wichtige Denkfigur gewesen, hat aber in der Neuzeit weitgehend ihre Berechtigung

---

[1] Unter „Computer" verstehe ich einen Universalrechner in Form der von-Neumann-Architektur. In erster Linie erfüllen Computer die Bedingung der Turing-Vollständigkeit: sie sind also universale Turing-Maschinen, die jede denkbare spezifische Turing-Maschine emulieren und damit jede denkbare Operation mit Daten durchführen können. Zudem sind Computer auch praktisch universal: Sie erlauben es, jede denkbare Information zu generieren und jede Information in jeder denkbaren Weise zu modifizieren. Wenn neben Prozessoren und Speichergrößen auch die Ein-und Ausgabe-Geräte perfektioniert wären und bis zur höchstmöglichen Auflösung alle Sinne umfassten, dann wäre auch so etwas wie eine „Matrix" oder ein „Holodeck" möglich: Die beliebige Generierung und Manipulation jeder nur denkbaren Zusammenstellung von Sinnesdaten.

verloren. Vieles, was man für Naturzwecke hielt, wurde schließlich als kontingent und als bloße Denkgewohnheit entlarvt. Damit einher ging eine epistemische Marginalisierung teleologischen Denkens. Darwins Ersetzen teleologischer Vorstellungen in der Entwicklung der Arten durch eine rein wirkursächliche Erklärung ist dafür nur eines der profiliertesten Beispiele[2]. Heute kann man mit Überzeugung sagen: Es gibt keine Naturteleologien oder Naturzwecke außerhalb des menschlichen Geistes. Und das ist auch völlig richtig. In dem Moment aber, wo es nicht nur um objektiv-materielle Finalität geht, sondern zielgerichtet hergestellte Dinge eine Bedeutung für teleologisch strukturierte Bewusstsein haben, wird der Gedanke auch für Dinge wieder virulent. Es geht bei unserem Thema eben nicht um die Beschreibung sinnfreier Bit und Byte-Folgen, sondern darum, dass deren Ordnungsstrukturen die Funktion haben, Ideen im menschlichen Bewusstsein zu repräsentieren und mit diesem Bewusstsein zu interagieren. Durch derartige Verknüpfungen zwischen Subjektivität und Objektivität ist auch in der Moderne der Gedanke von Teleologien im Objekt möglich und sinnvoll, doch das zu zeigen ist ein hartes Stück Arbeit. Für unser Thema ist es wohl am leichtesten, mit der ästhetischen Seite des Ganzen anzufangen: mit der Schönheit der Technik.

## Phänomenologie der Faszination

Es kommt tatsächlich vor, dass Schüler in der 4. Klasse so begeistert von der eben erlernten schriftlichen Division sind, dass sie in der großen Pause nur zum Spaß riesige Zahlen dividieren – aus keinem anderen Grund als der Freude daran, den Mechanismus in Aktion zu sehen. Was hier im Kleinen entdeckt wird, ist die Schönheit von Algorithmen, genauer: von algorithmischen Mechanismen. Denn es geht weniger um die Freude an stehenden Strukturen, sondern um Strukturen in Aktion, d.h. um ideale Mechanik.

Im Computerzeitalter, v.a. in dessen Anfangsphase, als Computerkenntnisse noch gleichbedeutend mit Programmierkenntnissen waren, gab es

[2] Ein anderes wäre die Entwicklung der Vorstellungen von Magie. Mittelalterliche Magie war auch kausalwissenschaftlich, aber hatte auch teleologische, assoziative und explikative Aspekte (damit meine ich die Vorstellung der Instantiierung einer abstrakten Kraft ohne dass die Umstände und Wirkungen strengen Notwendigkeitscharakter hätten). In der frühen Neuzeit gerannen solche Beschäftigungen dann erst allmählich zu rein wirkursächlicher Naturwissenschaft.

ein großes Betätigungsfeld für solche Interessen. Das Hackermanifest[3] zeugt davon, wie auch andere leidenschaftliche Plädoyers aus einem Milieu[4], für das der lichtscheue Langhaarige ikonisch geworden ist. Doch Äußerlichkeiten und soziale Unterernährung dahingestellt: der Keim zu derartigen Lebensformen mit all ihren Ticks und Tücken ist ein Flow-Erlebnis. Und dieses Erlebnis hat man gerade dann, wenn man nicht externen Zwecken folgt. Sicher: Ohne Zwecke geht es nicht. Auch wenn man aus purer Faszination mit Technologie arbeitet, setzt man permanent Zwecke: Hier die Menueinträge des Bootloaders verändern, dort den Rechner per Shellskript dazu animieren, daß er mir auf Knopfdruck die Uhrzeit zuruft. Doch dies sind meist Zwecke, die sozusagen frei in der Luft hängen. Man setzt sie spielerisch, aus Faszination – nicht weil das mit ihnen verfolgte außertechnologische Ziel wichtig wäre. Man sieht das auch an Menschen, die Ihre Motorräder frisieren oder aus Dateisystemen und Prozessoren noch das letzte Quäntchen Leistung herauszukitzeln versuchen: Es mag eine Beschäftigung sein, die vielleicht einmal rein instrumentell begann, d.h. am Anfang noch handfeste Vorteile bot. Sie wird aber schnell zum Selbstzweck ohne praktischen Nutzen, v.a. wenn man die durch Optimierungen gesparte Zeit der Zeit gegenüberstellt, die man brauchte um diese Optimierungen vorzunehmen. Ähnlich, aber reflexiver, sind die Antworten auf die Sinnfrage bei vielen ökonomisch hoffnungslosen Softwareprojekten, vom Versuch Debian auf der Playstation laufen zu lassen bis zum AmigaOS-Klon. Pragmatisch gesehen gäbe es für jeden denkbaren Einsatzzweck bessere und einfachere Alternativen. Doch die Antwort, warum jemand sich so einer Aufgabe annimmt, ist dann meist lapidar: „weil wir es können".

Für derart in die Materie eingetauchte Menschen kann es schon fast profan wirken, wenn ihre Fähigkeiten bloß dazu in Anspruch genommen werden, um ein Computersystem nur für einen externen Zweck einzurichten. So mancher ist in seinem Umgang mit Systemen ohnehin derart

---

[3] The Mentor: *The Conscience of a Hacker*, http://www.phrack.org/issues.htmlissue=7&id=3#article

[4] Vgl. z.B. Jan Krömer, Evrim Sen: No-Copy. Die Welt der Digitalen Raubkopie. Tropen Verlag 2006. Online verfügbar unter http://www.no-copy.org/kapitelinhalt.html; derartige Gefühle gibt es aber auch diesseits von Subkulturromantik und ihrer typischen Identifikationsdiskurse, begrifflichen Unzulänglichkeiten und spezifischen Repressionen, da sie sich idiosynkratisch entwickeln können.

abschweifend, daß er solche Aufgaben sogar nur schlecht erledigt. Charakteristisch am spielerischen und faszinierten Umgang mit der Technik ist: Man *sucht* sich die Zwecke erst zu den Mitteln, die man gerne einmal einsetzen würde. Es wird sozusagen die Mittel-Zweck-Relation umgekehrt.

Joseph Weizenbaum hat wenig Gutes an leidenschaftlichen Programmierern gelassen[5]. Doch er macht bei der Analyse von möglichen Bewusstseinsformen den Fehler, den Selbstzweck-Faktor falsch zu bewerten bzw. auszublenden. Für ihn gibt es nur entweder den „zwanghaften", von Machtgelüsten getriebenen Programmierer oder den Pragmatiker ohne Herzblut. Eine Programmierleidenschaft aus anderen Gründen als Macht lässt Weizenbaum nicht zu. Den Unterschied aber macht der Flow-Effekt, in dem das Subjekt verschwindet. Der Faszinierte ist nicht im Zustand des Machtrauschs, sondern im Zustand der objektiven Mechanik selbst. Er geht in die Sache ein, statt sie zu beherrschen.

Vielleicht kann man behaupten, dies sei schlicht eine subtilere und unreflektiertere Form von Macht. Doch ich sehe nicht, wie man wissen kann, daß dem so sei. Für die hiesigen Zwecke reicht es aber aus, dass es beide Fälle geben kann: Die Arbeit mit dem Computer befriedigt bei manchen womöglich einen Kontrolltrieb, aber es gibt auch in der Informatik echten Forschergeist. Forschen ist das Finden von Möglichkeiten aus Interesse und Faszination für die Struktur – nicht das bloß instrumentelle Erreichen eines festgelegten Zwecks. In den Geistes- und Naturwissenschaften muss man das nicht mehr so deutlich sagen, wie es offensichtlich in den mathematischen Wissenschaften nötig ist[6]: dass Wissenssuche auch eine ästhetische Dimension hat[7]. Und wie bei anderen ästhetischen Aktivitäten rechtfertigt sich die Betätigung durch den Genuss der Tätigkeit selbst, nicht durch das Ergebnis.

Dieses Bewusstsein ist durchaus verbreitet unter Forschern. Und es ist dieses Bewusstsein, das sich empört, wenn Fremdzwecke die unter Forschungsbedingungen gewachsenen Strukturen verändern – wenn die

---

[5] Joseph Weizenbaum: *Die Macht der Computer und die Ohnmacht der Vernunft*. Suhrkamp, Frankfurt 2008, Kapitel „Die Naturwissenschaft und der zwanghafte Programmierer".

[6] Vgl. Heisenberg: „Die Bedeutung des Schönen in der exakten Naturwissenschaft", in: *Quantentheorie und Philosophie*. Reclam, Stuttgart 1979.

[7] Darüber spricht Stefanie Voigt in *Das Geheimnis des Schönen,* Waxmann Verlag 2005.

Gründe für diese Strukturen nicht mehr in der Faszination für das Medium und der Ermöglichung weiterer Faszination liegen. Die Forderungen von Richard Stallman sind auf diesem Hintergrund sehr verständlich. In ihnen steckt die unwillkürliche Empörung über das Phänomen der, wie man so schön sagt, „Kommerzialisierung". D.h. das Gefühl, dass die durch selbstzweckhaftes Interesse entstandenen Gebilde durch Profitzwecke behindert und entfremdet werden. Will man solche Kritik auf klarere moralphilosophische Kriterien bringen, läuft das entweder auf konsequentialistische Argumente hinaus (die aber gerade nicht mit dem Selbstzweck argumentieren dürfen) oder man verficht das, was Rawls einen „Perfektionismus" nennt: dass nämlich höhere und nichtkorrumpierte Kulturgüter und Wissensformen selbst einen zu erstrebenden Wert darstellen. In beiden Fällen aber benötigen wir eine komplexere Soziologie um die drohenden Verflechtungen und Korruptionen adäquat zu bewerten. Und wir müssen uns über die Natur von Zwecken genauer verständigen.

## Zwecke und Selbstzwecke

Was für einen Zweck hat ein Computer? Jeden den man ihm geben kann. Das gilt zwar auch für eine Schaufel, aber spiegelt sich nicht in ihrer Struktur. Wir haben oben gesagt, dass Computer im Sinne der vollständigen Manipulierbarkeit ihrer Gegenstände universale Maschinen sind.[8] Das macht es unmöglich – anders als bei Korkenziehern, Massagesesseln oder Eierschalensollbruchstellenverursachern – Computern *als solchen* einen bestimmten Zweck zuzuschreiben. Sie entsprechen daher nicht dem technikphilosophischen Paradigma des Werkzeugs, sondern sind eher eine Art Möglichkeitsraum aller denkbaren Werkzeuge.

Nichtsdestotrotz handelt man, wenn man Computer in irgendeiner Weise konfiguriert und programmiert, immer nach einem bestimmten Zweck. Dass diese Zwecke aber völlig variabel sind, weil das Gerät keine bestimmten Zwecke nahe legt, macht den möglichen Reiz aus. Die Optimierung der inneren Abläufe kann bei keiner Maschine leichter ins Spielerische verfallen und schließlich zum Selbstzweck werden wie hier: Man setzt sich Zwecke immer wieder neu, probeweise oder als Herausforderung, einfach weil ein bestimmter Funktionszusammenhang als sol-

[8] Joseph Weizenbaum, a.a.O., S. 155ff.

cher eine ästhetische Anziehungskraft ausübt. Und letztlich bleibt als Antwort auf die Frage, wozu die ganze Frickelei diene, eben nur: „Weil es möglich ist.“

Wie entsteht aus solchen Spielereien aber die behauptete *natürliche Struktur* der Computertechnologie? Wichtig ist, dass eine solche Struktur nicht einfach vorhanden ist, sondern durch die Tätigkeit von Subjekten entsteht. Diese Subjekte setzen sich Ziele, und vor allem wenn sie dies spielerisch und schnell fluktuierend tun, dann schreiten sie den Möglichkeitsraum einer universalen Maschine ab. Sie erkunden zwar nicht sämtliche Möglichkeiten, aber werden offener für deren Verzweigungen und Gesamthorizont, je mehr sie ihre Zwecke variieren und permanent die grundlegenden Befehle und Module neu verwenden und abwandeln. Es ist nicht wesentlich, ob dabei ein reflektiertes Bewusstsein für die allgemeine Funktionalität einer universalen Maschine entsteht, d.h., solche Aktivitäten müssen nicht zu Grundüberlegungen über die basale Architektur eines Betriebssystems, von Programmiersprachen oder Hardwareabstraktion führen. Aber eine gewisse Intuition, dass die Strukturen durchlässig und konfigurierbar sein sollen, wird sich in der Praxis einstellen, wenn man den Möglichkeitsraum oft genug durchquert hat. Auch ohne eine Vision für die Struktur des Gesamtsystems sind es die konkreten Einschränkungen – entweder rechtliche (Urheberrecht, Patentrecht) oder technische (DRM, Closed Source) – die den Forschergeist wütend machen, weil sie ihm Möglichkeiten nehmen, denkbare Ideen umzusetzen, wenn er bei Gelegenheit einer bestimmten Zwecksetzung darauf kommt und weiß: Dies sind keine Begrenzungen, die in der Natur einer universalen Maschine liegen.

Wie weitblickend oder kurzsichtig man daher auch programmiert und konfiguriert: In jedem Fall verweist das Nachdenken über spezifische Zwecke auf einen *Zweckhorizont der universellen Funktionalität.* Im Einzelfall folgt man ihm immer nur ausschnittsweise, aber prinzipiell soll alles möglich sein – das ist der Imperativ. Und wer diesem bewusst folgt, der beginnt damit, weitsichtiger zu konfigurieren und achtet auch bei Gelegenheit spezifischer Zwecke mehr und mehr auf effektive Strukturen und gute Wiederverwendbarkeit und leichte künftige Modifikation der Komponente. Denn wenn wir permanent neue Zwecke setzen wollen, dann ist es sinnvoll die Maschine möglichst leicht rekonfigurierbar zu machen. Anders gesagt: Wenn Computer entsprechend ihrer inneren Anforderungen gestaltet werden, ist das auch für ihre Primärzwecke am besten.

Die Beschäftigung mit Computern um ihrer selbst willen resultiert also Stück für Stück in ganz bestimmten grundlegenden Organisationsstrukturen für diese Maschinen. Diese Strukturen werden verbreitet und verfeinert, manchmal wie allmählich sich bildende Pfade, manchmal als einfache Memes wie die Idee von Multithreading, manchmal auch als umfassende Visionen wie „Alles ist eine Datei". Am Ende landet man dann beispielsweise bei Forderungen wie der Unix-Philosophie. Entscheidend dabei ist der zugrundliegende Zweckhorizont: Denkbare Möglichkeiten zu finden und auszureizen. Man kann im Kontext der Informationstechnologie daher noch genauer zwischen verschiedenen Klassen von Zwecken unterscheiden:

1. Innere Zwecke: Die Zielsetzung, ein Element des Innenlebens eines Computers, wie Dateisystem, Speichermanagement oder Interprozesskommunikation, zu einem neuen (v.a. schnelleren, vielseitigeren oder weniger fehleranfälligen) Verhalten zu bringen. Diese Zwecke resultieren in Strukturen, die ich als „Natur der Technik" bezeichnen will.

2. Primäre äußere Zwecke: Das sind Zwecke, die in der realen Welt erreicht werden und zu denen Rechner als Werkzeug dienen sollen. Unter dieser Bedingung wird ein Computer oder eine Softwarekomponente spezifisch für einen Zweck konfiguriert und das alleinige Ziel ist, dass er diesen erfüllt (z.B. Navigationsgeräte, Router). Als Nebeneffekt können aber Strukturen entstehen, die der universalen Funktionalität des Rechners insgesamt zugute kommen, so wie man auch von den bereits entstandenen natürlichen Strukturen profitieren wird.

3. Sekundäre äußere Zwecke: Es gibt auch äußere Zwecke, insbesondere ein allgemeines Profit- oder Überwachungsinteresse, die sich wie eine zweite Schicht über primäre äußere Zwecke legen können und korrumpierend auf innere Strukturen der Informationstechnologie zurückwirken. Es wird dann nicht einfach die universale Maschine soweit spezifiziert, daß sie einen primären äußeren Zweck (wie z.B. Musik oder Filme wiederzugeben) zuverlässig erledigt, sondern ihre innere Arbeitsweise wird

so beeinflusst, dass die Verfolgung anderer, konkurrierender Zwecke erschwert wird. DRM, die Implementierung überflüssiger Protokolle, Formate und Interfaces (z.B. Skype, Flash, Silverlight) zusätzlich zu vorhandenen Standards sind solche Maßnahmen – die alle aus der Perspektive der universalen Funktionalität nicht nötig wären und dieser sogar abträglich sind. Wenn also sekundäre Zwecke im Unterschied zu gewöhnlichen äußeren Zwecken nicht nur bestimmte Funktionen nicht benötigen (passive Einschränkung), sondern versuchen *durch* Einschränkung derselben ihr Ziel zu erreichen, dann sind dies Korruptionen der Natur der Technik.

**Ethische Implikationen**

Ob es eine Natur der Technik gibt und ob es geboten ist, ihr entsprechend zu handeln, sind natürlich zwei verschiedene Fragen. Allerdings ist es ein Charakteristikum und womöglich gar eine Stärke objektiv-teleologischer Denkweisen, dass sie diese beiden Fragen oft nicht unterscheiden. Die Idee einer Natur der Technik hat allerdings keine starken normativen Implikationen. Denn selbst wenn es intern sich ergebende Strukturen der Technik gibt: Warum sollten diese nicht hinter jeglichen äußeren Zwecken zurücktreten dürfen? Man könnte sogar sagen, daß solche inneren Zwecke moralisch irrelevant seien, weil es in ihnen nicht um Menschen geht. Es hätte etwas albernes, eine Kampagne gegen die Korrumpierung von Softwarelösungen nicht wegen der betroffenen Anwender, sondern der geschundenen Software selbst ins Leben zu rufen.

Aber es sind ja menschliche Subjekte selbst, die auch die Natur der Technik mitkonstituieren. Die beschriebenen Strukturen entstehen aus der Tätigkeit eines Subjekts, das durch schnell fluktuierende Zwecke vor dem Hintergrund universaler Funktionalität Lösungen findet. Man kann also sagen, es seien immer schon Menschen beteiligt. Das heißt aber noch nicht, daß sie auch geschädigt werden, wenn diese Funktionalitäten durch externe Zwecke beeinträchtigt werden. In erster Instanz stören äußere Zwecke nur die Betätigung aus Faszination, die man als bloßen Luxus sehen kann (oder aber: als Freiheit). Sobald es wirkliche Probleme gibt, ist sie eines der ersten Dinge, das man aufgeben kann, und sollte.

Klar ist: Man muss der Natur der Technik nicht folgen, aber man hat äußere Zwecke, wenn man ihr nicht folgt. Wenn nun die äußeren Zwecke zweifelhafter sind als die internen, dann werden diese von jenen normativ aber nicht übertroffen, und damit ergibt sich ein Missverhältnis. Das wäre z.B. der Fall bei Überwachungsinteressen von Diktaturen gegenüber der privaten freien Nutzung von Verschlüsselungsalgorithmen. Allerdings: Wenn die sekundären Zwecke als solche schon moralisch fragwürdig sind, benötigen wir gar nicht die ethisch schwache Natur der Technik als Argument. Diese hat also höchstens gegenüber moralisch neutralen Zwecken Relevanz.

Klar ist auch, dass das Argument der Einschränkung von Menschen nur dann zieht, wenn Menschen durch Zwecke anderer Menschen betroffen sind, die sie nicht teilen, d.h., wenn die externen Zwecke nicht nur auf ein privates Computersystem, sondern auf weltweite Netze oder Standards wirken. Einen Computer, den man nur selbst benutzt, kann man in keinerlei Sinne missbrauchen. Auch nicht Computer, die lokal zu jedermanns Zufriedenheit genau einen externen Zweck erfüllen (Info-Terminals im Kaufhaus, Steuereinheiten in Betrieben o. ä.). Allerdings sind in diesen Fällen auch schon wieder andere involviert, die in universalerem Sinne mit diesen Maschinen arbeiten müssen (Kundendienst, Administratoren). Aber erst in dem Moment, in dem es um die Strukturen weltweiter Systeme und Netze geht, die ein integraler und nicht austauschbarer Teil der Verwirklichung der Funktionalität der universellen Maschine sind, wird die Natur der Technik wirklich relevant: weil es nur ein weltweites Netz, eine weltweit bestimmende Computerarchitektur geben kann, die wiederum wesentlich dafür sind, die Möglichkeiten der universalen Maschine auszuschöpfen. Hier können Programmierer nicht mehr auf private Maschinen ausweichen ohne Möglichkeiten einzubüßen. Daher ist Netzneutralität eine Forderung der Natur der Technik.

Die beschriebene Argumentationslinie könnte man mit weiteren konsequentialistischen Argumenten verbinden. Diese Argumente beziehen sich im wesentlichen darauf, dass Innovation und Funktionalität und damit der Nutzen für alle geringer ist, wenn man Softwarelösungen sich nicht unter den Bedingungen forscherischer Neugier und Freiheit entwickeln lässt. Solche Argumente haben aber nichts mehr mit der Natur der Technik zu tun, sondern verhalten sich kontingent zu ihr. Denn dass die Tätigkeit aus Faszination zu gesellschaftlichen Vorteilen führt, ist eine Akzidenz für die Faszination. Es gibt ja nicht nur in den Naturwissenschaften Forschungsbereiche, die (manchmal prinzipiell, manchmal vorerst) keine sinnvolle Anwendung kennen. Aber die moralische Sanktionierung einer bestimmten Verhaltensweise ist tatsächlich nicht der eigentliche Zweck der hier vorgebrachten These.

Konkret ermöglicht uns der Rekurs auf eine Natur der Technik zwei Dinge: Erstens lässt sich dadurch zeigen, dass das Unbehagen mancher Informatiker gegenüber DRM und proprietären Standards eine objektive Berechtigung hat und nicht einfach idiosynkratisch ist. Es ist die Konfrontation einer intrinsisch motivierten forscherischen Tätigkeit mit äußerlichen Limitationen, die nicht in der Natur des erforschten Gegenstandes liegen. Dieses Unbehagen ist z.B. der Hintergrund von Richard Stallmans Kritik an der „Obstruction" proprietärer Software und der Keim seiner Kampagne für Freie Software.

Zweitens erlaubt es die Natur der Technik durchaus, ein paar Vorschläge für den Umgang mit Technologie machen: Das Interesse an der Öffnung des Quellcodes von grundlegenden Systemkomponenten und Standards ist ebenso natürlich wie die Skepsis gegenüber Verfahren, die ohne zusätzlichen Nutzen für Anwender die Ontologie der Realität aufs Virtuelle übertragen. Die Logik der Individualität und persistierender Gegenstände gibt es so nicht. Wenn Computer Aufgaben in unserem Alltag übernehmen sollen, ist die Simulation von individuellen, sich bewegenden Objekten wie Mauszeigern natürlich wichtig. Aber dies bleibt eine Simulation, die durch fortwährendes Kopieren und Löschen von Datenbereichen erreicht wird. Es ist *keine* Notwendigkeit für virtuelle Objekte. Deswegen ist der Versuch, die neuen Möglichkeiten künstlich auf realweltliche Begrenzungen zu stutzen, dort, wo er obligatorisch sein soll auch unpraktikabel. Sehr schön demonstriert das der Vorschlag von Viktor Mayer-Schönberger, Daten im Netz mit einem Verfallsdatum zu versehen[9], der neuerdings wieder von der deutschen Verbraucherschutzministerin aufgegriffen wurde.[10]

[9] Viktor Mayer-Schönberger: „Nützliches Vergessen", in: Michael Reiter, Maria Wittman-Tidwald (Hrsg.): *Goodbye Privacy – Grundrechte in der digitalen Welt*. Linde Verlag, Wien 2008.

[10] Der Gedanke dieses Abschnittes ist etwas klarer beschrieben in: F. Geier: „The Materialistic Fallacy. Some Ontologic Problems of Regulating Virtual Reality", in: Charles Ess, Ruth Hagengruber: *The Computational Turn: Past, Presents, Futures?* MV-Verlag, Münster 2011.

Da Computer nicht mit materiellen Individuen, sondern mit reinen Formen arbeiten, die beliebig instantiiert werden können, ist es naheliegend genau aus dieser Eigenschaft Nutzen zu ziehen und die menschlichen Lebensumstände dadurch zu verbessern und zu verändern. Ein einfaches Beispiel dafür ist das freie Verwalten und Sortieren von Musiksammlungen auf verschiedenen vernetzten Geräten, im Unterschied zu DRM-Ansätzen, die das Paradigma – und die Beschränkungen – des physikalischen Datenträgers auf die virtuelle Welt übertragen.

Eine weitere Regel, die sich aus der Natur der Technik ableiten lässt, ist, dass das Erlernen von Computerwissen möglichst maschinennah sein sollte. Man sollte den Abstand zwischen User und Experten möglichst gering halten, solange erstere keine Komfort-Einbußen und letztere keine Einbußen ihrer Freiheit erleiden.[11] Daraus resultiert eine Art Ockhams Rasiermesser für Softwarehierarchien: dass keine überflüssigen Zwischenböden eingezogen werden sollten – konkreter gesprochen: html5 ist eine natürlichere Lösung als Flash oder Silverlight. Ähnliches gilt für die Versuche auf verschiedenen Programmebenen die Funktionen eines Betriebssystems zu reproduzieren und damit zu verdoppeln.[12]

Ein anderer bereits erwähnter Schluss ist, dass Systeme möglichst einfach, klar strukturiert und konfigurierbar sein sollten, wie es in der „Unix-Philosophie“ gefordert wird, die tatsächlich ein exzellentes Beispiel für eine Darstellung von Aspekten der Natur der Technik ist. Es gibt ver-

[11] Das wäre ein wichtiges Forschungsfeld für Designer von User Interfaces: Die Frage, wie man Usability und Maschinennähe optimal zusammenbringt.

[12] Dieses Phänomen ist aber komplizierter, da nicht ausgemacht ist, daß das Betriebssystemparadigma wie wir es kennen, die beste Lösung ist. Thin Clients und Cloud Computing mögen sich z.b. langfristig als die bessere Lösung zeigen. Was ich hier nur meine ist der hart geführte Kampf der verschiedenen Plattformen – von Nero bis Google – einem jeweils erfolgreichen Dienst die Funktionen anderer Dienste mit einzuverleiben. Das ist, ähnlich wie die Etablierung mehrerer Handynetze in einem Land pragmatisch nicht sinnvoll, mag aber unter Wettbewerbs- bzw. evolutionären Gesichtspunkten als Durchgangsstadium seine Berechtigung haben. Dennoch sorgt es für viel Redundanz und Inkompatibilität, die aus Sicht der Funktionalität einer universalen Maschine hinderlich sind.

schiedene Ausformulierungen dieser „Philosophie".[13] Zentrale Forderungen sind z.B.:

- Ein Programm sollte genau eine Aufgabe erledigen (das Gebot der Modularität – im Unterschied zu Gebilden wie der Nero Multimedia Suite, oder der Integration des Internet Explorers in das Betriebssystem Windows aus marktstrategischen Gründen).
- Alles ist eine Datei (d.h. auch Geräte und Prozesse werden als Entitäten in einem baumartigen Dateisystem angesprochen).
- System- und Programmstrukturen sollten klar sein.
- Programme sollten so klein wie möglich sein.

Man kann natürlich darüber streiten, ob wirklich jede Entität im System als eine Datei definiert werden muss, genauso wie man diskutieren kann, ob man nicht auch ein Principle of Least Authority in die Liste aufnehmen sollte.[14] Die Natur, die ich meine, ist immer ein Entwicklungsstand. Sie besteht nicht per se in einzelnen Fakten. Es kommt auf das *Regulativ* an, mit dem Lösungen gesucht wurden. Man kann alles zu einer Datei machen. Aber wenn man es macht, dann weil man der Natur informationsverarbeitender Systeme gerecht werden *will*, und nicht einem spezifischen externen Zweck. Die Natur der Technik basiert sozusagen zum Teil auf der Gesinnung der Suche nach der besten Lösung, und spiegelt sich daher in den allen so gefundenen Lösungen, selbst wenn es objektiv schlechte Lösungen sind. Doch dadurch, dass man Aufgaben objektiv besser oder schlechter lösen kann, hat sie auch ein gesinnungsunabhängiges Moment. Ich will daher nicht behaupten, dass die Unix-Philosophie „die" Natur der Technologie wiedergibt. Aber sie entstand aus der Auseinandersetzung mit der Natur der Technik und ist daher eine ihrer gegenwärtigen Gestalten. Die Ergebnisse dieser Entwicklung kann man freilich jederzeit aus guten Gründen übertreten. Aber nur, wenn es gute Gründe sind.

---

[13] Eine ausführliche Darstellung findet man z.B. in Eric S. Raymond: *The Art of Unix Programming*, Prentice Hall International 2003, Kapitel „Philosophy", online verfügbar unter: http://www.catb.org/~esr/writings/taoup/html/philosophychapter.html. Die einzelnen Regeln der „Philosophie" sind selbst wieder Gegenstand vieler Diskussionen. Davon geht es manchmal mehr um Programmierpragmatik und manchmal um Idealismus. Interessant und entscheidend ist, dass diese beiden Aspekte oft nicht zu trennen sind.

[14] Das ist die Regel, dass jedes Modul mit den geringstmöglichen Rechten laufen sollte, wodurch eine maximale Stabilität des Systems erreicht werden soll. Das Betriebssystem Minix und andere Microkernelsysteme basieren darauf.

## Schluss

Was ist nun der Gewinn dieser Betrachtung? Zunächst ist diese Erörterung ist vor allem eine deskriptive. Es geht nicht primär darum, z.B. proprietäre Software zu verbieten oder Filesharing zu legitimieren. Das Ziel war vielmehr zu zeigen, dass man den Naturbegriff in einem Kontext verwenden kann, der normalerweise gerade als unnatürlich verstanden wird. Das Gefühl, das viele Menschen digitalen (und anderen) Maschinen entgegenbringen, die heute ihre Lebenswelt kolonisieren, ist ein Unbehagen gegenüber der von dieser Kolonialisierung ausgelösten Entfremdung. Das stimmt auch auf einer kulturphilosophischen Ebene. Aber im engen Bereich des Technischen um seiner selbst willen haben sich gleichzeitig Strukturen aufgetan, die selbst eine Form von Natürlichkeit besitzen, wodurch ein Kenner dieses Bereichs seinerseits ein entsprechendes Unbehagen empfinden kann. Dass sich dies als Natur bezeichnen lässt, liegt daran, dass die fraglichen Strukturen weder willkürlich sind, noch idiosynkratisch, und daher *objektiv* entstehen: d.h. als Resultat der Eigenart des fraglichen Mediums. Auch wenn diese Objektivität über subjektive Zwecke vermittelt ist, sind die Strukturen nicht von den einzelnen Zwecken und Vorlieben der Subjekte abhängig, sondern entstehen im Zusammenhang der objektiven Idee, was ein Computer *ist*.

Minimal gesehen geht es mir also nur darum zu zeigen, dass der Naturbegriff hinsichtlich der Technik verwendbar ist, und dass er etwas einfängt, das die Redeweise über beliebige Zwecke und instrumentellen Einsatz nicht einfängt: das objektive Moment an der Entstehung einer Struktur.

*Manuel Möller*

# Über die Bedeutung der Bedeutung: Philosophie als angewandte Wissenschaft in der Künstlichen Intelligenz

## 1. Einleitung

Diese Arbeit gibt einen Einblick in das aktuelle Spannungsfeld zwischen KI und Philosophie und beschreibt den Versuch, Bilderkennungsverfahren aus der Informatik mit ontologischem Wissen zu verbinden, um Maschinen Wahrnehmungs- und Schlussfolgerungsleistungen zu ermöglichen, die bisher Menschen vorbehalten waren.

Die Philosophie hatte lange Zeit beträchtlichen Einfluss auf die KI. Viele Logiker kamen aus der Philosophie (Russell, Quine, Tarski), ohne die es Programmiersprachen wie „Prolog“[1] gar nicht gäbe. Neben einer Grundlagenwissenschaft kann die Philosophie durchaus auch eine angewandte Wissenschaft sein, die dabei hilft, konkrete Probleme aus anderen Anwendungswissenschaften zu lösen. Dieser Aufsatz skizziert an einem Beispiel, wie das aussehen kann.

Die KI ist als Teilgebiet der Informatik verglichen mit anderen Forschungsgebieten eine sehr junge Wissenschaft. In ihrer etwa 50jährigen Geschichte wurden viele bahnbrechende Erkenntnisse gewonnen, aber auch geraume Zeit in gedanklichen Sackgassen verbracht. Diese Entwicklung soll – aufgeteilt in zwei Phasen – im Abschnitt 2 rekapituliert werden. Ohne formale Konzeptualisierungen[2] und Bedeutungsrepräsentationen, so hat man in der Informatik inzwischen eingesehen, werden Computer das bleiben, was sie heute sind: sehr schnelle, aber auch stupi-

[1] Prolog stammt aus den 1970er Jahren und ist eine Programmiersprache, in der das Programm in Form von prädikatenlogischen Aussagen repräsentiert wird. Während Programme im Allgemeinen eher durch die prozeduralen Abläufe beschrieben werden, spielt diese Art der Programmierung in der KI auch heute noch eine Rolle (vgl. z.B. Michael Hildebrand, Jacco van Ossenbruggen, Lynda Hardman: /facet: A Browser for Heterogeneous Semantic Web Repositories, in: ISWC 2006, LNCS 4273, 272-285, Berlin 2006).

[2] Der Begriff *Konzeptualisierung* wird im Folgenden in der Definition von Nilsson und Genesereth (M.R. Genesereth, H.J. Nilsson: *Logical Foundation of Artificial Intelligence*, Los Altos, Kalifornien, USA 1987) verwendet: „Eine Konzeptualisierung ist eine Menge extensionaler Beziehungen, die einen bestimmten Sachverhalt beschreiben.“

de Werkzeuge für den Umgang mit Daten. Der Hammer hat vom Nagel keine Vorstellung, deshalb schlägt er auch gerne einmal vorbei. Ähnlich verhält es sich heute mit dem Computer: Ohne eine Idee von der Bedeutung der gerade zu bearbeitenden Daten kann der Computer nur streng nach Anweisung handeln. Fehler des Anwenders werden nicht erkannt und deshalb genauso ausgeführt wie sinnvolle Anweisungen. Von sich aus aktiv werden kann der Computer nicht. Abschnitt 3 beschreibt den Stellenwert von Konzeptualisierungen und Bedeutungsrepräsentationen für Computer. Abschnitt 4 erklärt anhand von Beispielen den gegenwärtigen Stand der Ontologie-Repräsentation in der KI.
Abschnitt 5 beschreibt neuste Ansätze zur Bedeutungsrepräsentation für Computer und mögliche Anwendungsszenarien. Exemplarisch soll dies anhand der Domäne der Medizin erläutert werden.

## 2. Historische Einordnung

Die KI hat sich zum Ziel gesetzt, Maschinen zu Leistungen zu befähigen, zu denen bisher nur menschliches Denken in der Lage war. Vorher wurden Maschinen lediglich konstruiert, um mechanische Tätigkeiten auszuführen, die sonst von Menschen ausgeführt wurden.[3]

### *2.1. Das symbolische Paradigma*

In der ersten Generation der KI, die heute auch als *symbolische* KI bezeichnet wird, wurde Denken als pure Symbolmanipulation verstanden. Ab 1957 entwickelten die „Väter der KI“[4] Newell und Simon auf Basis dieses Paradigmas den sog. „General Problem Solver“ (GPS).[5] Er umfasst in einem Kalkül eine Menge von Axiomen, logische Transformationsregeln und eine Menge von Grundbausteinen, aus denen Aussagen konstruiert werden können. Rein formal arbeitet der GPS wie folgt: Eine aus den vorhandenen Symbolen kodierte Eingabe wird vom Programm so lange mit allen zur Verfügung stehenden Transformationsregeln umgewandelt, bis ein Ergebnis vorliegt. Als Eingabe kann zum Beispiel eine

---

[3] D. Münch: Kognitionswissenschaft. Grundlagen, Probleme, Perspektiven, Frankfurt a. M., 1992.

[4] P. Rechenberg: *Was ist Informatik? Eine allgemeinverständliche Einführung,* München, 2000.

[5] A. Newell, J. C. Shaw, H. A. Simon: *Report on a general problem-solving program*, Paris, 1959.

mathematische Aufgabenstellung vorgegeben werden. Das Ergebnis ist die umgestellte und ausgerechnete Lösung der eingegebenen Formel. Newell und Simon verfolgten höchste Ziele mit diesem Programm: sie nannten es „ein Programm, das menschliches Denken simuliert“.[6] Die Hoffnung war, die Regeln der vermeintlich puren Symbolmanipulation im menschlichen Gehirn vollständig extrahieren zu können. Die Kenntnis dieser Regeln setzte man gleich mit dem Verständnis des Denkens selbst. Dabei wurde bspw. die Frage übersehen, wie kontinuierliche Sinnesreize auf diskrete Kategorien des menschlichen Denkens abgebildet werden. Eine ausführliche philosophische Kritik weiterer unüberprüfter Annahmen liefert Hubert L. Dreyfus' Buch „What Computers Can't Do“[7], das bei seinem Erscheinen in der ersten euphorischen Phase der KI heftig geschmäht wurde.[8] Kurz zusammengefasst scheiterten GPS und ähnliche Programme nach einer vorübergehenden Phase der Euphorie an der Realität. Es zeigte sich schnell, dass alle Programme dieser Art stets nur in einer sehr kleinen Anwendungsdomäne, also einem eng abgegrenzten Fachgebiet Lösungen finden können. „Allgemein“ im Sinne des Namens GPS waren die Problemlösungsfähigkeiten in der praktischen Anwendung nie. Mit dem Eingeständnis dieser Tatsache setzte in der gesamten KI eine Phase ein, die zurückblickend auch als ihre „Depression“ bezeichnet wird. Das gesetzte Ziel – die Simulation menschlichen Denkens – konnte nicht annähernd erreicht werden. Schlimmer noch: Man musste sich eingestehen, dass man dem Verständnis des menschlichen Denkens trotz intensiver Forschungsanstrengungen kein bisschen näher gekommen war.

### *2.2. Das subsymbolische Paradigma*

Mit dem *sub*symbolischen Paradigma, rückte man von dem hohen Ziel ab, menschliches Denken direkt in einer Maschine zu implementieren. Dieses Paradigma hat nicht mehr pure Symbolmanipulation zum Ziel, sondern – wie im menschlichen Gehirn – die Nachbildung der Informationsverarbeitung mittels kontinuierlicher Signalwerte in Netzen simulierter Neuronen. Diese Art der Datenverarbeitung ist stark an basalen Per-

---

[6] Ebd.
[7] New York, 1972.
[8] Vgl. dazu etwa seine eigenen Bemerkungen zu Anfang seines Buches.

zeptionsvorgängen in der biologischen Vorlage orientiert. Die Untersuchung künstlicher neuronaler Netze und die Entwicklung leistungsfähiger Lernverfahren für diese Strukturen führte dazu, dass zwar ausschließlich niedrige kognitive Leistungen wie die Erkennung von Objekten auf den Bildern digitaler Videokameras möglich wurde, aber im Gegensatz zu den hoch gesteckten Zielen der ersten Generation erstmals umfassende und domänenübergreifende realweltliche Probleme maschinell gelöst werden konnten.

### 3. Die Wiederentdeckung der Semantik

Im Bereich der automatischen Verarbeitung von medizinischem Bildmaterial ist die Entwicklung inzwischen so weit fortgeschritten, dass für genau spezifizierte Objekterkennungsaufgaben[9] jeweils spezielle Verfahren existieren, die sehr hohe Trefferquoten erreichen.[10] In ihrer Spezifizität liegt aber auch gleichzeitig ihre Limitierung: Menschen müssen entscheiden, welche Verfahren für welches Bilddatenmaterial geeignet sind. Der Computer gleicht einem schwer hirngeschädigten Menschen, wie ihn der Neuropsychologe Oliver Sacks[11] in seinem Buch „Der Mann der seine Frau mit seinem Hut verwechselte“ beschreibt: Statt einer Rose nimmt der Patient nur „[e]in rotes gefaltetes Gebilde mit einem geraden, grünen Anhängsel“ wahr. Sacks beschreibt ihn als die Verkörperung des radikalen Empirismus Humescher Prägung. Das reine optische Wahrnehmungsvermögen des Patienten funktioniert an sich einwandfrei. Die Wahrnehmungsleistung ist lediglich deshalb mangelhaft, weil der beschriebene Patient − und Computer im Allgemeinen − weder eine Vorstellung davon haben, was auf dem Bild zu sehen ist, noch in welchem Zusammenhang die zu erkennenden Objekte zueinander stehen. Erkannt

[9] Im Folgenden wird der Terminus *Objekterkennungsaufgabe* mit der folgenden Bedeutung verwendet: Eine *Objekterkennung* liegt dann vor, wenn ein oder mehrere bestimmte, visuell abgrenzbare Objekte auf einem Bild erkannt werden sollen. Eine *Objekterkennungsaufgabe* liegt dann vor, wenn ein Objekt erkannt werden soll.

[10] Vgl. dazu etwa W. Hong, B. Georgescu, X.S. Zhou, S. Krishnan, Y. Ma, D. Comaniciu: *Database-Guided Simultaneous Multi-slice 3D Segmentation for Volumetric Data*, Graz 2006, oder Z. Tu, X.S. Zhou, A. Barbu, L. Bogoni, D. Comaniciu: *Probabilistic 3D Polyp Detection in CT Images: The Role of Sample Alignment*, New York 2006 über Verfahren aus der elektronischen Verarbeitung medizinischer Bilddaten.

[11] Lemwerder 1998.

werden lediglich Einzelheiten, nicht Objekte, die in einem Kontext eingebettet sind.

Die Alternative, alle speziellen Objekterkennungsalgorithmen auf ein Bild anzuwenden, um auf diese Weise eine „allgemeine“ Bilderkennung durchzuführen, scheitert in der Praxis. Der Grund dafür ist einfach: Die Objekterkennungsalgorithmen erkennen zwar mit hoher Trefferquote die Objekte, für die sie trainiert wurden. Häufig werden dafür *induktive maschinelle Lernverfahren* eingesetzt. Ein *Klassifikator* – ein Stück Software – wird mit einer Menge klassifizierter Beispieldaten angelernt. Im Zuge der Lernphase werden automatisch (einige) gemeinsame Merkmale der Beispieldaten extrahiert. Die Summe der extrahierten Merkmale ist die Generalisierung von den einzelnen Trainingsbeispielen auf das allgemein zu erkennende Objekt. In einer Klassifikationsaufgabe mit bisher unbekanntem Datenmaterial überprüft der Klassifikator lediglich, ob die gelernten Merkmale vorliegen. So lässt sich eine Objekterkennungsaufgabe (vgl. Abschnitt 3) auf eine Klassifikation zurückführen. Andererseits reagieren sie auch auf solche Objekte, die gleiche oder ähnliche Merkmale wie das eigentlich zu erkennende Objekt haben, in Wirklichkeit aber nichts damit zu tun haben.[12]

Selbst für einen Menschen ohne medizinisches Fachwissen ist es selbstverständlich, dass sich auf demselben Bild niemals eine Herzklappe *und* ein Kniegelenk finden lassen. Der Versuch, diese beiden Objekte auf demselben Bild zu erkennen ergibt schon aus Gründen der Anatomie keinen Sinn. Hinzu kommt, dass es sich bei einer Herzklappe um Körpergewebe handelt, das ein anderes bildgebendes Verfahren erfordert als ein Kniegelenk, welches aus Knochen besteht.

Zudem liegt ein Komplexitätsproblem vor: Die Vielzahl spezieller Objekterkennungsalgorithmen auf eine große Anzahl Bilder anzuwenden – und es gibt riesige Mengen medizinischer Bilder in den Archiven der Krankenhäuser – würde einen Rechenzeitbedarf erfordern, der auch mit modernen Computern aus ökonomischer Sicht nicht zu vertreten wäre.

---

[12] Formal unterscheidet man deshalb zwischen *Genauigkeit* und *Vollständigkeit* eines Suchergebnisses: Die *Genauigkeit* ist definiert als der Anteil der gefundenen relevanten Objekte zu allen bei der Suche gefundenen Objekten. Die *Vollständigkeit* ist definiert als der Anteil der bei einer Suche gefundenen relevanten Objekte an den relevanten Objekten der Grundgesamtheit.

## 4. Ontologien in der Informatik

Die Grundstrukturen des Seienden werden seit tausenden von Jahren von der „Ontologie“, der Lehre vom Seienden, in der Philosophie untersucht und beschrieben. Mit einem wegweisenden Artikel unter dem Titel „The Semantic Web“[13] gewann die Weiterentwicklung des Internets von einem „Netz der Daten“ zu einem „Netz der Dinge“ beträchtlich an Fahrt. Computer sollen nicht länger einfach nur große Datenmengen speichern können. Sie sollen darüber hinaus auch in die Lage versetzt werden, Daten mit Bezug auf ihre Bedeutung autonom zu verarbeiten. Dazu ist es notwendig, Bedeutungen zu repräsentieren. Und um Bedeutungen *von* etwas repräsentieren zu können, muss zunächst einmal festgelegt werden, *was* überhaupt existiert und in welcher Art die Dinge zueinander in Relation stehen.

In der Informatik sind Ontologien deshalb inzwischen ein fester Bestandteil, wie zahlreiche Publikationen[14], regelmäßige Sommer-Schulen[15] und Konferenzen[16] zu diesem Thema belegen.

Bereits 1995 haben sich Guarino und Giaretta um eine terminologische Unterscheidung von Ontologien in Informatik und Philosophie bemüht.[17] Sie stellen fest, dass der Begriff in der Informatik eine diffuse Verwendung erfährt, und diskutieren unterschiedliche Definitionen. Für die englische Fachliteratur hat sich inzwischen ihre Unterscheidung von „Ontology“ mit einem großen „O“ für die Bezeichnung der philosophischen Disziplin und „ontology“ mit einem kleinen „o“ für die Bezeichnung einer (konkreten) Ontologie in der Informatik durchgesetzt. Die Diskussion unterschiedlicher Begriffsdefinitionen des Wortes innerhalb der Infor-

[13] T. Berners-Lee, J. Hendler, O: Lassila: *The Semantic Web – A new form of Web content that is meaningful to computers will unleash a revolution of new possibilities*, Scientific American, Mai 2001.

[14] SiteSeer (http://citeseer.ist.psu.edu/), ein bei weitem nicht vollständiges Archiv für Veröffentlichungen aus dem Bereich der Informatik, liefert für den Begriff „Ontology“ 6938 Artikel (Stand 23.05.2007).

[15] Vgl. etwa „The Fifth Summer School on Ontological Engineering and the Semantic Web“ oder die „Summer School Reasoning Web“.

[16] Vgl. etwa die beiden jährlich stattfindenden Konferenzen „International Semantic Web Conference“ und „European Semantic Web Conference“.

[17] N. Guarino, P. Giaretta: *Ontologies and Knowledge Bases. Towards a Terminological Clarification,* in: *Towards very large knowledge bases,* Amsterdam 1995, 25-32.

matik ist jedoch nicht Thema dieser Arbeit. An dieser Stelle sei deshalb lediglich auf die eben genannte Quelle sowie[18] verwiesen.
Guarino und Giaretta stellen weiterhin fest, dass die Erstellung von Ontologien für die Anwendung in der Informatik einen interdisziplinären Ansatz erfordert, an dem Philosophie, Linguistik und Informatik beteiligt sein müssen.[19] Ob die Konzepte einer Ontologie beispielsweise extensional oder intensional definiert werden sollen erfordert neben dem Wissen eines Domänenexperten nicht zuletzt auch das Wissen eines Ontologen. Guarino stellt fest, dass hier das Wissen von Philosophen zu wenig genutzt wird.[20]
Die Verwendung des Begriffes „Ontologie" hat in der Informatik jedoch üblicherweise eine leicht veränderte Bedeutung im Vergleich zur Philosophie. In der Philosophie wird der Frage nachgegangen, welche Klassen von Dingen überhaupt existenziellen Charakter haben. Realistische Positionen wie schon die von Aristoteles[21] gehen davon aus, dass sich die Grundstrukturen der *Erfahrung* zeigen. Konstruktivistische Positionen behaupten dagegen, dass die Grundstrukturen des Seienden bloße Projektionen des Denkens sind, mithin nur im Kopf und nicht in der Welt existieren. Eine weitgehend anerkannte Definition für den Begriff „Ontologie" in der Informatik stammt von Gruber:[22]

> „An ontology is a specification of a conceptualization."

Diese Definition macht direkte Aussagen für die Anwendungspraxis: Wenn jemand eine Domäne formal konzeptualisiert (sie in einer geeigneten Sprache spezifiziert), so schafft er eine Ontologie. Angenommen, jemand anderes möchte in derselben Domäne Probleme lösen, die nicht mit dieser Konzeptualisierung beschreibbar sind, so wird er entweder die

---

[18] N. Guarino: *Formal Ontology and Information Systems*, in: *Proceedings of the 1st International Conference on Formal Ontologies in Information Systems*, Trient 1998, 3-15.
[19] N. Guarino, P. Giaretta 1995, a.a.O.
[20] N. Guarino, R. Poli: *Formal Ontology in Conceptual Analysis and Knowledge Representation*, in *Special issue of the International Journal of Human and Computer Studies*, Dordrecht 1995, 625-640.
[21] Aristoteles: *Metaphysik* IV, 1.
[22] T. R. Gruber: *Toward principles for the design of ontologies used for knowledge sharing* in *International Journal of Human-Computer Studies*, Band 43, Amsterdam 1995, 907-928.

erste Ontologie erweitern oder eine andere schaffen. Die erste Ontologie ist deshalb nicht falsch. Ihre Konzeptualisierung deckt lediglich nicht alle denkbaren Probleme ihrer Domäne ab. Ontologien sind in der Informatik also problem- und domänenabhängig. Zum Beispiel hat die Frage durchaus ihre Berechtigung, ob Entitäten einer Prozessontologie perdurantistisch oder endurantistisch[23] modelliert werden sollen. Sie wird aber pragmatisch, abhängig vom Problem und unabhängig von der Weltanschauung entschieden. Manchmal werden Fragen dieser Art aber gar nicht gestellt, weil in der Informatik vielfach das Wissen fehlt, dass diese Probleme schon seit langer Zeit in einer anderen Fachrichtung diskutiert werden. In solchen Fällen können sich grundlegende Fehler bei der Ontologiekonstruktion einschleichen, wie Barry Smith und andere gezeigt haben.[24]

Zunächst ist es notwendig, Aussagen *über* Dinge treffen zu können. Ein etablierter Standard dafür ist das *Resource Description Framework* (kurz RDF). Es ist eine formale Sprache für die maschineninterpretierbare Spezifikation von Metadaten.[25] *Meta*daten – also Daten *über* Daten – werden in Form von Tripeln aus Subjekt, Prädikat und Objekt dargestellt. Beispiel: Die Aussage

„Der Bundesstaat New York hat als postalische Abkürzung NY."

hat im RDF die folgende Form:

<urn:states:New York> <http://purl.org/dc/terms/alternative> NY.

---

[23] Auf diese Gegenüberstellung kann an dieser Stelle nicht weiter eingegangen werden. Vgl. dazu etwa die Diskussion zwischen D. Lewis und E.J. Lowe in der Zeitschrift *Analysis*, Oxford 1988, in den Ausgaben 47 und 48.

[24] Vgl. dazu etwa W. Ceusters, B. Smith, J Flanagan: *Ontology and Medical Terminology: Why Description Logics Are Not Enough*, in: *Proceedings of the Conference: Towards an Electronic Patient Record*, Boston 2003, CD-ROM-Publikation sowie W Ceusters, B. Smith, A Kumar, C. Dhaen: *Mistakes in Medical Ontologies: Where Do They Come From and How Can They Be Detected?*, in: *Proceedings of the Workshop on Medical Ontologies*, Amsterdam 2003, 145-164.

[25] I. Herman, R. Swick, D. Brickley: *Resource Description Framework (RDF)/W3C Semantic Web Activity*, Online-Publikation 2007, http://www.w3.org/RDF/

Dem Subjekt *New York* wird aus einem definierten Vokabular das Prädikat *alternative* (etwa: hat als alternative Bezeichnung) *NY* zugeordnet. Beendet wird ein solches Tripel jeweils mit einem Punkt.
Diese Aussage lässt sich auch als Graph darstellen (vgl. Abbildung 1).

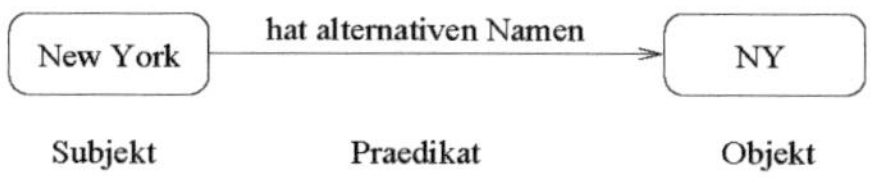


Abbildung 1: RDF-Tripel in Graph-Darstellung

Aufbauend auf RDF ermöglichen Sprachen wie RDF Schema[26] und OWL[27] das Vokabular einer Domäne zu definieren. Außerdem erlauben sie, die in der Domäne vorkommenden Dinge, ihre Eigenschaften und Beziehungen zu repräsentieren. In beiden Sprachen werden Konzepte als Klassen modelliert.

Ein in der Literatur beliebtes Beispiel ist eine Klassifikation der Tierwelt in Karnivoren, Herbivoren und Omivoren.

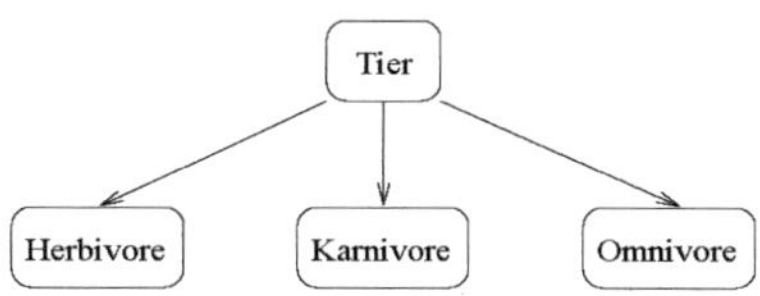


Abbildung 2: Beispiel für Klassen-Subklassen-Beziehung in OWL

Dieser Zusammenhang ausgedrückt in OWL:

```
<owl:Class rdf:ID="Tier"/>

<owl:Class rdf:ID="Herbivore">
<rdfs:subClassOf rdf:resource="#Tier"/>
</owl:Class>
```

[26] D Brickley, R.V. Guha: RDF *Vocabulary Description Language 1.0*: RDF Schema, Online-Publikation 2004, http://www.w3.org/TR/rdf-schema/
[27] D.L. McGuinness, F.v. Harmelen: *OWL Web Ontology Language Overview*, Online-Publikation 2004, http://www.w3.org/TR/owl-features/

```
<owl:Class rdf:ID="Karnivore">
<rdfs:subClassOf rdf:resource="#Tier"/>
</owl:Class>

<owl:Class rdf:ID="Omivore">
<rdfs:subClassOf rdf:resource="#Tier"/>
</owl:Class>
```

Natürlich sind auch komplexere Hierarchien möglich als die im Beispiel beschriebene. Zudem erlaubt die Sprache OWL Eigenschaften von Klassen und Individuen zu formalisieren. Auf diese Weise kann in einer Ontologie weit mehr repräsentiert werden als eine bloße taxonomische Hierarchie. Mit Ontologierepräsentationsformalismen wie RDFS und OWL ist es möglich, formale Beschreibungen der Semantik der verwendeten Konzepte festzulegen.

## 5. Synthese

In dieser Arbeit wurden bisher zwei unterschiedliche Zweige der KI beschrieben. Beide Zweige hatten in der etwa 50jährigen Geschichte der KI kaum Berührungspunkte oder gar Überschneidungen. Inzwischen ändert sich dies. Die Idee wird zusehends populärer, dass maschinelle Objekterkennung wesentlich zuverlässiger funktioniert, wenn das Objekterkennungsverfahren mit Wissen *über* das zu erkennende Objekt ausgestattet ist, wie zahlreiche wissenschaftliche Arbeiten zu diesem Thema zeigen.[28] Üblicherweise werden jedoch nur sehr spezielle Probleme gelöst. Ziel sollte es deshalb sein, eine Integration von Objekterkennungsverfahren und semantischem Hintergrundwissen zu schaffen, die in der Lage ist, allgemeine Objekterkennungsprobleme zu lösen. Um noch einmal das oben genannte Beispiel zu strapazieren: Computer sollen in der Lage sein, auf Basis von formal repräsentiertem Hintergrundwissen den

---

[28] Vgl. etwa Arbeiten von Y. Li, B. Tao, S. Kei, W. Wolf: *Semantic Image Retrieval Through Human Subject Segmentation and Characterization*, in: *Storage and Retrieval for Image and Video Databases*, Washington, USA 1997, 340-351 oder E. Izquierdo, J. Casas, R. Leonardi, P. Migliorati, N. O'Connor, I. Kompatsiaris, M. Strintzis: *Advanced content-based semantic scene analysis and information retrieval: The schema project*, in: *Proceedings of the Workshop on Image Analysis for Multimedia Interactive Services*, London 2003, 519-528.

Schluss zu ziehen, dass es sinnlos ist, auf demselben Bild gleichzeitig nach Herzklappe und Kniegelenk zu suchen.

Abbildung 3 zeigt ein Schichtenmodell mit der Abstraktion von konkreten medizinischen Bildern und textuellen Diagnosen auf die Ebene einer semantischen Repräsentation. Die Struktur der Informationen auf semantischer Ebene wird durch eine Ontologie bestimmt, die eine Konzeptualisierung vorgibt.

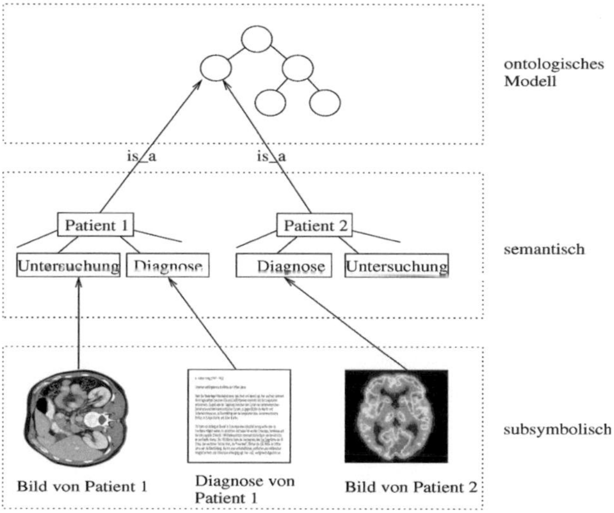


Abbildung 3: Abstraktionsstufen

Die Abbildung zeigt einen weiteren Vorteil einer semantischen Repräsentation und semantischer Suchen von Daten in einer Datenbank: Unterschiedliche Modalitäten (Bild aus einem Röntgengerät, Text einer Symptombeschreibung) können ein und dieselbe Sache beschreiben. Der gegenwärtige Stand der Suchmaschinen erlaubt immer nur begrenzt auf eine Modalität zu suchen. Ein System auf Basis des skizzierten Modells löst sich von der konkreten Repräsentation eines abgespeicherten Elements.

Eine solche Verbindung eröffnet gänzlich neue Möglichkeiten. Denn damit wäre es möglich, als Suchanfrage ein konkretes Bild zu verwenden. Dieses Bild würde in einem ersten Verarbeitungsschritt in seiner Semantik analysiert. Im zweiten Schritt wird ein Vergleich der semantischen

Repräsentation dieser Suchanfrage mit den semantischen Repräsentationen der in der Datenbank gespeicherten Elemente durchgeführt. In der Ergebnismenge können Dokumente beliebiger Datenformate enthalten sein. Gemeinsam ist ihnen nur, dass sie dieselben (oder ähnliche) Inhalte haben.

**6. Zusammenfassung und Ausblick**

Das Thema der Dissertation, die diesem Beitrag zugrunde liegt, stammt aus dem Bereich der KI. In der KI als sehr anwendungsorientierter Wissenschaft werden konkrete Probleme gelöst. Da es sich um die Wissenschaft handelt, die intelligentes Verhalten in Maschinen nachzubilden versucht, muss sie sich naturgemäß mit dem Wesen des menschlichen Denkens beschäftigen; und das ist eine Domäne, in der sie vom Dialog mit der Philosophie profitieren kann. Der Transfer sollte meines Erachtens aber nicht nur in die eine Richtung stattfinden. Schließlich sind die Erkenntnisse aus der Arbeit mit rein subsymbolischen Objekterkennungsverfahren auch ein Hinweis dafür, dass irgendeine Art von Konzeptualisierung vorliegen muss, um komplexe Beziehungen zwischen Dingen unserer Welt wahrnehmen und verstehen zu können. So gesehen kann die Philosophie aus der KI den Hinweis mitnehmen, dass reiner Empirismus nicht ausreicht, um unser extrem leistungsfähiges Wahrnehmungsvermögen zu erklären.

*Lars Leeten*

# Die Problematisierung des Unproblematischen – Zur Kritik der Idee der Normativität von Sprachregeln

## 1.

Philosophische Debatten kommen oft weniger dadurch zu einem Ende, dass Antworten gegeben werden, als vielmehr dadurch, dass bestimmte Fragen nicht mehr als wichtig erscheinen. Für die Debatte um die Frage, was es heißt, einer Regel zu folgen, deutet sich eine solche Entwicklung bisher nicht an. Seit Wittgenstein diese Frage aufgeworfen hat, haben sich unzählige Autoren an ihr versucht, nicht zuletzt im Ausgang von Kripkes Behandlung des Themas.[1] Dass dabei wesentliche Fortschritte erzielt wurden, wird man kaum behaupten wollen; vielleicht will man gar sagen, dass wir über Wittgensteins Überlegungen eigentlich nicht hinausgekommen sind.[2] Wie können wir in dieser Frage – welche ohne Zweifel Dinge betrifft, die für unser Leben so elementar sind, dass wir sie nicht einfach auf sich beruhen lassen können – also verfahren?

Ich möchte in diesem Beitrag dafür argumentieren, dass in der Regelfolgendebatte so lange nicht weiterzukommen ist, wie ein weit verbreiteter Zugang zu diesem Thema beibehalten wird. Gemeint ist die gängige Problemstellung, derzufolge die Frage nach dem Regelfolgen als Frage nach der *Normativität* der Sprache verstanden wird.[3] In großen Teilen der neueren Literatur werden diese beiden Probleme kurzgeschlossen und die Begriffe „Regel" und „Normativität" geradezu deckungsgleich verwendet.[4] Die Frage nach dem Regelfolgen gewinnt da-

[1] Ludwig Wittgenstein: Philosophische Untersuchungen, Werkausgabe Bd. 1, Frankfurt am Main 1984; Saul A. Kripke: Wittgenstein on Rules and Private Language. An Elementary Exposition, Cambridge, Mass. 1982. Einen Überblick über die neuere Debatte liefert z. B. Alexander Miller und Crispin Wright (Hrsg.): Rule-Following and Meaning, Chesham 2002.

[2] Vgl. das Vorwort zu Crispin Wright: *Rails to Infinity. Essays on Themes from Wittgenstein's Philosophical Investigations*, Cambridge, Mass./London 2001.

[3] In dieser Fassung findet sich die Problemstellung erstmals bei: Saul A. Kripke: *Wittgenstein on Rules and Private Language*, a.a.O., 37.

[4] Vgl. etwa Robert Brandom: *Making it Explicit. Reasoning, Representing, and Discursive Commitment*, Cambridge, Mass./London 1994.

mit eine charakteristische Prägung: Der Sprachgebrauch sei insofern mit Normativität konfrontiert, als es Regeln gebe, die es gestatten, Sprechakte in korrekte und nicht-korrekte einzuteilen. In den Mittelpunkt rückt dann die Frage, wie diese „Regelnormativität" zu denken ist. Dass dem Sprachgebrauch Regeln zugrunde liegen und dass Sprecher im Sprachgebrauch mit Normen konfrontiert sind – dies scheint ein und dasselbe zu bedeuten. Diese Problemstellung möchte ich als solche angreifen. Für den Sprachgebrauch eines Sprechers mit dem entsprechenden Sprachverständnis, so die These, lässt sich die Idee einer „Regelnormativität" nicht plausibel machen. Setzt man daher an der Frage an, wie die Normativität von Sprachregeln aufzufassen ist, versteht man weder, inwiefern Sprache mit Regeln zu tun hat, noch, was die Normativitätsdimension des Sprachgebrauchs wirklich ausmacht. Um zu einem angemessenen Verständnis durchzudringen, müssen die zweifellos aufeinander bezogenen Komplexe des Regelfolgens und der Normativität von Anfang an getrennt behandelt werden. Ich werde zunächst die übliche Problemstellung abstecken (2), sodann eine Alternative skizzieren (3) und diese gegen einige mögliche Einwände verteidigen (4). Ich schließe mit einer Bemerkung zu der Frage, inwiefern es überhaupt sinnvoll ist, ein Problem des Regelfolgens anzunehmen (5).

**2.**

Wenn es in der Sprachphilosophie um das Problem des Regelfolgens geht, sind gewöhnlich solche Regeln gemeint, denen zu folgen uns keinerlei Schwierigkeiten bereitet – Regeln, die den Gebrauch von so geläufigen Ausdrücken wie ‚Tisch' oder ‚blau' festlegen. Da solche Regeln für die Sprachpraxis grundlegend sind, werden sie mitunter *konstitutive Regeln* genannt.[5] Wir dürfen davon ausgehen, dass die „Befolgung" solcher Regeln so unproblematisch ist, dass diese im alltäglichen Sprachgebrauch nicht in den Blick kommen. Hier ist von solchen Regeln nicht die Rede; denn sofern wir Sprachpraktiken sicher beherrschen, haben wir es gerade nicht nötig, uns über die Regeln zu verständigen, die diese Praktiken konstituieren. Befassen wir uns in der philosophischen Reflexion mit Regeln dieser Art, so haben wir es also mit Regeln zu tun, deren Be-

---

[5] So die Terminologie bei John Searle: *Speech Acts. An Essay in the Philosophy of Language*, Cambridge, Mass. 1992 [1962], 33–36.

folgung charakteristischerweise keine Probleme aufwirft und unthematisch bleibt. Wir befassen uns mit den *unproblematischen Fällen* des Sprachgebrauchs.

Nun können wir uns dieses alltäglich-routinierte Regelfolgen bekanntermaßen nicht als Übergang von einer „gegebenen" Regel zu einer sprachlichen Handlung denken. Damit nämlich würde suggeriert, dass eine Person, die einer Regel folgt, so verfährt, wie es die Regel „sagt"; und dies würde darauf hinauslaufen, dass man einer Regel nur folgen kann, indem man „erfasst", was sie sagt, bzw. sie angemessen *deutet*.[6] Eine Regel aber könnte man immer auf unterschiedlichste Weise deuten; wir wären mithin gezwungen, die korrekte Regelbefolgung durch Einführung weiterer Regeln zu sichern und so fort, ad infinitum. Daran zeigt sich, dass wir das Regelfolgen so nicht konzipieren können. Wenn wir unser gewöhnliches sprachliches Tun als ein „regelfolgendes" Tun beschreiben wollen, müssen wir in Rechnung stellen, dass wir den Regeln, wenn überhaupt, ohne deutende Reflexion folgen. Das Regelfolgen geschieht, wie wir mit Wittgenstein sagen können, *blind*.[7]

Doch die Schwierigkeit mit der Deutungsauffassung ist nur die eine Seite des Problems. Tatsächlich gibt es auch eine (scheinbar) konträr gelagerte Falle: die Reduktion sprachlicher Praktiken auf bloße Regularitäten. Was dies bedeutet, wird klar, wenn man sich vorstellt, unser Sprachgebrauch wäre nichts weiter als ein gesetzmäßiges Verhalten. Dies nämlich scheint sich zu ergeben, wenn wir sagen, dass es gar keine Regeln gibt, denen wir folgen, sondern nur bestimmte Regelmäßigkeiten. Wenn wir uns auf dieses Bild einließen, würden wir etwas vermissen. Wir würden sagen wollen, dass Regeln nicht nur Beschreibungsmuster sind. Der Begriff „Regel" markiert, dass unser Sprechen ein kontrollierter Vorgang ist. Die Rede von Regeln hat ihren Sinn nicht zuletzt darin, die sprachliche Praxis von einem bloßen Naturprozess unterscheidbar zu machen.

Auf dieser zweiten Seite der Problemstellung schwingt der Begriff der Normativität stets mit. Denn die normative Dimension der Sprache ist ein wichtiges Motiv dafür, den Begriff der Regel hier überhaupt noch zu verwenden. Wollten wir sie nicht bewahren, wäre die Kritik der Deu-

---

[6] Zur sogenannten Deutungsauffassung der Regel vgl. Ludwig Wittgenstein: *Philosophische Untersuchungen*, a.a.O., bes. §§ 85, 198, 201, 213, 506.

[7] Vgl. ebd., § 213.

tungsauffassung ein guter Grund, den Gedanken von einem „Regelfolgen" ganz fallenzulassen. Doch es sieht so aus, als würden wir den Sprachgebrauch durch diesen Schritt unweigerlich als einen rein mechanischen Prozess hinstellen. Ohne eine wie auch immer geartete normative Motivation bleiben nur äußerliche Regelmäßigkeiten. Und dies macht es allem Anschein nach erforderlich, dass wir auch noch für die klarsten Fälle an dem Gedanken festhalten, dass Regeln befolgt werden.
So ergibt sich das in der Regelfolgendebatte so prominente Szenario: Der Sprachgebrauch ist kein toter, mechanischer Ablauf; und dies ist er insbesondere deswegen nicht, weil für Personen nicht nur Naturgesetze, sondern auch Normen gelten. Um diese Normativität zu verstehen, müssen wir uns scheinbar einen Begriff davon machen, wie Regeln unseren Sprachgebrauch anleiten.

## 3.

Ich möchte diese Problemstellung nun als solche aushebeln. Die These ist, dass die Normativitätsdimension der Sprache verfehlt wird, wenn wir sie von Regeln her fassen. Ein Konzept, demzufolge Sprachregeln allgemeine Standards darstellen, die besonderen Sprechhandlungen normativ gegenüberstehen, lässt sich nicht explizieren. Es ist daher kein Zufall, dass die primären Sprachregeln im alltäglichen Sprachgebrauch – in den unproblematischen Fällen – keine Rolle spielen. An diesem Umstand zeigt sich etwas Wesentliches, das in der philosophischen Behandlung der Sprache nicht unterschlagen werden darf: dass wir im gewöhnlichen Sprachgebrauch über die Frage der Regelkorrektheit jeweils schon hinaus sind. Dies sei im Ausgang von einem Beispiel verdeutlicht. Nehmen wir an, ich möchte einem Freund mitteilen, dass ich ihn morgen besuchen werde. Ich äußere also z. B. den Satz „Ich werde dich morgen besuchen". Da ich ein kompetenter Sprecher der deutschen Sprache bin, bereitet es mir keinerlei Schwierigkeiten, diese Äußerung zu vollziehen. So denke ich z. B. nicht über Fragen der Syntax oder Morphologie nach. Ich überlege nicht, in welcher Reihenfolge die Worte geäußert werden müssen. Sofern wir uns solche alltäglichen Fälle vor Augen führen, haben wir keine Skrupel zu sagen, dass die Satzbildung *automatisch* geschieht. Hier ist Wittgensteins Beschreibung angemessen: Ich kann den Sprachregeln „blind" folgen.

Nach der üblichen Problemstellung jedoch müssten wir etwas vermissen. Mein Sprachgebrauch kann nicht „automatisch" geschehen; denn Sprache hat eine normative Dimension. Und dies scheint zu bedeuten, dass eine Normativität von Sprachregeln zu berücksichtigen ist. Denken wir uns deren Befolgung als „blind" im Sinne von „mechanisch", so geben wir damit die einzige Möglichkeit preis, der Normativität des Sprachgebrauchs gerecht zu werden. – Aber ist dies überzeugend?

Betrachten wir die Äußerung „Ich werde dich morgen besuchen". Erscheint uns diese als das tote Produkt eines Naturprozesses, wenn wir einräumen, dass den Sprachregeln, die für sie konstitutiv sind, „blind" gefolgt wurde? Ganz offensichtlich nicht. Auch wenn diesen Regeln vollkommen mechanisch entsprochen wurde, bleibt die Aussage doch eine kontrollierte Handlung. Was hier mechanisch bzw. „ohne Reflexion" geschieht, ist nicht der Sprechakt, sondern der Gebrauch der Verfahren, die ich anwende, um den Sprechakt zu vollziehen. Die Regelanwendungen mögen blind geschehen; meine Aussage aber bleibt ein möglicher Gegenstand normativer Bewertung. Nur setzt diese auf einer anderen Ebene ein: eben dort, wo das Sprechen *als intentionales Tun* in den Blick kommt. (So ist es denkbar, dass ich mich erst entschieden habe, den Satz zu äußern. Ich könnte mir unsicher sein, ob mein Besuch willkommen ist. Oder ich habe einen Moment darüber nachgedacht, wie ich das Thema zur Sprache bringe.) In dieser Hinsicht steht mein Sprachhandeln offensichtlich in einer Normativitätsdimension. Diese entfaltet sich aber *gerade insofern*, als ich *nicht* mehr „nach Regeln" vorgehe, sondern mir ein Verständnis bereits zueigen gemacht habe und zu verantwortlichen Sprechhandlungen in der Lage bin. Ich muss Sätze bilden können, indem ich Sprachpraktiken im Einzelfall in Anspruch nehme, ohne noch über diese Praktiken nachdenken zu müssen. Solange ich dies nicht kann, habe ich das entsprechende Sprachverständnis noch nicht. Die Befolgbarkeit von primären Sprachregeln liegt somit auf der Ebene der *Bedingungen* des normalen Sprachgebrauchs.

Aus dieser Beschreibung lernt man, dass man für unser Problem differenzieren muss zwischen der *Befolgung von Regeln* und *sprachlichen Handlungen*. Die Befolgung von Regeln ist eine Operation, die ich ohne nachzudenken vollziehe, wenn ich den Satz in bestimmter Absicht äußere. Aber ein solches Tun meinen wir nicht, wenn wir von Handlungen reden. Würde mich z. B. jemand in der beschriebenen Situation fragen, was ich tue, würde ich antworten „Ich sage ihm, dass ich ihn besuchen werde"; ich würde aber nicht antworten „Ich bilde einen Satz" oder „Ich verwende die Ausdrücke ‚morgen' und ‚besuchen' (korrekt)". Ich *könnte* dies sagen, aber es wäre wenig treffend. Denn solche Beschreibungen beziehen sich auf allgemeine Fertigkeiten; worauf es mir aber ankommt, ist die Anwendung dieser Fertigkeiten in *diesem* Fall. Als Sprecher mit Sprachkompetenz vollziehen wir – ohne Regelvorgaben, „von uns aus" – in den jeweiligen Situationen, in denen wir uns befinden, Sprachhandlungen. Dies ist unser normaler, sinnvoller Sprachgebrauch. Dieser mag zwar regelgeleitet sein. Der Sprachgebrauch besteht aber nicht darin, Ausdrücke „korrekt zu verwenden", sondern darin, Sätze mit *besonderem* Sinn zu bilden.

In diesem Sprachgebrauch bewegen wir uns dann auf der Ebene von Sinnzusammenhängen; und auf dieser Ebene allein müssen wir die Dimension der Normativität ansiedeln. Die entsprechende semantische Kompetenz – und damit eine unproblematische „Befolgung" von Regeln – ist hier notwendig schon vorausgesetzt. Semantische Kompetenz zeigt sich daran, dass wir direkt aus dem jeweiligen Zusammenhang heraus, ohne Reflexion auf allgemeine Verfahrensweisen Sprechhandlungen vollziehen können. Sie ist eine Voraussetzung dafür, dass der besondere Sinn hervortritt und Erwägungen darüber, wie jeweils verfahren werden sollte, überhaupt ins Spiel kommen können. Ohne das „blinde Regelfolgen" ist es daher gar nicht möglich, den Sprecher als eine Person anzusehen, die für die in der Sprachpraxis sich entfaltende Normativität ansprechbar ist. Sein Regelfolgen muss unthematisch bleiben und im sinnvollen Sprachgebrauch aufgehen; es *darf* kein Handeln (mehr) sein. Er hätte andernfalls das nötige Sprachverständnis noch nicht.

Wo Regelkompetenz daher *problematisiert* wird, wird der alltägliche Sprachgebrauch unverständlich. Dies aber genau geschieht, wenn wir den Sprachgebrauch auf seine Korrektheit hin thematisieren. Die Idee, Sprachregeln wären Sprachhandlungen gegenüber normativ, verleitet dazu, diesen Gebrauch so aufzufassen, *als läge sein Sinn in der Befolgung von Sprachregeln*. Ein Tun, das die Befolgung von Sprachregeln bezweckt, wäre aber (noch) kein souveränes Sprachhandeln. Solange die korrekte Verwendung von Ausdrücken die sprachliche Handlung ist, um die es geht, hat der Satz noch nicht seinen normalen Sinn. Würde ich z. B. den Satz „Ich werde dich morgen besuchen“ äußern, *um* den Ausdruck ‚besuchen’ (korrekt) zu verwenden, würde ich nicht mehr *sagen*, dass ich ihn morgen besuchen werde, sondern den Gebrauch von ‚besuchen’ exemplifizieren, wie es etwa in der Spracherklärung geschieht.[8] Folgende Schlüsse legen sich nahe: Regelfolgen und Sprachgebrauch sind strikt zu unterscheiden. Die Rede vom „blinden Regelfolgen“ kann als Hinweis darauf verstanden werden, dass das Regelfolgen nicht das Tun ist, das im Einzelfall im Blickfeld steht. Dass Regeln befolgt werden können bzw. ein Sprachverständnis gegeben ist, ist eine Bedingung des sinnvollen Sprachgebrauchs. Und erst *in* diesem sinnvollen Sprachgebrauch wird die Normativität frei, mit der Sprache zu tun hat.

**4.**

Nachdem damit die Richtung klar ist, werde ich meine Kritik ein Stück weit verfeinern, und zwar indem ich drei mögliche Einwände (a–c) formuliere und jeweils zurückweise. In allen drei Einwänden manifestieren sich Skrupel, die Idee von der „Handlung des Regelfolgens“ fallenzulassen.

(a) Erstens könnte man einwenden, dass das Gesagte über den Unterschied zwischen korrekten und nicht korrekten Sprechhandlungen hinweggeht. Dieser Unterschied, so vielleicht der Eindruck, wird eingeebnet. Nun war die These aber nicht, dass Sprechakte nicht korrekt oder inkorrekt sein können. Behauptet wurde, dass der Sprachgebrauch keiner *Normativität* von Sprachregeln unterliegt. Ist da ein Widerspruch? Ich denke nicht. Der Befund deckt sich im Gegenteil sehr gut mit unserer intuitiven Auffassung: Nehmen wir an, ein deutscher Muttersprachler empfängt uns zu einem Abendessen mit dem Satz: „Kommen Sie herein, der Stuhl ist schon gedeckt.“ Dieser Sprechakt ist offensichtlich nicht korrekt. Doch wie steht es mit der Normativität? Der prominenten Auffassung von normativen Sprachregeln zufolge müsste man sagen können, unser Gastgeber spreche anders, *als er soll* (und solle „anders handeln“). Würden wir das aber sagen? Würden wir z. B. sagen: „Sie *sollen* Tisch sagen und nicht Stuhl“? Eine solche Erwiderung wäre offensichtlich selt-

[8] Vgl. Philip Pettit: *The Reality of Rule Following*, in: ders., *Rules, Reasons, and Norms. Selected Essays*, Oxford 2002, 26–48.

sam – und ich glaube, dies ist nicht nur aus Gründen der Höflichkeit so. Vielmehr würden wir uns, indem wir so etwas sagen, in die Position eines Sprachlehrers begeben, der einem Schüler korrektes Deutsch beibringen will. In dem beschriebenen Fall aber – so nehmen wir an – spricht unser Gegenüber genauso gut Deutsch wie wir selbst; er hat sich nur versprochen. Sofern wir ihm sein Verständnis nicht absprechen wollen, können wir nicht sagen, dass er etwas in seinem Verhalten ändern soll. Wir werden daher über den Lapsus einfach hinweggehen.[9] Er betrifft nicht die Handlung, die vollzogen wurde, und ist folglich auch nicht Gegenstand normativer Bewertung.

(b) Es handelt sich hier also nicht um die absurde These, dass es keinen Unterschied zwischen korrektem und inkorrektem Sprechen gibt; bestritten wird nur, dass dieser Unterschied eo ipso mit Normativität bzw. mit einem „Sollen" verbunden ist. Aber ein zweiter Einwand könnte nun natürlich so aussehen: Die Normativität von Sprachregeln ist gar nicht von der Art eines „Sollens". Diese Lesart, so könnte man behaupten, war von vornherein zu stark. Es gehe vielmehr darum, dass Sprache kein naturgegebenes Phänomen ist, sondern eine Tätigkeit, die wir gelernt haben und die durch bestimmte normierte Verfahrensweisen gekennzeichnet ist. Diese Normen mögen *implizit* bleiben, aber sie durchwirken die Sprachpraxis, was sich eben daran zeige, dass Sprechhandlungen korrekt oder nicht korrekt sein können.[10]

Warum ist dieser Einwand nicht überzeugend? Man sieht dies, wenn man sich fragt, was eine „Normativität *ohne Sollen*" eigentlich ausmachen soll. Erstens wäre die Rede von einer solchen Art der Normativität gänzlich uninteressant. Wenn Normativität ohne ausdrückliche Ansprüche bleibt, wenn sie nur dadurch gekennzeichnet ist, dass etwas gelernt werden und dann korrekt oder nicht korrekt ausgeführt werden kann, so wäre auch das Laufen oder das Kaffeekochen „normativ". Es bliebe unver-

---

[9] Als einer der wenigen, die die Idee einer Regelnormativität kritisch sehen, hat Davidson in diesem Kontext einschlägige Überlegungen angestellt. Im Gegensatz zu dessen prominenter These jedoch, so etwas wie eine Sprache gebe es gar nicht (vgl. Donald Davidson: *A Nice Derangement of Epitaphs*, in: E. LePore (Hrsg.), *Truth and Interpretation. Perspectives on the Philosophy of Donald Davidson*, Oxford/New York 1986, 433–446), ist es für meine Argumentation gerade wesentlich, dass wir gemeinsame Sprachpraktiken unproblematischerweise zugrunde legen können.

[10] Für diese Auffassung steht heute v. a. Robert Brandom: *Making it explicit*, a.a.O.

ständlich, was das Normative einer solchen „Normativität ohne Sollen" oder einer Normativität der impliziten Normen genau ausmachen soll. Denn Normen müssen offenbar in irgendeiner Form „explizit werden", um normative Signifikanz haben zu können. Soll wirklich etwas geregelt werden, müssen sich die Normen Gehör verschaffen – also in Regeln Gestalt gewinnen –, und dann werden sie den Charakter eines Sollens haben.

Man kann dies auch so ausdrücken: Wenn man auch für die Regeln, die wir ohnehin schon befolgen, die Rede von Normativität aufrechterhält, wird es unmöglich, einen normativen Anspruch jemals zu erfüllen. Wo wir stets schon tun, was wir „sollen", ist die Rede von einem Sollen unpassend. Wir handeln hier einfach so und so (z. B., weil wir wollen). Für den Fall der Sprache gilt dies in besonderer Weise, denn insofern eine Person stets schon den Regeln einer Sprache folgt, ist ihr ein bestimmtes *Verständnis zueigen*. Es ist dann aber nicht mehr plausibel zu machen, wie die entsprechenden Regeln für sie normative Signifikanz haben könnten. Diese Regeln *beschreiben* ihr Meinen und Verstehen und stehen ihm nicht als Regulativ gegenüber.[11]

Denken wir noch einmal an den Satz „Kommen Sie herein, der Stuhl ist schon gedeckt". Was wird geschehen, wenn wir unseren Gastgeber korrigieren? Die Korrektur wird nicht die Form einer Präskription haben; wir werden unserem Gastgeber nicht sagen, er „solle" (in Zukunft) so und so verfahren. Die Korrektur wird vielmehr so aussehen, dass wir ihn einfach darauf aufmerksam machen, welche Worte er gesprochen hat – und er wird diese Korrektur dann *ohne weiteres* akzeptieren. Es gibt hier keinen Widerstand zu überwinden; denn das entsprechende Verständnis ist unserem Gastgeber zueigen. Dass sich keine Normativität geltend macht, zeigt, dass hier kein Problem besteht. Das Verständnis bleibt durch den Fehler unberührt.

(c) Dies führt uns zu einem dritten Einwand. Man könnte sagen, dass es falsch sei, die Frage der Normativität so direkt auf das Verständnis zu beziehen. Wie das Beispiel zeigt, müsse sich die Normativität auf Sprech-

---

[11] Die Sache erklärt sich also nicht etwa dadurch, dass sich der normative Druck so weit abgeschwächt hat, dass er nicht mehr spürbar ist. Einen solchen Vorschlag macht Hans Julius Schneider: *Konstitutive Regeln und Normativität*, in: *Deutsche Zeitschrift für Philosophie* 53 (2003), 81–97, 95 ff.

handlungen beziehen, und diese können offensichtlich falsch sein, auch wenn das Verständnis gegeben ist. – Nun ist dies durchaus richtig: Dass Sprechhandlungen inkorrekt sein können, hatte ich schon eingeräumt, und dass die Normativität auf Handlungen gehen muss, ist ja eine zentrale These. Der Punkt ist aber: Die Frage der Korrektheit stellt sich für Sprechhandlungen nicht, *insofern sie sinnvolle Sprechhandlungen sind*. Anders gesagt: Wenn man den Akzent allein auf die Korrektheit legt, dann betrachtet man nicht mehr die gewöhnliche Sprechhandlung. Man konstruiert eigens eine Art des Sprachgebrauchs, dessen Sinn die Korrektheit ist.

Ich möchte dies an dem genannten Beispiel erklären: Der mit dem Satz „Kommen Sie herein, der Stuhl ist schon gedeckt" vollzogene Sprechakt – wie immer wir ihn genau klassifizieren – bleibt von dem im Satz enthaltenen Fehler unberührt. Nehmen wir an, die intendierte Handlung war es hier, eine freundliche Einladung auszusprechen: Wir müssen dann sagen, dass dies vollkommen geglückt ist, auch wenn der Satz einen Schönheitsfehler enthält. Wenn wir aber sagen, dass Sprechakte Sprachregeln unterliegen, die bestimmte Sprechakte als die richtigen festlegen, so wird damit suggeriert, es wäre der Zweck von solchen Sprechakten, *im Sinne der Regel* richtig zu sein. Es sieht dann so aus, *als wäre die Befolgung der Regel die Handlung, um die es geht*. Aber genau dies lässt sich *in* einer Verstehensgemeinschaft nicht denken. Nehmen wir Sätze wie „Dies ist ein Tisch" oder „Der Bruder meiner Mutter ist mein Onkel". Wenn „dies" tatsächlich ein Tisch ist, so wissen wir, dass es ein Tisch ist. Und wenn wir Deutsch verstehen, wird uns die allgemeine Erläuterung zu Verwandtschaftsverhältnissen nichts sagen. Würde eine Person solche Sätze im Gespräch äußern, müssten die anderen sich fragen: „Was will sie uns zu verstehen geben?" Sie würden sich dies fragen, weil in solchen Sätzen Grundlagen des Verständnisses, die gewöhnlich unthematisch bleiben, thematisch werden. Dass dies *nicht* geschieht, ist eine Voraussetzung des gewöhnlichen, sinnvollen Sprachgebrauchs.

## 5.

Wir dürfen resümieren: Eine Normativität von Sprachregeln lässt sich nicht plausibel machen. Für ein angemessenes Verständnis des Sprachgebrauchs ist es äußerst hinderlich, wenn wir uns an der Idee einer „Regelnormativität" festbeißen. Durch diese Idee wird die Differenz zwischen (blindem) Regelfolgen und (sinnvollem) Sprachgebrauch verdeckt. Wo das Problem des Regelfolgens direkt an das Problem der Normativität gekoppelt wird, sieht es am Ende so aus, als wäre das Regelfolgen die Handlung, um die es geht.

Man könnte sagen wollen, dass sich das Problem einer Art optischen Täuschung verdankt: Was in der Sprachpraxis notwendigerweise unproblematisch ist, wird in der Sprachphilosophie eigens *als Problem* ins Auge gefasst. Sofern man sich in der Regelfolgendebatte mit „konstitutiven" Regeln befasst, befasst man sich mit klaren Fällen; gleichzeitig aber thematisiert man diese Fälle so, als müsste der Sprecher erst noch dazu gebracht werden, den „Regeln zu folgen". Wer jedoch so vorgeht, verhält sich ähnlich wie der sagenumwobene japanische Kaiser, der jeden, der vor ihn trat und kein korrektes Japanisch sprach, enthaupten ließ: Er lädt die Regeln der Sprache eigens mit Normativität auf. Sobald der Philosoph eine Normativität von Sprachregeln unterstellt, konstruiert er unter der Hand Fälle, in denen die sprachliche Korrektheit zum Zweck wird. Indem er dies tut, schaut er nicht mehr auf das sinnvolle Sprechen oder die alltägliche Kommunikation, sondern beschäftigt sich mit einer Kunst des korrekten Sprechens, die in unserer gewöhnlichen Sprachpraxis so gut wie keine Rolle spielt.

Wenn dies stimmt – wie ist dann in der Regelfolgendebatte weiter zu verfahren? Offenbar gilt es, einen Zugang zur Sprache zu finden, der es erlaubt, das Unproblematische als Unproblematisches zu behandeln. Auszugehen ist nicht von der Frage, *wie* es möglich ist, „Regeln zu folgen", sondern von der Gewissheit, *dass* es möglich ist, sich ein Verständnis so zueigen zu machen, dass es in neuen Situationen als Grundverständnis vorausgesetzt werden kann. Der erste Schritt hin zu einem angemessenen Bild ist dann ein bestimmtes *Selbstverständnis*: Wir haben eine erstaunliche Fähigkeit. Wir sind Wesen, die ein Verständnis ausbilden können, das der Rückführung auf etwas anderes und Tieferliegendes nicht bedarf. Hinter diese Autonomie des Verstehens können wir nicht zurück. Solange wir versuchen, sie weiter aufzulösen, verfehlen wir sie immer wieder.

*Tobias Matzner*

# Sprachspiele der Ethik – Ideen von Wittgenstein und Arendt zur Grundlage unseres Handelns

## 1.

Ludwig Wittgenstein entwickelte die Idee der Sprachspiele in seiner späten Philosophie (insbesondere in den *Philosophischen Untersuchungen*[1]). Zentral ist ihm dabei die Überzeugung, dass Sinn und Bedeutung nicht durch etwas gegeben werden, was jenseits der Sprache liegt. Stattdessen haben die Spieler eines Sprachspiels für eine bestimmte Sprachanwendung gewisse Praktiken und Regeln, die Gebrauch und Bedeutung der Worte bestimmen. Zwei wichtige Aspekte der Sprachspiele sind:

- die Kontextabhängigkeit: Es spielt eine große Rolle, wer wann wo mit wem spricht.
- die Dynamik: Die Regeln sind nicht festgelegt. Sie sind im Gegenteil einem ständigen Wandel unterworfen. Der Antrieb für diese Dynamik sind die Spieler selbst, ihre Äußerungen und Handlungen. Es gibt keine zentrale Instanz, die diese regelt oder leitet.

Dabei sind Sprechen und Handeln nicht streng zu trennen. Alle Sprachspiele haben auch nichtsprachliche Spielzüge.[2] Aber meistens liegt das Hauptaugenmerk doch auf der Sprache. Ich möchte hier das Konzept Sprachspiel erweitern und alle Handlungen als Spielzug betrachten. Mit dieser Erweiterung kommen allerhand neue Spielregeln ins Blickfeld, eben alle, die Handlungen betreffen. Es soll untersucht werden, was aus dieser Perspektive über solche Regeln zu sagen ist, die wir als „Moral", „moralische Regeln" oder „ethische Prinzipien" kennen.
Für eine Analogie zwischen diesen „Sprachspielen der Ethik" und Wittgensteins Sprachspielen, ergibt sich folgendes Problem: Für die Sprache ist es relativ plausibel, die Spielregeln als „emergent" aus den Verhaltensweisen der Spieler zu sehen. Sollen nun auch moralische Regeln

---

[1] Ludwig Wittgenstein: Philosophische Untersuchungen (Werkausgabe Band 1), Frankfurt am Main 1984.
[2] Ebd. §7.

oder Prinzipien mit eingeschlossen werden, widerspricht das unserer täglichen Erfahrung, die uns überall mit Anleitungen, Ge- und Verboten, Prinzipien und Überzeugungen zum moralischen Handeln konfrontiert. Solche Regeln ergeben sich nicht, sie sind bewusst festgelegt oder beschlossen. Diskussionen, was richtig oder falsch, moralisch oder unmoralisch ist, finden überall und auf allen gesellschaftlichen Ebenen statt.

Nun folgt aus Wittgensteins Überlegungen sicher nicht, dass man über Regeln nicht sprechen kann – er selbst tut dies ja ausführlich. Doch der Status der Sprachspiels als „primär“[3] erfordert auch die Möglichkeit, dieses zu lernen, indem man versucht mitzuspielen, auf die Reaktionen der anderen Spieler achtet und so mit der Zeit die Spielregeln annimmt, ohne sie je ausformuliert zu haben, ja vielleicht ohne dies zu können. Moralische Regeln werden dagegen zwar häufiger verbal vermittelt, aber die ersten Erfahrungen macht ein Kind auch bezüglich richtiger und falscher Verhaltensweisen auf der Ebene des Versuchs mitzuspielen. Und auch wer in ungewohnte Gesellschaft oder fremde Kulturen kommt, hat oft keine andere Wahl. Es zeigt sich also: man kann auch moralische Regeln „unvermittelt“ erlernen. Auch diese können wie die Regeln des Sprachspiels als gesellschaftliche Übereinstimmungen gesehen werden. Für Wittgenstein stand zwar die enge Verknüpfung von Alltagspragmatik und Regeln im Vordergrund. Doch es spricht nichts dagegen, auch solche Züge zuzulassen, die bewusst eine Änderung der Grundlagen zum Ziel haben – also das Diskutieren und Beschließen von Regeln. (Was natürlich wiederum seine eigenen Grundlagen hat.)

Es gilt nun die Frage zu beantworten, wie man sich sicher sein kann, was man tun soll, wenn alles, was an Regeln, an bekannten Verhaltensweisen zur Verfügung steht, auf einem Spiel basiert, wenn prinzipiell alles auch ganz anders sein könnte – die Frage nach Gewissheit ohne letzte Gründe oder immergültige Prinzipien.

Dieser Problematik widmet sich Ludwig Wittgenstein in seiner Schrift *Über Gewißheit*,[4] die ich in Abschnitt 2 bespreche.

Ein weiteres Problem, das sich hier auftut, ist Folgendes: Betrachten wir nochmals die bisherige Konzeption der Spiele: Die Regeln etablieren sich dabei mit der Zeit durch die Handlungen der Spielenden. Es schlei-

[3] Ebd. §656.

[4] Ludwig Wittgenstein: *Über Gewißheit* (Werkausgabe Band 8), Frankfurt am Main 1984.

fen sich gewisse Muster und Regelmäßigkeiten ein, die irgendwann zur Übereinstimmung gebracht werden, bis neue Umstände diese vielleicht wieder infrage stellen. In diesem Bild fehlt jedoch etwas Entscheidendes: Gründe, Motivationen, Überzeugungen. Nicht nur, was jemand tut, ist entscheidend, sondern warum, aus welcher Überzeugung oder Überlegung. Diese Dinge sind so wichtig, dass sie oft zu der Charakterisierung *was* jemand tut dazugehören. Es stellt sich also eine zweite Frage: die Frage nach der Gewissheit der anderen über meine Gründe und umgekehrt auch: meine Gewissheit bezüglich der Gründe der anderen. Dass es hier keine absolute Gewissheit geben kann, ist beinahe ein Allgemeinplatz. Diesbezüglich gehe ich in Abschnitt 3 auf Überlegungen Hannah Arendts ein, die in *Vita activa*[5] und *Über das Böse*[6] veröffentlicht wurden und werde diese mit den Ergebnissen aus Abschnitt 2 verbinden.

## 2.

Eine der zentralen Aussagen von *Über Gewißheit* ist, dass man sich beim Sprachspiel, ja bei jeder Handlung, auf etwas verlässt, das keiner weiteren Gründe bedarf.[7] Wir können für unsere Handlungen Gründe haben, die in Überzeugungen oder Prinzipien zu suchen sind, die selbst wiederum durchaus begründet sein können. Nur wird diese Begründung nicht immer „mitgetragen". Man erwirbt ein „Weltbild" und denkt dann über dessen Grundlagen nicht weiter nach, sondern verlässt sich darauf. Es sind Aussagen, die man für gewöhnlich in der betreffenden Situation nicht anzweifelt. In anderen Situationen, unter anderen Blickwinkeln, kann man aber sehr wohl nach deren Gründen fragen – und diese auch finden. Denn es gibt zwischen dem, was wir als Grundlage betrachten, und dem, was wir darauf aufbauen, keinen prinzipiellen Unterschied. Stattdessen ändert sich nur die Rolle, die Gedanken, Aussagen oder Überzeugungen spielen.

Wittgenstein benutzt dafür folgendes Bild:

„Man könnte sich vorstellen, daß gewisse Sätze von der Form der Erfahrungssätze erstarrt wären und als Leitung für die nicht erstarrten, flüssi-

[5] Hannah Arendt: *Vita activa oder Vom tätigen Leben*, München 2003.
[6] Hannah Arendt: *Über das Böse*, München 2006.
[7] Ludwig Wittgenstein: *Über Gewißheit,* §253.

gen Erfahrungssätze funktionierten; und daß sich dies Verhältnis mit der Zeit änderte, indem flüssige Sätze erstarrten und feste flüssig würden."[8]
Während aus den Überlegungen der *Philosophischen Untersuchungen* vor allem die Kontextabhängigkeit von Bedeutungen und Regeln klar wird, lässt sich nun auch die Dynamik der Spielregeln und der Wandel der Grundlagen besser fassen. Die Metapher von Fluss und Flussbett ist dabei geeignet, sowohl die alltägliche gegenseitige Beeinflussung von Handlungen und „Weltbild" zu beschreiben, als auch dessen historische Entwicklungen, so dass Wittgenstein auch vom „überkommenen Hintergrund"[9] spricht.
Dass die Grundlage und das, was darauf basiert, lediglich unterschiedliche Rollen spielen, bedeutet nicht nur, dass man aus anderen Perspektiven oder in anderen Situationen die Grundlage durchaus hinterfragen oder ändern kann. Es bedeutet vor allem auch, dass die Grundlage in der konkreten Situation diese Rolle spielen kann, ja muss. Wittgenstein schreibt dazu, dass ein Sprachspiel nur möglich ist, wenn man sich auf etwas verlässt.[10] Dies ist möglich, weil die akzeptierten Grundlagen nicht alleine dastehen. Sie werden zwar von nichts Universalem gestützt, halten sich aber gegenseitig. Man kann nicht an einzelne Überzeugungen glauben, wenn diese in einem Gesamtbild keinen Platz finden.[11] Genau diese Einbettung in ein System oder „Weltbild" erlaubt es, Dinge als plausibel oder richtig zu bezeichnen. Nur dieses Weltbild erlaubt es auch, einzelne Grundlagen anhand des Systems infrage zu stellen, indem seine Zusammenhänge und Referenzen untersucht werden.
Die Frage ist nun, wie man diese Sätze akzeptieren kann, ohne automatisch zu reiner Beliebigkeit zu gelangen. Denn was bedeutet zu sagen „Es ist vernünftig..." anderes als „Es ist in meinem Sprachspiel vernünftig..."?[12] Nun ist dies eine Aussage, die nur auf einem Metastand-

[8] Ludwig Wittgenstein: *Über Gewißheit*, §96. Es ist von „Erfahrungssätzen" die Rede, weil Wittgenstein seine Überlegungen vor allem zu Themen der Erkenntnistheorie anstellt. Ich erlaube mir also auch hier, seine Gedanken in einen allgemeineren Kontext zu übertragen. S. dazu Karl Brose: *Religion und Ethik beim späten Wittgenstein. Zu Themen in „Über Gewißheit"*, in: *Wittgenstein-Studien* Bd. I/94, sowie Joachim Schulte: *Chor und Gesetz,* Frankfurt am Main 1990, 124ff.
[9] Ebd. §94.
[10] Ebd. §509.
[11] Ebd. §§141,142.
[12] Vgl. Hilary Putnam: *Für eine Erneuerung der Philosophie*, Stuttgart 1997, 223.

punkt sinnvoll ist. Diesen kann man aber nicht einnehmen. Man spielt vielleicht ein anderes Spiel, aber keines, das neutral ist, auch es braucht eine Grundlage. Eine moralische Überzeugung muss also mehr bieten, als nur verschiedene Spiele nebeneinanderzustellen und somit in Beliebigkeit zu enden. Zum anderen kann es aber keinen Standpunkt geben, von dem aus diese rational beurteilt werden können. Es bedarf folglich eines Selbstverständnisses der Handelnden, das jene mit dieser Unbegründetheit leben lässt, und das „Verlassen auf etwas" ermöglicht.

Nun entziehen sich Sprachspiele auch ohne übergeordneten Bezugspunkt nicht der Beurteilung. Wittgensteins Schriften bestehen aus vielen Beispielen, in denen gezeigt wird, wann jemand ein Sprachspiel auf seltsame Weise, entgegen der Gewohnheit, spielt. Wir können also über konkrete Situationen reden. Auch wenn noch kein gemeinsames Spiel etabliert ist, funktionieren die hierfür beschriebenen Mechanismen schon. Man muss den anderen also nicht gleich von seinem Weltbild überzeugen, es kann auch nützlich sein, einzelne Fälle zu betrachten. Denn: die Spiele sind nicht disjunkt, es gibt durchaus Ähnlichkeiten, Gemeinsamkeiten, Überschneidungen.

Über Konkretes zu sprechen ist dabei nur eine bedingte Einschränkung. Denn die Spielmechanismen verbinden das Konkrete mit der Grundlage. Jede Handlung, besonders solch eine, die sich etwas am „Grund reibt" hat Einfluss auf die Übereinkünfte oder Übereinstimmungen – wenn auch nicht immer einen sofort bemerkbaren. Gerade im Bereich der Ethik ist das Reden oft sekundär. Es findet erst statt, wenn etwas geschehen ist. Auf dem Weg zu diesem Geschehen tun Menschen Dinge, die die Gesellschaft beeinflussen und die Diskussion nicht nur mit neuen Umständen, sondern insbesondere mit neuen Überzeugungen und Einstellungen konfrontiert. Wenn zwei Spieler unterschiedlicher Spiele also handelnd aufeinandertreffen, beeinflusst was immer sie tun auch ihr Weltbild. Dies kann ohne Worte passieren, es kann eine Diskussion nötig sein oder es kann sich auch zeigen, dass die Grundlagen tatsächlich schwer vereinbar sind.

Was dann bleibt, nennt Wittgenstein „Überredung", welche er mit dem Beispiel eines Missionars illustriert.[13] Das deutet bereits an, dass Überreden oft nicht erfolgreich ist und zu anderen Mitteln gegriffen wird. Doch

[13] Ludwig Wittgenstein: *Über Gewissheit*, §612.

dann geht es nicht mehr darum, die Überzeugung des anderen zu ändern, sondern seine Möglichkeiten, danach zu handeln, werden eingeschränkt. Aber das Beispiel des Missionars, oder vielleicht besser des religiösen Glaubens, deutet auch an, dass es zwar widersprüchliche Grundlagen gibt, aber selbst dann das menschliche Handeln und Sprechen noch dazu führen können, dass sich jene ändern. Es ist tatsächlich möglich, dass der Kontakt mit anderen Menschen jemanden – auf sehr unterschiedliche Art und Weise – zu einer so grundsätzlichen Änderung seines Weltbilds bewegt, wie seinen Glauben anzunehmen oder abzulegen.

**3.**

In einer solchen Interaktion ist die Glaubwürdigkeit des eigenen Standpunktes elementar. Doch auch diese leidet unter der prinzipiellen Ungewissheit. Diesbezüglich greife ich auf Gedanken aus Hannah Arendts Buch *Vita activa* zurück. Dort beschreibt sie drei unterschiedliche Gruppen menschlicher Tätigkeiten: Arbeiten, Herstellen und Handeln. Alle drei sind dabei weniger als disjunkte Kategorien zu sehen, sondern eher als unterschiedliche Perspektiven auf das menschliche Tun, und Arendt zeigt in ihrem Buch, dass im Laufe der Zeit mal die eine, mal die andere vorrangig war.

Unter „Arbeit" versteht sie alle Tätigkeiten, die der materiellen Aufrechterhaltung des Lebens dienen. Deren Ergebnisse werden also schnell wieder verbraucht. Das „Herstellen" dagegen ist die planende, zielgerichtete Tätigkeit des Menschen, der seine Umwelt ändert und Dinge erschafft, die Bestand haben.

Was den Menschen aber wirklich auszeichnet, ist das „Handeln". Dies ist auch der Aspekt, mit dem ich mich hier beschäftigen werde. Unter Handeln versteht Hannah Arendt die Tätigkeiten, mit denen ein Mensch anderen Menschen gegenübertritt. Eine besonders wichtige Form von Handeln ist somit auch das Sprechen. Arendt zeichnet die Menschheit als eine Pluralität, in der jeder einzigartig ist, nicht nur, weil er andere biologische Voraussetzungen hat, sondern auch weil jeder anders denkt und anderes tut. Das Handeln findet nun *in* der Pluralität statt: Die Voraussetzungen einer Handlung bestehen aus den bereits vollzogenen Handlungen der aktiven Person und in deren Umfeld. Eine neue Handlung, so Arendt, ist nun, einen neuen Faden in dieses „Gewebe" zu schlagen. Das

Tun entfaltet also seine Wirkung in dem jeweiligen Umfeld, provoziert Reaktionen oder inspiriert neue Aktionen. Was die Handlung also für Konsequenzen hat, was im Endeffekt getan wurde, hängt so von diesem Gewebe ab.[14] Gerade wenn etwas ganz anders läuft, als man dachte oder man von falschen Voraussetzungen ausging, kommt man in die Situation, sich erklären zu müssen und Gründe für sein Handeln anzugeben.

Da Handeln die Tätigkeit ist, bei der Menschen als Subjekt, als sie selbst auftreten – nicht durch ihre Produkte oder ihre Arbeit – enthüllt dieses immer auch etwas über die Person. Das Bild der Persönlichkeit, das hier zum Vorschein kommt, birgt Vieldeutigkeiten und Ungewissheiten, wie Arendt betont.[15] Dennoch liegt für sie darin die Möglichkeit, mit der prinzipiellen Unsicherheit bezüglich des Tuns der anderen umzugehen. Diese besteht in den zentralen Konzepten *Versprechen* und *Verzeihen*.[16]

Da uns Handelnde als Menschen gegenübertreten, die genau wie wir die Folgen ihrer Handlungen nicht absehen können, vermögen wir eben nicht nur deren Tat zu betrachten. Sondern wir sehen auch die Person, die sich darin und in ihren anderen Taten zeigt – wenn auch nie vollständig. Zu dieser Person gehören auch Wünsche, Überzeugungen, Absichten und dergleichen mehr, was eine Handlung in ein anderes Licht stellen kann. Und diesem Gegenüber kann deshalb verziehen werden.

Ich möchte dies nun im Kontext der Sprachspiele betrachten.[17] Denn die Metapher des Gewebes beschreibt anschaulich, wie die Handlungen die Umwelt ändern, in denen dann neue Handlungen wirken und wie unterschiedlich die Konsequenzen einer Handlung sein können. Das Spiel dagegen zeigt, wie die Handlungen einer „Rückkopplung" unterliegen, wie sie die Umgebung, die Spielregeln ändern, so dass sie Einfluss auf eine Person haben, bevor diese handelt. Denn soll jemandem verziehen werden, so beurteilt man die Handlung sowohl bezüglich des Handelnden als

[14] Vgl. Hannah Arendt: *Vita activa*, 214f., 226.

[15] Vgl. ebd. 223.

[16] Vgl. ebd. 300ff.

[17] Wenn ich hier die Sprachspiele und die Überlegungen Arendts zusammenführe, so wende ich Teile Arendts politischer Theorie auf die Ethik an. S. dazu Garrath Williams: *Etica e Relazionalitá umana: Tra le diverse Concezioni della Moralitá di Hannah Arendt* in: Francesco Fistetti and Francesca R. Fecchia Luciani (Hrsg): Hannah Arendt. *Filosofia e Totilitarismo*, Genua 2007, sowie Alice MacLachlan: *An Ethic of Plurality: Reconciling Politics and Morality in Hannah Arendt* in: dies.: *History and Judgement*, Wien 2006.

auch nach deren Stellenwert im Spiel. Somit ist das Verzeihen auch als Spielzug zu betrachten. Und in der Tat gibt es Spiele, in denen das Verzeihen genau geregelt ist, aber auch viele, in denen es als freier, aber gelegentlicher Spielzug auftaucht. Wichtig ist, dass der Zug des Verzeihens elementar mit der Eigenschaft der Spiele zusammenhängt, dass nichts endgültig geregelt oder festgelegt ist. Gäbe es immergültige, objektive Kriterien für richtiges oder falsches Handeln, so wäre ein Verstoß gegen diese eigentlich unverzeihlich. Stattdessen bliebe dann die Rache oder der Gnadenerweis. Und das Verzeihen selbst hat seine performative Kraft auch nur, weil es eine echte Handlung ist: man muss nicht verzeihen.[18]

Man verzeiht dem anderen, wenn man sein Auftreten als Person für authentisch befindet. Das Gegenstück des Verzeihens ist folglich das Versprechen, trotz der Abhängigkeit vom „Gewebe" und der Unsicherheit, wie die „eigenen Fäden" laufen werden, nicht willkürlich zu handeln – auch das Versprechen, im Bewusstsein dieser zu handeln, als authentische Person aufzutreten und sich nicht auf Absicherungen herausreden zu wollen.[19]

Betrachtet man diesbezüglich die Spiele, so hatte ich mit Wittgenstein gesagt, dass ein Spiel nur möglich ist, wenn man sich auf etwas verlässt. Nun genügt es nicht, wenn sich jeder Mitspieler auf sein Weltbild verlässt, sie müssen sich insbesondere auf die anderen Spieler verlassen können, darauf, dass diese sich an die Regeln halten. Die authentisch auftretende Person findet also ihre Fortsetzung im akzeptierten Mitspieler. Auch hier gibt es wieder Spiele, in denen das Versprechen, sich an die Regeln zu halten sehr genau festgelegt ist. Es sind dies beispielsweise Gemeinschaften, die eine Art Aufnahme- oder Initiationsritus kennen oder auf einem Vertrag basieren. Für alle Spiele aber gilt eine Art Versprechen in abgeschwächter und impliziter Form. Denn jeder, der irgendwo mitspielt, der anfängt, Konventionen zu übernehmen, drückt aus, dass er dies auch weiterhin tun wird – wenn auch vielleicht nie explizit. Oft muss sich die Glaubhaftigkeit dieser Zusicherung erst langsam etablieren. Es gibt also nicht in jedem Spiel Versprechen im engen Sinne des Wortes. Aber in jedem Spiel, das eine einigermaßen feste Grundlage hat, besteht die Tendenz, diese zumindest lokal und temporär stabil zu

[18] Hannah Arendt: *Vita activa,* 307.
[19] Ebd. 313.

halten. Mit der Etablierung einer Grundlage entsteht ein gewisser Anspruch, sich auch nach dieser zu richten, der sich sozusagen im Extremfall dann im ausgesprochenen Versprechen zeigt.

Ein besonderer Vorzug dieser Auffassung ist es, dass ein Bezug hergestellt wird, zwischen den Menschen und ihren Taten, der den Menschen als ganze „Erscheinung in der Welt" berücksichtigt. Dies umfasst sowohl Handlungen aufgrund rationaler Motive als auch aufgrund emotionaler, so dass letzterer Bereich nicht a priori aus dem Blickfeld der Ethik ausgegrenzt wird. Aus der Perspektive des Handelnden nimmt jedoch das reflektierte Tun einen besonderen Stellenwert ein. In *Über das Böse* schreibt Arendt, dass im Alltäglichen gemeinhin die etablierten Regeln befolgt werden, das was Wittgenstein als dasjenige zeichnet, welches wir im Normalfall unreflektiert akzeptieren. Wirklich darüber nachgedacht wird nur in Krisenzeiten.[20] Genau dann, wenn die gängigen Muster versagen, es also besonders auf die Initiative eines Einzelnen ankommt, nehmen die Spieler die Problematik der Grundlagen des Handelns bewusst wahr. Auch hier erwähnt Arendt, dass die Moral letztlich immer unbegründet, „axiomatisch"[21] ist, und dieses als fest Akzeptierte kommt zu großen Teilen von „außen" durch die Spielregeln. Jedoch sind die Eigenwahrnehmung und die Urteile des Spielers entscheidend, denn damit versprochen und verziehen werden kann, muss der Handelnde bewusst als solcher auftreten und anerkannt werden. Entzieht er sich dem, etwa, indem er sich stattdessen komplett von äußeren Zwängen bestimmt – als „Rädchen im System" – versteht oder gibt, so wirken die Konsequenzen seines Tuns auf die anderen, doch er ignoriert die Rückwirkungen. So ist die Aufgabe des Verständnisses seiner selbst als Handelnder für Arendt das „größte Böse".[22]

Auf der anderen Seite stellt sich die Frage nach der Freiheit des Handelns, die Arendt betont. In einem „Handlungsspiel" ist die Möglichkeit zu Handeln durch die Grundlage, die gemeinsame Praxis eingeschränkt, genauso wie in einem Sprachspiel nicht alle Sätze sinnvoll sind. Dies tut der Etablierung moralischer Regeln im Spiel jedoch keinen Abbruch. Wichtig ist die Freiheit insofern, als dass der andere sich in seinen Hand-

[20] Vgl. Hannah Arendt: *Über das Böse*, 90.
[21] Vgl. ebd. 50.
[22] Ebd. 76f.

lungen authentisch zeigt. Dies kann ohnehin nur in einem gemeinsamen Bezugsrahmen funktionieren.[23] Scheitern würde dies auf der einen Seite, wenn sich ein Handelnder komplett durch diesen Rahmen determiniert fühlte, wie oben erwähnt, oder auf der anderen Seite, sich völlig von diesem löste. Ein solches Verhalten würde aber nicht mehr ethisch oder moralisch bewertet, sondern würde höchstens als unverständlich oder irr bezeichnet werden. Zu betonen ist, dass es durchaus möglich ist, gegen *einige* der Grundlagen zu handeln – bildlich gesprochen ist die Wandel- und Austauschbarkeit des „Festen" und des „Flüssigen" zentral für die Grundlage von Spielen und genau solche Handlungen sind der Antrieb für diese Dynamik. Wichtig ist nur, dass man nicht alles auf einmal umwerfen kann, dass der Kontext, gegen den man sich richtet, erkennbar bleibt:

„Wer an allem zweifeln wollte, der würde auch nicht bis zum Zweifel kommen. Das Spiel des Zweifelns selbst setzt schon die Gewißheit voraus."[24]

Die Konzepte „Versprechen" und „Verzeihen" sind in *Vita activa* eng an Arendts universalistische Forderung einer gesellschaftlichen oder politischen Gleichheit geknüpft. Viele Kritiker bemerken – ich möchte stellvertretend Seyla Benhabib[25] nennen – dass diese Forderung unbegründet da steht. Die Grundlagen, von denen Hannah Arendt ausgeht, sind die Gleichheit aller Menschen als derselben Gattung zugehörig, das Vermögen, Neues zu beginnen und die Pluralität der menschlichen Handlungsweisen. Daraus folgt aber noch keine universelle gesellschaftliche oder politische Gleichheit. Und auch mir ist es wichtig zu betonen, dass Versprechen und Verzeihen nur etablierte Konventionen sind. Dies gilt besonders im Licht der eingangs erwähnten Zitate Wittgensteins. Meine Arbeit soll also kein Versuch sein, doch noch einen letzten Grund, ein letztes Prinzip gefunden zu haben. Verzeihen und Versprechen hängen eng zusammen mit der Selbstauffassung des Spielers und dessen Auffas-

---

[23] S. dazu Arendts Unterscheidung von „Freiheit" und „Autonomie": *Vita activa*, 299.

[24] Ludwig Wittgenstein: *Über Gewißheit*, §115.

[25] Seyla Benhabib: *Hannah Arendt – Die melancholische Denkerin der Moderne, erweiterte Ausgabe*, Frankfurt am Main 2006, 301ff.

sung von seinen Mitspielern. Beide sind im Spiel etabliert. Beide sind nicht endgültig.

Ein Spiel, wie hier skizziert, setzt nur voraus, dass Menschen miteinander interagieren, und insbesondere miteinander sprechen. Und dass dabei Gruppen, Gemeinschaften, Gesellschaften entstehen, die Grundlagen von einer gewissen Stabilität haben. Die Tendenz zu den erwähnten Prinzipien Versprechen und Verzeihen tritt dabei in sehr unterschiedlichen Stärken auf. Soll es um Spiele gehen, deren Zügen man so etwas wie moralisches Gewicht attestiert, zeigt sich aber, dass diese beiden Prinzipien vom Inhalt der sonstigen Grundlagen getrennt werde können, insbesondere auch von anderen moralischen. Versprechen und Verzeihen selbst jedoch müssen in der Auffassung der Spieler von sich und den anderen mit einem gewissen Gewicht verankert sein.

Seyla Benhabib beschreibt Arendts Auffassung als ein Spannungsfeld zwischen universalistischen Forderungen und pluralistischen Vorgaben,[26] das nicht aufgelöst wird. Die Sprachspiele der Ethik bieten nun die Möglichkeit, in diesem Spannungsfeld temporäre und lokale Lösungen zu finden. Diese müssen, wie beschrieben, immer einen festen Teil haben, der also dem universellen Pol des Spannungsfeldes naheliegt. Diese Grundlagen sind aber nicht für immer oder logisch zwingend fixiert, sondern werden durch ihre Anwendung selbst verändert. Somit werden sie auch den pluralistischen Vorgaben gerecht.

[26] Ebd. 308.

*Stephan Zimmermann*

# Wittgenstein und die selbstreferenzielle Schließung der Sprache im *Tractatus*

Wittgensteins *Tractatus logico-philosophicus* (1921) ist von einem kritischen Motiv der Grenzziehung geleitet. Im „Vorwort“ des Buches setzt sich Wittgenstein *expressis verbis* das Ziel, „dem Denken eine Grenze [zu] ziehen, oder vielmehr – nicht dem Denken, sondern dem Ausdruck der Gedanken“[1]. Der Ausdruck der Gedanken, das ist nach dem frühen Wittgenstein die Sprache. In Sätzen drücken sich Gedanken aus. Als die zentrale Aufgabenstellung des *Tractatus* darf es folglich gelten, die Möglichkeiten der Sprache, Gedanken zum Ausdruck zu bringen, kritisch zu überprüfen und so die Schranken des Denkbaren oder Sagbaren festzulegen. „Die Grenze wird also nur in der Sprache gezogen werden können und was jenseits der Grenze liegt, wird einfach Unsinn sein.“[2] Die Grenze, um die es Wittgenstein zu tun ist, ist die Grenze zwischen sinnvollen und unsinnigen Sätzen. Diese Grenzziehung soll uns im Folgenden beschäftigen. Dass die besagte Grenze nur *in* der Sprache gezogen werden könne, wie Wittgenstein formuliert, hat eine folgenschwere Bedeutung, und zwar für das ganze kritische Unternehmen des *Tractatus* selbst. Denn bekanntermaßen lässt Wittgenstein den *Tractatus* nicht nur mit dem viel zitierten Diktum enden, dass man darüber, wovon man nicht sprechen kann, schweigen müsse (TLP 7). Wenn wir wissen, was wir mit Sätzen sagen können, wissen wir auch, was wir nicht mit ihnen sagen können. Sondern Wittgenstein wendet die ‚Lehre‘ des *Tractatus* auf diesen selbst an, wenn er kurz zuvor schreibt: „Meine Sätze erläutern dadurch, daß sie der, welcher mich versteht, am Ende als unsinnig erkennt, wenn er durch sie – auf ihnen – über sie hinausgestiegen ist.“ (TLP 6.54) Das Projekt einer Grenzziehung sprachlicher Ausdrucksmöglichkeiten wird also am Ende reflexiv und urteilt sich selber als unsinnig, als undenkbar beziehungsweise unsagbar ab. Wovon man nicht sprechen kann,

[1] Wittgenstein, Ludwig: Tractatus logico-philosophicus, Werkausgabe Bd. 1, Suhrkamp 1984, S. 9.
[2] Ebd.

darüber muss man schweigen – dieses Verdikt trifft auch den *Tractatus* selbst.

Im Folgenden möchte ich rekonstruieren, wie Wittgenstein zu diesem Resultat kommt. Dazu sei in einem ersten Teil (I.) die Theorie der Sprache in ihren Grundzügen nachgezeichnet, die der *Tractatus* entfaltet. Diese kann man eine Abbildtheorie der Sprache nennen. In ihrem Zentrum steht ein Begriff des Bildes und der abbildenden Beziehung: Sinnvolle Sätze bilden genau dann die Welt ab, wenn sie wahr sind. In einem zweiten Teil (II.) versuche ich sodann darzutun, wie Wittgenstein die Theorie der Sprache reflexiv werden lässt und sie auf sich selbst und die Sätze des *Tractatus* anwendet. Dieser Theoriezug der Selbstanwendung offenbart, was ich unter der Bezeichnung der selbstreferenziellen Schließung der Sprache darlegen möchte. Er führt schließlich in einem dritten Teil (III.) zu dem Ergebnis, dass die Sätze des *Tractatus* genau deshalb als defizitär gelten müssen, weil sie diejenigen Kriterien nicht erfüllen, die der *Tractatus* selbst für verstehbare Sätze aufstellt: Sie sind nämlich ihrerseits keine Bilder der Welt. Mithin erzeugt die Einsicht in die selbstreferenzielle Geschlossenheit der Sprache eine paradoxe Theoriearchitektur, die sich darin zeigt, dass Wittgenstein die eigenen Sätze des *Tractatus* für unsinnig erklärt.

## I.

Wittgenstein lässt den *Tractatus* mit einer Theorie der Sprache beginnen. Zwar ist das Problem, an dem sich Wittgenstein letztlich abarbeitet, mitnichten ein sprachphilosophisches Problem, sondern ein logisches. Wittgensteins Theorie der Sprache steht strategisch im Dienste einer semantischen Begründung der Logik – Begründung in dem Sinne, dass der Gegenstandsbereich der Logik eröffnet wird.[3] Aber, und nur das soll für uns interessant sein, die tractarianische Logik ist zunächst eine Theorie des verstehbaren Satzes.[4] Diesen konzipiert sie als eine sinnvolle und wahrheitsfähige Verbindung von Satzzeichen. Drei Aspekte sind hier also nä-

---

[3] Vgl. Skyrms, Brian: *Logical Atoms and Combinatorial Possibility*, in: Journal of Philosophy 90 (1993), pp. 219-232.

[4] Vgl. Metschl, Ulrich: *Ein Platz für alles Mögliche*, in: Vossenkuhl, Wilhelm (Hg.): Ludwig Wittgenstein. Tractatus logico-philosophicus, Klassiker Auslegen Bd. 10, Berlin 2001, S. 141-177.

her zu beleuchten, die in unmittelbarem Zusammenhang stehen mit der so genannten selbstreferenziellen Schließung der Sprache.

*Erstens* drücken laut Wittgenstein verstehbare Sätze Gedanken aus. „Im Satz drückt sich der Gedanke sinnlich wahrnehmbar aus.“ (TLP 3.1) Wittgenstein spricht in diesem Zusammenhang vom Satzzeichen (vgl. TLP 3.12). Sinnlich wahrnehmbare Laut- und Schriftabfolgen sind Satzzeichen, wenn sie einen Gedanken ausdrücken. Ein Satz ist „kein Wörtergemisch“, er ist „artikuliert“ (TLP 3.141). Das bedeutet, dass die Anordnung sinnlich wahrnehmbarer Laut- und Schriftabfolgen standardmäßig festgelegten Strukturen folgen muss, um als Anordnung von Satzzeichen gelten zu können. Der Begriff des Satzzeichens impliziert demnach eine erste Grenzziehung, nämlich zwischen sprachlich codierten und nichtcodierten Phänomenen.[5] Sprachlich codierte Phänomene bringen einen Gedanken zum Ausdruck. Das sinnlich wahrnehmbare Satzzeichen steht für oder verweist auf etwas, was seinerseits nicht sinnlich und wahrnehmbar, sondern logisch ist und nur gedacht werden kann. Der Gedanke ist der propositionale beziehungsweise kognitive Gehalt eines verstehbaren Satzes.[6]

---

[5] Vgl. Luhmann, Niklas: *Soziale Systeme*, Frankfurt a. M. 1984, S. 197.

[6] Die psychologistische Lesart sieht in dem durch Satzzeichen ausgedrückten Gedanken ein mentales Ereignis aufseiten eines Sprechers. Er ist das, was ein Sprecher meint. Dem entspricht, dass der Hörer den Gedanken zu deuten habe. Doch bereits Wittgensteins zu Anfang zitierte programmatische Bemerkung, dass die Grenze des Denkens „nur in der Sprache gezogen werden“ könne, wäre gar nicht erklärlich, verstünde man Gedanken als psychische Zustände, die auch unabhängig vom sprachlichen Medium ihres kontingenten Ausdrucks existierten. Die tractarianische Konzeption von Sprache nimmt dieser vielmehr jeden Außenhalt im Bewusstsein des Sprechers: Der Gedanke, den ein verstehbarer Satz zum Ausdruck bringt, muss als eine semantische Eigenbestimmtheit der Sprache angesehen werden. Es hängt von den Sätzen selbst ab, was sie ausdrücken, und nicht vom kontingenten Willen des Sprechers. Denken ist für Wittgenstein nichts anderes als die Anwendung des Satzzeichens im Satz, nicht aber das, was sich ein Sprecher noch dabei denken mag. Vgl. zur psychologistischen Lesart Malcolm, Norman: Wittgenstein: Nothing is hidden, Oxford 1986, Kap. 4; Kenny, Anthony: Wittgenstein's Early Philosophy of Mind, in: Ders.: The Legacy of Wittgenstein, Oxford 1990, S. 9; Hacker, Peter M. S.: Insight and Illusion, Oxford 1986; Ammereller, Erich: Die abbildende Beziehung, in: Vossenkuhl, Wilhelm (Hg.): Ludwig Wittgenstein. Tractatus logico-philosophicus, a.a.O., S. 121 f. und 128. Zur Kritik dieser Interpretation siehe: Mounce, Herbert O.: Wittgenstein on Following a Rule, in: Synthese 58 (1984), pp. 325-363; Rhees, Rush: Discussions of Wittgenstein, New York 1970; Habermas, Jürgen: Kritik der Bedeutungstheorie, in: Ders.: Nachmetaphysisches Denken, Frankfurt a. M. 1988, S. 108 ff.

*Zweitens* stellen verstehbare Sätze einen Sinn dar (vgl. TLP 2.221). Mit Sinn ist ein Sachverhalt gemeint (vgl. TLP 2.202). Der verstehbare Satz stellt also einen möglichen Sachverhalt dar. Dieser Sachverhalt kann bestehen beziehungsweise der Fall sein oder er kann nicht bestehen beziehungsweise nicht der Fall sein. Statt von der Darstellung des Satzsinns spricht Wittgenstein auch von Projektion. Danach projiziert der verstehbare Satz das Bestehen oder Nichtbestehen eines Sachverhalts (intentionales Korrelat). Durch diese projektive Beziehung auf einen Sinn wird das Satzzeichen allererst zum Satz (TLP 3.12). Während das bloße Satzzeichen, oder genauer: eine „Konfiguration" (TLP 3.21) von Satzzeichen, dadurch definiert ist, einen Gedanken auszudrücken, unterhält der Satz überdies eine intentionale Beziehung: Er stellt dar, was der Fall, aber auch nicht der Fall sein kann. Der Satz ist für Wittgenstein der nicht weiter auflösbare Träger von Sinn. Während aber der Gedanke, der in einem Satz zum Ausdruck kommt, der propositionale Gehalt dieses Satzes ist, ist der Satzsinn ein Sachverhalt, dessen Bestehen durch das Ausdrücken des propositionalen Gehalts projiziert, sprich behauptet wird. Wenn wir einen verstehbaren Satz äußern, dann bringen wir ein sinnlich wahrnehmbares Satzzeichen hervor, das wir als Projektion einer möglichen Sachlage verwenden (TLP 3.11).

Damit ist eine zweite Grenzziehung, und zwar zwischen sinnvollen und unsinnigen Sätzen möglich. Beide, sinnvolle wie unsinnige Sätze, drücken zwar allemal einen Gedanken aus. Beide sind Satzzeichen, sprich standardmäßig codierte sprachliche Phänomene, die einer bestimmten Sprache zugerechnet werden können. Aber nur erstere, also nur sinnvolle Sätze, stellen einen möglichen Sachverhalt dar. Unsinnige Sätze tun dies nicht. Im strengen Sinne der definitorischen Unterscheidung Wittgensteins von Satzzeichen und Satz dürfen daher nur sinnvolle Sätze *als* Sätze gelten. Dagegen sind unsinnige Sätze bloße Satzzeichen beziehungsweise Konfigurationen von Satzzeichen. Als Beispiele für solche unsinnigen Sätze nennt der *Tractatus* etwa Sätze der Ethik und Ästhetik (vgl. TLP 6.42ff.) sowie Sätze des Skeptizismus (vgl. TLP 6.51). Unsinnige Sätze sind aber auch und nicht zuletzt die Sätze des *Tractatus* selbst. Um es erneut zu zitieren: „Meine Sätze erläutern dadurch, daß sie der, welcher mich versteht, am Ende als unsinnig erkennt" (TLP 6.54).

*Drittens* schließlich bilden nach Wittgenstein verstehbare Sätze, wenn sie wahr sind, die Welt ab. Gleichursprünglich mit dem Begriff des Bildes führt die tractarianische Theorie der Sprache den Begriff der Welt ein. Damit ist eine dritte Grenzziehung, nämlich die zwischen wahren und falschen Sätzen verbunden. Der wahre Satz ist ein Bild davon, wie die Welt ist. Der falsche Satz dagegen steht in keiner abbildenden Beziehung zur Welt. Nach der Auffassung des frühen Wittgenstein besteht das Wesen des verstehbaren Satzes in seiner Wahrheitsfähigkeit. Ein verstehbarer Satz kann wahr sein, er kann aber auch falsch sein. *Wenn* durch einen Satz ein Gedanke sinnlich wahrnehmbar ausgedrückt wird, also ein propositionaler Satzgehalt; und *wenn* weiterhin dieser Satz einen Sinn darstellt, will sagen einen dem propositionalen Satzgehalt entsprechenden möglichen Sachverhalt projiziert; *dann* ist der Satz wahrheitsfähig, weil er „wie ein Maßstab an die Wirklichkeit angelegt" (TLP 2.1512) werden kann, um zu entscheiden, ob der dargestellte Sachverhalt mit der Welt übereinstimmt oder nicht. Wahrheit ist hier wie Falschheit eine binäre Relation zwischen Satz und Welt. „In der Übereinstimmung oder Nichtübereinstimmung seines Sinnes mit der Wirklichkeit besteht seine Wahrheit oder Falschheit." (TLP 2.222)

Die Welt definiert Wittgenstein bekanntermaßen als die Totalität dessen, was der Fall ist (TLP 1). Sie ist das Insgesamt der bestehenden Sachverhalte.[7] Ein Sachverhalt, der besteht, heißt Tatsache. Die Welt ist demnach zu definieren als der Einheitshorizont aller Tatsachen.[8] Die tractarianische Theorie der Sprache sieht in Tatsachen die Wahrheitsbedingungen verstehbarer Sätze. Stimmt ein verstehbarer Satz, genauer: der von dem Satz projizierte Sachverhalt, überein mit den Wahrheitsbedingungen dieses Satzes, das heißt mit der Tatsache in der Welt, dann ist der Satz wahr und bildet die Welt ab.[9] Besteht dagegen kein solcher Sachverhalt, wie ihn der Satz behauptet, dann ist der Satz falsch und bildet nichts in der Welt ab. Wenn S sagt, dass p, dann sagt er, wie die Welt ist; er sagt, was ohnehin der Fall ist. Wittgensteins Theorie des verstehbaren Satzes als

---

[7] „Die Gesamtheit der bestehenden Sachverhalte ist die Welt." (TLP 2.04).

[8] Vgl. TLP 1.1.

[9] Den Weltbezug eines sinnvollen Satzes nennt Wittgenstein dessen Bedeutung. „Der Name bedeutet den Gegenstand" (TLP 3.23), schreibt Wittgenstein; er „vertritt im Satz den Gegenstand" (TLP 3.22).

einer sinnvollen und wahrheitsfähigen Verknüpfung von Satzzeichen kulminiert in der Feststellung: „Einen Satz verstehen, heißt, wissen, was der Fall ist, wenn er wahr ist." (TLP 4.024) Man nennt dies eine realistische oder wahrheitsfunktionale Semantik. Sie sieht in den Wahrheitsbedingungen eines Satzes zugleich die Bedingungen seiner Verstehbarkeit, sodass sich die Frage nach der Semantik und die Frage nach der Gültigkeit eines Satzes, sprich nach seiner Verstehbarkeit einerseits und seinem Weltbezug andererseits, nicht voneinander separieren lassen.

Stehen Satz und Welt in einem Abbildungsverhältnis, so muss eine repräsentationale Minimalbedingung erfüllt sein: Satz und Welt müssen etwas gemeinsam haben (TLP 2.16). Ein Satz ist ein Bild von der Welt dadurch, dass die Art und Weise, wie in ihm die Satzzeichen zusammengestellt sind, übereinstimmt mit der Art und Weise, wie die den Satzzeichen entsprechenden Gegenstände im Sachverhalt zusammenhängen. „Daß sich die Elemente des Bildes in bestimmter Art und Weise zu einander verhalten, stellt vor, daß sich die Sachen so zu einander verhalten." (TLP 2.15) Die Sache verhält sich so zu anderen Sachen wie das ihr korrespondierende Satzzeichen zu anderen Satzzeichen im Satz, *wenn* der Satz wahr ist. Der Satz steht alsdann in einer abbildenden Beziehung zu der Tatsache, welch selbe ihn als seine Wahrheitsbedingung wahr macht. Von Wahrheit lässt sich nur sprechen, wenn die Selektion des Satzsinns der Welt zugerechnet wird. Die Wahrheitsbedingung eines Satzes nennt Wittgenstein die Bedeutung des Satzes (ontologisches Korrelat). Die Welt ist somit die Totalität der Bedeutungen aller wahren Sätze und sie wird durch die Totalität aller wahren Sätze vollständig abgebildet. In unseren wahren Sätzen erkennen wir, wie die Welt ohnehin ist. „Die Gesamtheit der wahren Gedanken sind ein Bild der Welt." (TLP 3.01)

Wittgensteins Begriff der Welt ist mit allem realistischen Pathos zu nehmen, zunächst jedenfalls.[10] Realismus meint, dass die Welt, oder genauer: die einzelnen Tatsachen, die in ihrer Gesamtheit die Welt ausmachen, weder im Hinblick auf ihre Existenz noch im Hinblick auf ihre Beschaffenheit davon abhängt, dass über sie gesprochen wird. Sie ist dasjenige, was die Sätze einer Sprache zu wahren oder falschen Sätzen macht.[11] Weil sich aber nicht rein sprachintern ermessen lässt, ob ein gegebener

[10] Vgl. Vossenkuhl, Wilhelm: *Sagen und Zeigen,* in: Ders. (Hg.): Ludwig Wittgenstein. Tractatus logico-philosophicus, Klassiker Auslegen Bd. 10, Berlin 2001, S. 35-63.

Satz wahr oder falsch ist, ob der von ihm projizierte Sachverhalt der Fall ist oder nicht, muss die Welt als schlechthin sprachextern begriffen werden. Die Tatsachen der Welt sind für wahre Sätze das Absolute, das ihnen Vorgegebene.[12] Sie gehören nicht selbst zur Sprache, aber sie fixieren deren Sätze auf Ja oder Nein. Es ist der braune Tisch, der dafür sorgt, dass mein Satz über ihn vorstellt wie er ist. Ein realistischer Weltbegriff scheint die unabdingbare Erfolgsvoraussetzung *einerseits* von wahren Sätzen zu sein. Die Sprache hat in den Tatsachen die benötigte Außenstütze, um ihre Sätze überhaupt als Bilder von etwas ausweisen zu können. Und *andererseits* lässt sich nur aufrechterhalten, dass bloßes Fürwahrhalten noch kein Wissen ist. Wir müssen damit rechnen, dass wir die Welt auch verfehlen können, nämlich mit falschen Sätzen. Falsche Sätze behaupten Sachverhalte, die nicht der Fall sind. Es sind nicht *a priori* alle Sätze einer Sprache wahr. Manche Sätze repräsentieren die Welt vielmehr nicht.

## II.

Eine Paradoxie ist eine besondere Form von Widerspruch. Ich verstehe unter einer Paradoxie eine Kombination aus Selbstbezüglichkeit und Negation.[13] Ein gutes Beispiel dafür ist der kretische Lügner (Epimenides). Das Paradoxon geht bekanntlich so. Ein Kreter sagt, dass alle Kreter lügen. Nun ist er aber selbst ein Kreter. Damit ist die erste Bedingung der Paradoxie erfüllt, nämlich Selbstbezüglichkeit. Der Satz, dass alle Kreter lügen, findet Anwendung auch auf den Kreter, der ihn aussagt. Paradoxe Aussagen haben folglich autologische Implikationen. Autologisch in dem Sinne, dass das, was sie feststellen, auch für sie selber gilt. Indem die Aussage etwas aussagt, sagt sie etwas über sich. Sie ist zu Rückschlüssen auf sich selber gezwungen. So nennt man etwa ein Prädikat autologisch, wenn ihm die Eigenschaft, die es ausdrückt, selbst zukommt. Das Wort ‚dreisilbig' beispielsweise ist ein Wort mit drei Silben;

---

[11] „Jeder Satz muß schon einen Sinn haben; die Bejahung kann ihn ihm nicht geben, denn sie bejaht ja gerade den Sinn. Und dasselbe gilt von der Verneinung, etc." (TLP 4.064).

[12] „Die Wirklichkeit wird mit dem Satz verglichen." (TLP 4.05).

[13] Zu diesem Begriff von Paradoxie als re-entry vgl. Luhmann, Niklas: *Soziale Systeme*, a.a.O., S. 488-550.

dagegen ist ‚einsilbig' kein einsilbiges Wort. Ein Kreter also, wenn er sagt, dass alle Kreter lügen, lügt.

Damit ist unmittelbar auch die zweite Bedingung der Paradoxie erfüllt, nämlich Negation. Der Kreter negiert, was er sagt, indem er es sagt. Die Paradoxie ist eine Aussage, die ihre eigenen Behauptbarkeitsbedingungen verneint. Wenn es nämlich richtig ist, dass alle Kreter lügen, dann kann kein Kreter behaupten, dass alle Kreter lügen, *ohne* in einen Widerspruch zu geraten. Dieser Widerspruch besteht einerseits zwischen dem Satz, von dem wir ausgegangen sind, dass nämlich alle Kreter lügen, und andererseits der durch Selbstbezüglichkeit erzeugten Negation dieses Satzes, wonach es gelogen ist, dass alle Kreter lügen, oder positiv formuliert: dass es wahr ist, dass nicht alle Kreter lügen. Eine Aussage, so kann man folglich definieren, ist genau dann paradox, wenn das, was sie aussagt, auf sie selbst anwendbar ist und zu einer Negation des durch sie Ausgesagten führt. Eine paradoxe Aussage negiert sich selbst. Eine Paradoxie ist mithin ein durch Selbstanwendung erzeugter Widerspruch.

Ein vergleichbares Bild bietet nun auch der *Tractatus*. Genauer gesagt ist es die tractarianische Theorie der Sprache, der sich eine besondere Form von Widerspruch nachweisen lässt: Sie ist paradox. Sie weist die paradoxietypische Kombination aus Selbstbezüglichkeit und Negation auf. *Zum einen* ist das erste Moment, die Selbstbezüglichkeit, darin mit Händen zu greifen, dass Wittgenstein am Ende des *Tractatus*, wie bereits mehrfach zitiert, von „meinen Sätzen" (TLP 6.54) spricht, welche er im gleichen Atemzug für unsinnig erklärt. Der *Tractatus* wird offenkundig zuletzt reflexiv. Er sagt etwas über sich selbst. Seine Theorie der Sprache und des verstehbaren Satzes findet Anwendung auch auf sich und ist zu Rückschlüssen auf sich genötigt, weil diese Theorie selbst in für uns verstehbaren Sätzen ausgeführt ist. Sie kommt, neben anderem, in ihrem eigenen Objektbereich vor, sodass alles, was sie feststellt, unumgänglich auch für sie selbst gilt. Wie der Satz des Kreters, dass alle Kreter lügen, deshalb autologische Implikationen besitzt, weil er von einem Kreter geäußert ist, so besitzt die Theorie der Sprache autologische Implikationen, weil sie selbst im Medium der Sprache operiert.

*Zum anderen* lässt sich auch das zweite konstitutive Moment einer Paradoxie, die Negation, ohne Schwierigkeiten im Theorieprofil des *Tractatus* ausmachen. Sie ist in Wittgensteins Unsinnigkeitsverdikt vorhanden.

Wittgenstein sagt von seinen Sätzen, dass sie „der, welcher mich versteht, am Ende als *unsinnig* [Herv. d. Verf.] erkennt" (TLP 6.54). Die tractarianische Theorie der Sprache verneint, was sie sagt, indem sie es sagt. Sie entzieht sich ihre eigenen Behauptbarkeitsbedingungen. Die Sätze des *Tractatus* sind deshalb unsinnig – und zwar alleine deshalb, nicht aufgrund der erst auf ihr aufgebauten Logik der Sprache und irgendwelcher logisch-syntaktischen Untersuchungen wie Wahrheitsoperationen, Wahrheitswerttafeln *et cetera*, wie oft angenommen wird –, weil die Theorie der Sprache den Kriterien des verstehbaren Satzes, die sie selbst aufstellt, nicht genügt. Der *Tractatus* wird, das ist *grosso modo* gesagt das Motiv für Wittgensteins Unsinnigkeitsverdikts, seinem eigenen Maßstab nicht gerecht. Seine Theorie der Sprache ist genau deshalb paradox, weil das, was diese aussagt, auf sie selbst anwendbar ist und zu einer Negation des durch sie Ausgesagten führt. Ihre Selbstanwendung motiviert mithin ihre eigene Negation, die im Unsinnigkeitsverdikt offen ausgesprochen ist, und erzeugt so den Widerspruch.
Hier stellen sich zwei Fragen. Die *erste* ist, wie die Negation von Wittgensteins Theorie der Sprache aussieht. Welcher Widerspruch genau ist es, der durch Selbstbezüglichkeit und Negation der tractarianischen Theorie der Sprache erzeugt wird und diese damit paradox sein lässt? Im ersten Teil meines Vortrags wurde gesagt, dass Wittgenstein den verstehbaren Satz konzipiert als eine sinnvolle und wahrheitsfähige Verbindung von Satzzeichen. Der Widerspruch müsste daher bestehen zwischen *einerseits* eben dieser Theoriebehauptung, dass also alle verstehbaren Sätze sinnvolle und wahrheitsfähige Verbindungen von Satzzeichen sind, und *andererseits* der Negation dieser Behauptung, wonach nicht alle verstehbaren Sätze sinnvolle und wahrheitsfähige Verbindungen von Satzzeichen sind. In der Tat lässt sich auch dies zweite Glied des Widerspruchs, also die Negation, am Text festmachen. Um es ein letztes Mal zu zitieren: Wittgenstein schreibt ausdrücklich über seine Sätze, dass sie „der, welcher mich *versteht* [Herv. d. Verf.], am Ende als unsinnig erkennt" (TLP 6.54). Die Sätze des *Tractatus* sind demnach verstehbar, *ohne* sinnvolle, und in der Folge: wahrheitsfähige, Verbindungen von Satzzeichen zu sein. Der *Tractatus*, wenn er abschließend reflexiv wird, erzeugt offenkundig einen Widerspruch, indem er seine eigene Theoriebehauptung, worin verstehbare Sätze bestehen, negiert und so mit seinen

eigenen Sätzen die Kriterien, die er für verstehbare Sätze aufstellt, unterläuft.

Die *zweite* Frage hebt – nachdem jetzt klar ist, worin die Negation und damit der Widerspruch bestehen – auf die Motivation der Negation und des Widerspruchs ab. Wieso wird durch die Selbstbezüglichkeit von Wittgensteins Theorie der Sprache deren eigene Negation motiviert? Warum führt der Theoriezug der Selbstanwendung in eine Paradoxie? Oder noch einmal anders gewendet: Inwiefern sind die Sätze des *Tractatus* selbst keine sinnvollen und wahrheitsfähigen Verbindungen von Satzzeichen und damit keine verstehbaren Sätze im Sinne des *Tractatus*? Die Antwort auf diese Fragen liefert das Konzept der selbstreferenziellen Schließung. Meine These ist, dass Wittgensteins Theorie der Sprache, indem sie zuletzt selbstbezüglich wird, also auf sich und die Sätze des *Tractatus* Anwendung findet, die Sprache auf Selbstreferenz umstellt und dadurch zur Schließung bringt. Und es ist diese selbstreferenzielle Schließung der Sprache, die in die paradoxe Theoriesituation gegen Ende des *Tractatus* führt. Sie ist es, die das zweite Glied des Widerspruchs, die Negation, mithin Wittgensteins Unsinnigkeitsverdikt, motiviert.

Was bedeutet nun selbstreferenzielle Schließung? Die selbstreferenzielle Schließung der Sprache ist der Sache nach bereits darin vorhanden, dass bei der Identifikation des ersten Moments einer jeden Paradoxie im *Tractatus*, das heißt der Selbstbezüglichkeit, gesagt worden ist, dass die tractarianische Theorie der Sprache, die festlegt, was als ein verstehbarer Satz angesehen werden darf, ihrerseits in für uns verstehbaren Sätzen ausgeführt ist beziehungsweise dass sie selbst im Medium der Sprache operiert. Selbstreferenzielle Schließung bedeutet demnach in ihrem Kern, dass die Unterscheidungen, die für Sprache und verstehbare Sätze begründend sind, also die Unterscheidung von Satzzeichen und Gedanke, von Satz und Sinn sowie die Unterscheidung von Sprache und Welt, allesamt *innerhalb* der Sprache und *in* verstehbaren Sätzen getroffen werden. Es ist die Sprache, die in verstehbaren Sätzen bestimmt, was (im Einzelfall) als verstehbarer Satz, was mithin *als* Satzzeichen und was *als* Gedanke, *als* Satz und Sinn, *als* Sprache und *als* Welt gilt. Auf der zweiten Ebene von Wittgensteins Theoriekonstruktion, nämlich der Ebene der Selbstanwendung, wird offenbar, dass die Sprache alle Differenzen, die auf der ersten Theorieebene gezogen worden sind, als selbsterzeugte Differenzen handhaben muss und sich dadurch abschließt.[14] Sprache setzt, mit anderen Worten, keinerlei Letztidentitäten voraus, die sie nicht selbst in Eigenregie gebildet hätte.

## III.

Ist die Schwelle der zweiten Ebene von Wittgensteins Theoriekonstruktion und damit der Selbstbezüglichkeit der tractarianischen Theorie der Sprache und des verstehbaren Satzes erst einmal genommen, hat das weitreichende Konsequenzen. Ich möchte das Konzept selbstreferenzieller Schließung, wie ich es im *Tractatus* vermute, weiter präzisieren, indem ich abschließend zwei dieser Konsequenzen herausgreife. Die erste betrifft den Weltbegriff. Während die Welt auf der ersten Ebene der Theoriekonstruktion strikt realistisch zu nehmen ist, das heißt als das schlechthin sprachexterne Außenkriterium der Sprache, das deren Sätze zu wahren oder falschen Sätzen, zu Bildern machen kann, ist auf der zweiten Theorieebene, welche im Akt der Selbstanwendung die selbstreferenzielle Schließung der Sprache sieht, auch die Unterscheidung von Sprache und Welt, von Satz und Tatsache als eine sprachinterne Unterscheidung zu behandeln. Der Realismus erster Ordnung, der dort auch weiterhin in Kraft bleibt, wird zweiter Ordnung als interner Realismus decouvriert. Der Schritt von der ersten Beobachtungsebene zur zweiten ist der Schritt von der Welt als sprachunabhängiger Welt (Welt-Auffassung) hin zur sprachlich konstituierten und sprachlich erschlossenen Welt. Ein Durchgriff auf ein Außen *in sensu stricto* steht auf dieser Ebene nicht zur Verfügung. Wenn S sagt, dass p, und damit zu erkennen meint, was der Fall ist unabhängig davon, dass er sagt, was der Fall sei, so erkennt er eine Welt von Tatsachen, auf die er sich nur so richtet, *als ob* sie unabhängig davon ist, dass er sagt, was sie sei.

Es ist ein bereits antikes epistemologisches Axiom, dass das Erkennende und das Erkennte gleich sein müssen. Es muss eine Übereinstimmung bestehen zwischen Denken und Sein, wenn anders Erkenntnis zustande kommen und das Denken seinshaltig sein soll. Wittgenstein formuliert das sprachtheoretisch so: „In Bild und Abgebildetem muß etwas iden-

[14] Zur Unterscheidung von (Ordnungs-)Ebenen der Beobachtung im Allgemeinen und der Theoriebildung im Besonderen siehe Luhmann, Niklas: *Die Wissenschaft der Gesellschaft*, Frankfurt a. M. 1990, S. 68-122 sowie 469-548.

tisch sein, damit das eine überhaupt ein Bild des anderen sein kann.“ (TLP 2.161) Die Frage aber ist, woher diese Isomorphie, diese Einheit von Sprache und Welt rührt. Das Konzept der selbstreferenziellen Geschlossenheit setzt an dieser Funktionsstelle die Sprache ein. Es ist die operative Kontinuität der Sprache, die die Differenz von Satz und Tatsache immer schon überbrückt, indem nur mit Sätzen gesagt werden kann, was jeweils der Satz und was die Tatsache ist, zwischen denen eine Differenz besteht. Diese operative Kontinuität stellt von vornherein sicher, dass wir außenweltskeptizistische Szenarien überwinden können.[15] Eine sprach*externe* Welt ist nur eine sprach*intern* gemachte Voraussetzung. Die Bedingungen der Möglichkeit sprachlicher Repräsentation von Welt liegen mithin in der Sprache, die selbst zwischen sich und der Welt distinguiert.

Die zweite und damit eng zusammenhängende Konsequenz betrifft den Begriff der Wahrheit. Während Wahrheit auf der ersten Ebene der Theoriekonstruktion noch als binäre Relation zu nehmen ist zwischen Satz und Tatsache (die dann entweder übereinstimmen oder nicht übereinstimmen), ist Wahrheit auf der zweiten Theorieebene, welche im Akt der Selbstbezüglichkeit die selbstreferenzielle Geschlossenheit der Sprache ersieht, eine trinäre Relation zwischen Satz, Tatsache und Bedingungen der Rechtfertigung. *Wenn* es nämlich stimmt, dass es die Sprache ist, welche die Differenz von Sprache und Welt zieht und die festlegt, was als Tatsache gelten darf, *dann* muss die Sprache intern auch Parameter dafür angeben, wann die Wahrheitsbedingungen eines Satzes als erfüllt zu gelten haben, wann mithin ein Sachverhalt als bestehend angesehen werden kann. Wahrheit als externe Selektion des Satzsinns durch die Welt wird zweiter Ordnung als Reduktion angesehen. Um es so deutlich wie möglich zu sagen: Alles sprachlich Bezeichenbare, das ist jede Tatsache, ist eine Eigenleistung der Sprache. Was nämlich das durch einen Satz Intendierte ist, also der Sachverhalt, und ob der Satz wahr ist oder falsch, mithin ob der Sachverhalt besteht oder nicht, kann nur in Sätzen

[15] Alsdann würde die Erscheinung, welche Sätze projizierten, von dem unerreichbaren Sachverhalt an sich, also außerhalb des Satzes, abgegrenzt. Die Sachverhalte entzögen sich, wenn wir uns ihnen zuwendeten (*elusive objects*). Vgl. etwa Davidson, Donald: „A Coherence Theory of Truth and Knowledge“, in: Ders.: Subjective, Intersubjective, Objective, Oxford 2001, p. 144: „[O]f course we can’t get outside our skins to find out what is causing the internal happening of which we are aware.“

festgestellt werden. Wir können nicht mit der Sprache die Sprache verlassen.

Die selbstreferenzielle Geschlossenheit der Sprache garantiert, dass ihre Sätze wahr oder falsch sein, mithin in einer ikonischen Beziehung zu Tatsachen stehen können. Wenn die Frage lauten würde: Wie kann ein verstehbarer Satz eine Tatsache abbilden, die außerhalb seiner existiert?, oder: Wie kann Sprache feststellen, dass etwas unabhängig von ihr ist?, so wäre die Antwort eindeutig: gar nicht! Dagegen ist eine abbildende Beziehung möglich, *gerade* weil verstehbare Sätze keinen Zugang zu einer von ihnen unabhängigen Realität haben. Was erster Ordnung Fremdreferenz ist, zeigt sich zweiter Ordnung als Selbstreferenz. Wer das nicht durchschaut, verhält sich gleichsam wie Narziss, der sich ins Wasser stürzte, um sein eigenes Spiegelbild, das er für das Antlitz eines anderen schönen Jünglings hielt, zu umarmen und dabei umkam; er war nicht imstande, das Spiegelbild *als* Spiegelbild und damit mit sich selbst zu identifizieren. Sprachliche Weltbeschreibungen sind wahr oder falsch in Abhängigkeit davon, wie die Sprache über Selbstreferenz disponiert.

Das ist freilich nicht so zu verstehen, dass es kein sinnvolles Sprechen über Sprache oder über einzelne Sätze gäbe. Sätze beziehen sich entweder auf andere Sätze oder auf etwas, was nicht selbst ein Satz ist. Der Sprache steht Selbst- und Fremdreferenz zur Verfügung und sie oszilliert gleichsam in ihrem normalen Gebrauch zwischen diesen beiden möglichen Referenzrichtungen. In beiden Fällen aber wird vorausgesetzt, dass dasjenige, worauf ein Satz sich bezieht, unabhängig davon ist, dass darauf Bezug genommen wird. Die Theorie selbstreferenzieller Schließung sagt ausschließlich dagegen, dass es in der Sprache ist, dass wir diese Voraussetzung machen. Die Sprache bezieht sich auf sich, *als ob* sie das Andere ihrer selbst wäre.

Damit ist nun ersichtlich, warum Wittgenstein die Sätze des *Tractatus* für unsinnig hält – worauf die noch offene Frage aus dem zweiten Teil meines Vortrags abzielte. Unter der Voraussetzung nämlich, dass verstehbare Sätze sinnvolle und wahrheitsfähige Verbindungen von Satzzeichen sind, wie der *Tractatus* sagt, sind die Sätze dieser Theorie der Sprache selbst und damit die Sätze des *Tractatus* unsinnig, und in der Folge: nicht wahrheitsfähig, weil ihnen aufgrund der selbstreferenziellen Geschlossenheit der Sprache selbst kein Außenhalt, keine Wahrheitsbedingungen in Gestalt einer sprachexternen Welt, mehr zur Verfügung steht. Wird die Differenz von Sprache und Welt in der Sprache gemacht, dann hat diese sprachliche Differenz selbst keinen Weltbezug. Sie kann nicht wahr oder falsch sein, unterliegt mithin nicht dem „Prinzip der Vertretung der Gegenstände durch Zeichen" (TLP 4.0312). Sie ist kein mögliches Bild von etwas außer ihr, weil auf der zweiten Ebene der Theoriekonstruktion alles Außen in die Sprache hineingeholt ist. So weiß der *Tractatus* von sich, dass er den Kriterien, die er auf der ersten Ebene seiner Theoriekonstruktion eingeführt hat, selbst nicht genügt und, an seinen eigenen Maßstäben gemessen, Unsinn ist, dass er also Unsagbares beziehungsweise Undenkbares enthält. Wittgenstein zieht daraus die Konsequenz, dass über den *Tractatus* zu schweigen ist. Der Leser soll „die Leiter wegwerfen, nachdem er auf ihr hinaufgestiegen ist" (TLP 6.54). Ob allerdings dieser Umgang mit Paradoxien einer selbstapplikativen Theorie der einzige und richtige ist, bleibt eine andere Frage.[16]

[16] Für Wittgenstein ist die Paradoxie, die sich auf der zweiten Ebene der Theoriekonstruktion und damit der Selbstbezüglichkeit der tractarianischen Theorie der Sprache einstellt, eine *notwendige Paradoxie*. Das zeigt sich einmal in der berühmten Metapher der Leiter (vgl. TLP 6.54). Der *Tratctatus* muss wie eine Leiter erklommen werden, um zu einem Punkt zu gelangen, von wo ab er/sie nicht länger vonnöten ist, wohin man aber auch nicht ohne ihn/sie käme. Dem entspricht andererseits Wittgensteins Unterscheidung von Sagen und Zeigen. Die Logik zeigt, die Sprache sagt. Eine wechselseitige Ersetzbarkeit ist ausgeschlossen. Das Zeigen lässt sich vergleichen mit dem, was Kant eine Erkenntnis der Bedingungen der Möglichkeit nennt (vgl. TLP 6.13). Die Logik zeigt die Bedingungen der Möglichkeit des Sagens. Die Logik liegt beim frühen Wittgenstein allem zugrunde, was gesagt und gedacht werden kann. Sie ist gegenüber der Sprache vorrangig und autonom. Nicht nur aber hängt das Sagen davon ab, dass sich zeigen lässt, was eine abbildliche Darstellung der Welt möglich macht. Das Zeigen ist selbst nur indirekt über das Sagen thematisierbar. Ohne das Sagen wüssten wir nicht, was Zeigen heißt, mithin welches Geschäft die Logik betreibt. Wir können demnach nicht anders verfahren (!), als zuerst mit dem *Tractatus* das Unsagbare zu sagen, um es hernach zeigen zu können. Der *Tractatus* ist seiner Theorieanlage nach ein Prozess, der seiner eigenen Überwindung zuarbeitet.

## Bibliographie

Ammereller, Erich: *Die abbildende Beziehung*, in: Vossenkuhl, Wilhelm (Hg.): Ludwig Wittgenstein. Tractatus logico-philosophicus, Klassiker Auslegen Bd. 10, Berlin 2001, S. 111-139.

Davidson, Donald: *A Coherence Theory of Truth and Knowledge*, in: Ders.: Subjective, Intersubjective, Objective, Oxford 2001, S. 137-159.

Habermas, Jürgen: *Kritik der Bedeutungstheorie*, in: Ders.: Nachmetaphysisches Denken. Philosophische Aufsätze, Frankfurt a. M. 1988, S. 105-135.

Hacker, Peter M. S.: *Insight and Illusion*, Oxford 1986.

Kenny, Anthony: *Wittgenstein's Early Philosophy of Mind*, in: Ders.: The Legacy of Wittgenstein, Oxford 1990.

Luhmann, Niklas: *Soziale Systeme. Grundriß einer allgemeinen Theorie*, Frankfurt a. M. 1984.

Luhmann, Niklas: *Die Wissenschaft der Gesellschaft*, Frankfurt a. M. 1990.

Luhmann, Niklas: *Die Gesellschaft der Gesellschaft*, Bd. 1, Frankfurt a. M. 1997.

Malcolm, Norman: *Wittgenstein: Nothing is hidden*, Oxford 1986.

Mayer, Verena: *Der* Tractatus *als System*, in: Vossenkuhl, Wilhelm (Hg.): Ludwig Wittgenstein. Tractatus logico-philosophicus, Klassiker Auslegen Bd. 10, Berlin 2001, S. 11-33.

Metschl, Ulrich: *Ein Platz für alles Mögliche. Der logische Raum im* Tractatus, in: Vossenkuhl, Wilhelm (Hg.): Ludwig Wittgenstein. Tractatus logico-philosophicus, Klassiker Auslegen Bd. 10, Berlin 2001, S. 141-177.

Mounce, Herbert O.: *Wittgenstein on Following a Rule*, in: Synthese 58 (1984), S. 325-363.

Rhees, Rush: *Discussions of Wittgenstein*, New York 1970.

Skyrms, Brian: *Logical Atoms and Combinatorial Possibility*, in: Journal of Philosophy 90 (1993), S. 219-232.

Vossenkuhl, Wilhelm: *Sagen und Zeigen. Wittgensteins „Hauptproblem"*, in: Ders. (Hg.): Ludwig Wittgenstein. Tractatus logico-philosophicus, Klassiker Auslegen Bd. 10, Berlin 2001, S. 35-63.

Wittgenstein, Ludwig: *Tractatus logico-philosophicus*, Werkausgabe Bd. 1, Frankfurt a. M. 1984.

*Simon Meier*

# Das gute Gespräch – Idealisierung zwischenmenschlicher Kommunikation als philosophisches Motiv

> ... und hatten dann eines jener stillen, mehr empfundenen als geradezu gesprochenen Gespräche miteinander geführt, die nicht aufgeschrieben werden können, die keinen weiteren Zweck als das Wohlwollen haben, die nichts sagen wollen, deren Duft nur und Ton und Absicht unvergesslich bleiben.
>
> (Robert Walser: *Geschwister Tanner*)

Ich möchte beginnen mit einer (nicht ganz alltäglichen) Alltagserfahrung, die auch im voranstehenden Zitat anklingt: Man geht auseinander und wird gewahr, dass man soeben ein wirklich gutes Gespräch geführt hat, ein Gespräch, wie es nicht alle Tage vorkommt, an das man sich lange erinnert und von dem man vielleicht sogar anderen erzählt. Es sind wohl weniger die Gesprächs*themen*, die ein Gespräch zu einem *guten* Gespräch machen, geschweige denn ein erzielter oder einfach nur festgestellter Konsens. So erscheint die Frage, *was* man denn in diesem Gespräch besprochen habe, in gewisser Weise irrelevant für die Güte des Gesprächs. „Alles mögliche" wird man antworten. Und vielleicht ist gerade dies das Entscheidende. Es scheint eine grundlegende Erfahrung zu sein, dass es bei Gesprächen qualitative Unterschiede gibt. Auch in der theoretischen, und insbesondere in der philosophischen Betrachtung von Kommunikation taucht immer wieder der Gedanke auf, dass es Maßstäbe und Kriterien gibt, die es ermöglichen, ein gutes Gespräch vom herkömmlichen zu unterscheiden. Sozusagen als Bezugsgröße dieser wertenden Klassifizierung wird in einigen Ansätzen ein *Ideal* entworfen, welches neben „gut" auch mit den Bezeichnungen „echtes" (Buber), „wahres" (Jaspers) oder „eigentliches" (Gadamer) Gespräch belegt wird. Im Folgenden möchte ich dem Motiv des guten Gesprächs und des Gesprächsideals bei diesen drei Philosophen nachgehen. Es geht mir dabei weniger um die Bedeutung, die in ihren Philosophien dem Gespräch überhaupt zukommt, weniger darum, dass die Situation des Gesprächs mit seinen besonderen Strukturmomenten diese Philosophien und ihre jeweiligen Auffassungen von Subjekt, Bewusstsein, Wahrheit usw. grundlegend prägt, so dass man sie der so genannten dialogischen Bewegung zuordnen kann.[1] Mich interessiert vielmehr der Umstand, dass die drei genannten Philosophen ihren Argumentationen eine bestimmte *ideale* oder *idealisierte* Form des Gesprächs zu Grunde legen. Ich werde versuchen zu zeigen, dass sie mit ihren Aussagen über das ideale Gespräch, die eine deskriptiv-normative Doppelbedeutung aufweisen, an Vorerfahrungen mit Gesprächen und damit verbundene Befindlichkeiten appellieren, was ihren Argumentationen, die alle einen *normativen* Kern haben und bestimmte *Forderungen* aufstellen, besondere Nachvollziehbarkeit verleiht. Diese Argumentationsstrategie ist dadurch aber nicht irrational oder ideologisch, sondern beruht auf der nicht wegzukürzenden Normativität des Begriffs des Gesprächs. Ich werde nach einigen Hinweisen auf die Vorgeschichte der Auseinandersetzung mit dem guten Gespräch zunächst die Ansätze von Buber, Jaspers und Gadamer und ihre jeweiligen Bestimmungen des idealen Gesprächs vorstellen (I). Sodann werde ich einige Gemeinsamkeiten und Unterschiede aufzeigen (II) und anschließend der Frage nachgehen, welchen Zweck dieses Motiv in der Argumentation der jeweiligen Philosophen erfüllt (III). Zum Schluss möchte ich auf den Irrationalitäts- und Ideologieverdacht eingehen und der Rede von der Echtheit des idealen Gesprächs auf den Grund gehen (IV).

## I.

In der langen Tradition der Auseinandersetzung mit dem guten Gespräch stand zumeist die Entwicklung einer Gesprächskunst (*ars conversationis*)[2] im Sinne einer *techné*, also einem geradezu handwerklichen, regelgeleiteten Können im Vordergrund, die in der gepflegten Konversation den Inbegriff des guten Gesprächs sah. Im 19. Jahrhundert geriet mit dem Aufkommen soziologischer und hermeneutischer Ansätze zunehmend die Komplexität der Kommunikationsprozesse in den Blick, so dass die Erzielung von Perfektion allein durch Verhaltensregeln naiv er-

[1] Vgl. Bidlo, Oliver: Martin Buber. Ein vergessener Klassiker der Kommunikationswissenschaft? Dialogphilosophie in kommunikationswissenschaftlicher Perspektive, Marburg 2006, 15.

[2] Vgl. Schmölders, Claudia: *Ars conversationis. Zur Geschichte des sprachlichen Umgangs*, in: *Arcadia*, 10 (1975), 16-32.

schien.[3] Zur Jahrhundertwende wurde dann das (ernste) Zwiegespräch zum neuen Ideal. So schreibt Nietzsche in *Menschliches Allzumenschliches*: „Das Zwiegespräch ist das *vollkommene Gespräch*".[4] Die Salonkonversation, ehemals Quelle von Sittlichkeit und Erkenntnis[5], wurde dagegen als oberflächlich oder gar verderblich abgetan. Diese Entwicklung bildet den Hintergrund und Ausgangspunkt für die Auseinandersetzung der hier behandelten Philosophen mit dem guten Gespräch.

Martin Buber betont die entscheidende Bedeutung des Dialogverhältnisses für den Menschen. Außerhalb dialogischer Beziehungen ist der Mensch gleichsam unvollständig. Erst die durch den Dialog gestiftete „Welt der Beziehung" lässt den Menschen zu einem eigenständigen Selbst werden: „Ich werde am Du; Ich werdend spreche ich Du."[6] Nun gilt das Gespräch als die dialogische Beziehung schlechthin. Doch ist es eben nicht ein beliebiges Gespräch, das eine wahrhaft dialogische Beziehung herstellen kann. Nur ein „echtes Gespräch, die zu Sprache gewordene Gegenseitigkeit"[7] vermag dies. Hier „geschieht die Hinwendung zum Partner in aller Wahrheit, als Hinwendung des Wesens also. Jeder Sprecher meint hier den Partner [...] als diese personenhafte Existenz. [...] Des weiteren muß, wenn ein echtes Gespräch entstehen soll, jeder [...] sich selber einbringen." Das echte Gespräch ist geprägt von Treue, Anerkennung und Authentizität, durch die sich das Zwischenmenschliche als selbstständige „ontologische Sphäre"[8] entfaltet. Zwei weitere Charakterisierungen des echten Gesprächs seien hier hervorgehoben. Erstens lässt es sich als genuin *zwischen*menschliches Phänomen nicht aus der Psyche der Gesprächspartner her verstehen, denn diese „ist nur die heimliche Begleitung zu dem Gespräch selber, einem sinngeladenen phonetischen Ereignis, dessen Sinn weder in einem der Partner noch in beiden zusammen sich findet, sondern nur in diesem ihrem leibhaften

---

[3] Vgl. Göttert, Karl-Heinz: *Kommunikationsideale. Untersuchungen zur europäischen Konversationstheorie*, München 1988, 16.

[4] Nietzsche, Friedrich: *Menschliches Allzumenschliches*, München 1988, § 374.

[5] Vgl. Schleiermacher, Friedrich Daniel Ernst: *Theorie des geselligen Betragens*, in: ders.: *Schriften aus der Berliner Zeit 1796-1799*, Kritische Gesamtausgabe I.2, Berlin / New York 1984, 165-184.

[6] Buber, Martin: *Werke. Bd. I: Schriften zur Philosophie*, München / Heidelberg 1962, 85.

[7] Ebd., 278.

[8] Ebd., 285f.

Zusammenspiel, diesem ihrem Zwischen."[9] Zweitens ist im echten Gespräch das Du dem Ich vollkommen anders gegeben als ein Ding in einem räumlich-zeitlich-ursächlichen Zusammenhang: „Stehe ich einem Menschen als meinem Du gegenüber, spreche ich das Grundwort Ich-Du zu ihm, ist er kein Ding unter Dingen und nicht aus Dingen bestehend [...]; und nicht eine Beschaffenheit, erfahrbar, beschreibbar, lockeres Bündel benannter Eigenschaften. Sondern nachbarnlos und fugenlos ist er Du und füllt den Himmelskreis."[10] Das Du wird überhaupt nicht *erfahren*, sondern es *begegnet* unmittelbar.[11]

Auch Karl Jaspers sieht im Gespräch die Bedingung für die Selbstwerdung des Menschen: „ich bin nur in Kommunikation mit dem Anderen".[12] Er unterscheidet ebenfalls alltägliche Formen des Gesprächs, die er unter der Bezeichnung „Daseinskommunikation" fasst, von der „wahren" oder auch „existentiellen Kommunikation". Daseinskommunikation[13] umfasst verschiedenste Bereiche, angefangen von der ausschließlich egozentrisch motivierten, mitunter auch bewusst täuschenden Mitteilung bis zur rein sachlich motivierten Diskussion, in die die Gesprächspartner nichts Persönliches einbringen. Was sie verbindet, ist ein spezifisches Ungenügen, das in der „nicht existentiellen gewordenen Kommunikation" erfahren wird. „Ich war nur in einer bestimmten Richtung, als bloßes Dasein, als Ich überhaupt, als Funktion eines ideellen Ganzen, als dieser Charakter engagiert, *nicht als ich selbst.*"[14] Als vollständiges Selbst erfährt sich der Mensch erst in existentieller Kommunikation. Obwohl Jaspers zufolge existentielle Kommunikation nur subjektiv erlebbar ist und keine allgemeingültigen Aussagen über sie getroffen werden können, ja obwohl sie nicht einmal empirisch nachweisbar ist, finden sich bei ihm verschiedene Aussagen, aus denen einige Merkmale dieser Kommunikationsform abgeleitet werden können: „Kommunikati-

---

[9] Ebd., 272.

[10] Ebd., 83.

[11] Zum Begriff der Begegnung vgl. Bollnow, Otto Friedrich: *Existenzphilosophie und Pädagogik. Versuch über unstetige Formen der Erziehung*, Stuttgart 1959, 87-118.

[12] Jaspers, Karl: *Philosophie II. Existenzerhellung*, Berlin / Heidelberg / New York 1956, 50.

[13] Vgl. hierzu Salamun, Kurt: *Der Begriff der Daseinskommunikation bei K. Jaspers. Ein Beitrag zur Jaspers-Kritik*, in: *Zeitschrift für philosophische Forschung*, 22 (1968), 261-285.

[14] Jaspers, Karl: a.a.O., 55.

on findet jeweils zwischen Zweien statt"[15] und besteht in einem Prozess des Offenbarwerdens: „In der Kommunikation werde ich mir mit dem Anderen offenbar. Dieses Offenbarwerden ist jedoch zugleich erst Wirklichwerden des Ich als Selbst." Der Prozess des Offenbarwerdens ist durchaus ein Wagnis. Der hierfür notwendige „Wille zur Offenbarkeit wagt sich ganz in der Kommunikation, in der allein er sich verwirklichen kann: er wagt, alles Sosein hinzugeben". Man verliert sich als „bestehendes empirisches Dasein", um sich als „mögliche Extistenz" zu gewinnen. Der Prozess des Offenbarwerdens ist daher ein „liebender Kampf [...] um die restlose Offenheit, um die Ausschaltung jeder Macht und Überlegenheit, um das Selbstsein des Anderen so gut wie um das eigene. In diesem Kampf wagen beide rückhaltlos sich zu zeigen und infragestellen zu lassen."[16] Eine weitere Bedingung ist schließlich die Bereitschaft, den Anderen als prinzipiell gleichrangig anzusehen: „Unterordnung des Anderen in Gehorsam unter mich läßt mich nicht zu mir kommen, sein Herrschen über mich ebenso wenig. Erst im gegenseitigen Anerkennen erwachsen wir beide als wir selbst."[17]

Gleichwohl dürfen diese Merkmale und Bedingungen existentieller Kommunikation nicht als Regeln verstanden werden, durch deren Einhaltung sich existentielle Kommunikation ‚herstellen' ließe. „Die Verwirklichung existentieller Kommunikation ist etwas *nicht zu Erzwingendes*, das ausbleiben kann".[18] Unvorhersehbarkeit und Unbedingtheit zeichnen diese Form der Kommunikation aus: „Das Selbstwerden in der Kommunikation ist *wie eine Schöpfung aus nichts*."[19] Während Buber und Jaspers in ähnlicher Weise das Gespräch als Bedingung und Vollzugsort der Selbstwerdung ansehen, spielt bei Hans-Georg Gadamer, einem weiteren Philosophen, der dem Gespräch besondere Aufmerksamkeit widmet, dieser Aspekt kaum eine Rolle. Gadamer schlägt vor, „das hermeneutische Phänomen nach dem Modell des Gesprächs, das zwischen zwei Personen statthat, zu betrachten", in dem „eine Verwandlung ins Gemeinsame hin" geschieht. Es soll „der Struktur des eigentlichen Gesprächs" folgend das Verstehen von Texten als Prozess begriffen wer-

[15] Ebd., 61.
[16] Ebd., 64f.
[17] Ebd., 57.
[18] Ebd., 59.
[19] Ebd., 70.

den, in dem sich eine dem Text und dem Interpreten gemeinsame Sprache herausbildet.[20] Dabei orientiert sich Gadamer explizit am „Vorbild der platonischen Dialektik".[21] Das eigentliche Gespräch ist sachlich bestimmt[22] und *soll* es auch sein: „Ein Gespräch führen heißt, sich unter die Führung der Sache stellen, auf die die Gesprächspartner gerichtet sind. Ein Gespräch führen verlangt, den anderen nicht niederzuargumentieren, sondern im Gegenteil das sachliche Gewicht der anderen Meinung wirklich zu erwägen."[23]

Sind diese Bedingungen erfüllt, kann ein eigentliches Gespräch mit seiner speziellen Eigendynamik entstehen: „je eigentlicher ein Gespräch ist, desto weniger liegt die Führung desselben in dem Willen des einen oder anderen Partners. [...] Wie da ein Wort das andere gibt, [...] das mag sehr wohl eine Art Führung haben, aber in dieser Führung sind die Partner des Gesprächs weit weniger die Führenden als die Geführten. Was bei einem Gespräch ‚herauskommt', weiß keiner vorher. Die Verständigung oder ihr Mißlingen ist wie ein Geschehen, das sich an uns vollzogen hat. [...] All das bekundet, daß das Gespräch seinen eigenen Geist hat".[24] Eine ähnliche Sichtweise findet sich auch bei Rudolf Hirzel, der sich ebenfalls an Platon orientiert: „im vollkommenen Dialog erhebt sich das Gespräch zu eigenthümlichem Leben, neben dem auch die reichste Scenerie zum blossen Aussenwerk herabsinkt, und wird zu einem in sich geschlossenen Wesen, dem die Menschen und ihre Handlungen entbehrlich sind."[25]

Man muss sich klar machen, dass ein im Sinne dieser Ansätze echtes, wahres oder eigentliches Gespräch kaum noch als ‚Mittel der Verständigung' gelten kann, wenn man Verständigung als Interaktion mit gesetzten Zwecken und Zielen begreift. So schreibt z.B. Werner Pannenberg bezüglich der Eigendynamik des eigentlichen Gesprächs, dass in ihm ein „Gefühl der Übereinstimmung mit dem Partner [erlebt wird], die sich im

---

[20] Gadamer, Hans-Georg: *Wahrheit und Methode. Grundzüge einer philosophischen Hermeneutik*, 2. Aufl., Tübingen 1965, 360.
[21] Ebd., 344.
[22] Vgl. Strohmaier, Eckart: *Dialoge des Sokrates*, in: Heindrichs, Wilfried / Rump, Gerhard Charles (Hrsg.): *Dialoge. Beiträge zur Interaktions- und Diskursanalyse*, Hildesheim 1979, 102ff.
[23] Gadamer, Hans-Georg: a.a.O., 349.
[24] Ebd., 361.
[25] Hirzel, Rudolf: *Der Dialog. Ein literaturhistorischer Versuch*, Bd. 1, Leipzig 1895, 7.

Austausch *dann fast beliebiger Äußerungen* artikuliert“[26], und bei Erich Fromm heißt es in Bezug auf das lebendige Gespräch: „Die Unterhaltung hört auf, ein Austausch von Waren (Information, Wissen, Status) zu sein und wird zu einem Dialog, bei dem es keine Rolle mehr spielt, wer recht hat. Die Duellanten beginnen miteinander zu tanzen“.[27] Aus diesem Grunde möchte ich auch Jürgen Habermas nicht in diese Überlegungen einbeziehen, obwohl auch er mit den Konzepten der idealen Sprechsituation und des herrschaftsfreien Diskurses ein Gesprächsideal entwirft, das mit seinen grundlegenden Bestimmungsmerkmalen wie Chancengleichheit, Authentizität und Zurückhaltung dominierender Partikularinteressen[28] in einer gewissen Kontinuität zu den bisher vorgestellten Ansätzen steht. Kommunikatives, sprich verständigungsorientiertes Handeln zielt jedoch vornehmlich „auf ein Einverständnis, welches den Bedingungen einer rational motivierten Zustimmung zum Inhalt genügt.“[29] Eben dieses Abheben auf das kommunikativ erzielte Einverständnis auf rationaler Grundlage, das als Telos der Sprache innewohnt, lässt Habermas’ Theorie von den oben vorgestellten Ansätzen abrücken.

## II.

In den Ansätzen Bubers, Jaspers’ und Gadamers richtet sich die Aufmerksamkeit also stets auf eine besondere Form des Gesprächs, die von herkömmlichen Formen deutlich unterschieden wird. Natürlich hat die Bezugnahme auf Gespräch innerhalb der philosophischen Interessen der drei Ansätze jeweils verschiedene Funktion. Buber und Jaspers geht es um das Gespräch als Bedingung und Vollzugsort der Selbstwerdung, während Gadamer sich für das Gespräch vor allem als Modell des hermeneutischen Phänomens interessiert. Entscheidend ist die Tatsache, dass alle drei hierfür ein *idealisiertes* Gespräch entwerfen. Zwar bestehen auch zwischen den dort vertretenen Gesprächsbegriffen deutliche

[26] Pannenberg, Werner: *Sprechakt und Gespräch*, in: Stierle, Karlheinz / Warning Rainer (Hrsg.): *Das Gespräch*, München 1984, 65-76, 76.

[27] Fromm, Erich: *Haben oder Sein. Die seelischen Grundlagen einer neuen Gesellschaft*, in: *Gesamtausgabe*, Bd. 2, Stuttgart 1980, 269-414, 297.

[28] Vgl. Habermas, Jürgen: *Wahrheitstheorien*, in: ders.: *Vorstudien und Ergänzungen zur Theorie des kommunikativen Handelns*, Frankfurt 1984, 127-183, 174f.

[29] Habermas, Jürgen: *Theorie des kommunikativen Handelns. Bd. 1: Handlungsrationalität und gesellschaftliche Rationalisierung*, Frankfurt 1987, 387.

Unterschiede. So betont Jaspers nachdrücklicher als Buber die Notwendigkeit vermittelnder Weltinhalte für die Kommunikation.[30] Noch deutlicher als Jaspers betont schließlich Gadamer die Bedeutung der Sache für das Gespräch. Ohne diese Unterschiede überspielen zu wollen, sollen hier die Gemeinsamkeiten der Gesprächsbegriffe im Vordergrund stehen. Folgende Merkmale des idealen Gesprächs werden in allen drei Ansätzen hervorgehoben:[31]

1. Das Zwiegespräch bildet den Inbegriff des echten Gesprächs.
2. Das echte Gespräch zeichnet sich durch eine gewisse Unverfügbarkeit aus. Es ist nicht planbar und lässt sich nicht durch die Einhaltung von Regeln allein herbeiführen. Es entsteht plötzlich und unvermittelt.
3. Das echte Gespräch lässt sich nicht auf die Aktivitäten der Gesprächspartner reduzieren. Es entwickelt eine gewisse Eigenständigkeit und Eigendynamik und löst sich von den Zielsetzungen und Intentionen der Gesprächspartner.
4. Im echten Gespräch verliert die empirische Individualität, das ‚Sosein' der Gesprächspartner ebenso seine Relevanz wie äußere Merkmale der das Gespräch umgebenden Szenerie.
5. Ein Grundmaß an Gegenseitigkeit ist Bedingung für das Entstehen eines echten Gesprächs in seiner besonderen Eigendynamik, sei es bezüglich der Bereitschaft zur Anerkennung des anderen als personenhafte Existenz, sei es bezüglich des „Willens zur Offenbarkeit" oder bezüglich der Fähigkeit, sich unter die Führung der Sache zu stellen.
6. Schließlich: Das echte Gespräch ist in der Gegenwart zunehmend bedroht.[32]

Welcher Status ist diesen Aussagen über das echte Gespräch zuzusprechen? Welche Stellung nehmen sie innerhalb der jeweiligen philosophi-

[30] Vgl. Jaspers, Karl: a.a.O., 67ff. Zur Kritik an Buber, gehaltvolle Kommunikation zugunsten einer Unmittelbarkeit der Begegnung abzulehnen vgl. Bidlo, Oliver: *Dialog und Kommunikation. Martin Buber und die Kommunikationswissenschaft*, in: Geier, Fabian u.a. (Hrsg.): *Perspektiven philosophischer Forschung. Vorträge der 3. und 4. GPW Graduiertenkonferenz Heidelberg 2004-2005*, Essen 2007, 124-140, 130ff.

[31] Der Einfachheit halber wird im Folgenden der Ausdruck „echtes" Gespräch stellvertretend auch für das „wahre" und „eigentliche" Gespräch verwendet.

[32] Vgl. Buber, Martin: a.a.O., 288; Kaufmann, Fritz: *Karl Jaspers und die Philosophie der Kommunikation*, in: Schilpp, Paul Arthur (Hrsg.): *Karl Jaspers*, Stuttgart 1957, 193-284, 193f.; Gadamer, Hans-Georg: *Die Unfähigkeit zum Gespräch*, in: ders.: *Hermeneutik II*, Tübingen 1993, 207-215.

schen Argumentation ein? Ich möchte vorschlagen, diese Aussagen weder lediglich als deskriptive Erfassung eines gegebenen Phänomens noch allein als normative Handlungsanweisung aufzufassen. Vielmehr weisen sie eine deskriptiv-normative Doppelbedeutung auf.[33] Sie appellieren dadurch an Vorerfahrungen mit dem Phänomen des guten Gesprächs sowie an damit verbundene Befindlichkeiten. Die Bezugnahme auf das Phänomen des guten Gesprächs stellt einen *argumentativen Kunstgriff* dar, den ich im Folgenden nachzeichnen möchte.

## III.

Die Bestimmungen des Gesprächsideals erscheinen in einem deskriptiven Gewand. Dementsprechend können die oben angeführten Aussagen über das echte Gespräch als Bestimmungen derjenigen Merkmale aufgefasst werden, die ein Gespräch auszeichnen, welches die jeweiligen Leistungen des Gesprächs zu erbringen vermag – sei es nun die Selbstwerdung der Gesprächspartner oder deren „Verwandlung ins Gemeinsame hin". Es handelt sich freilich nicht um objektiv verifizierbare Bestimmungen, so als könnte man bei einem gegebenen Gespräch seine Echtheit dadurch beurteilen, dass man überprüft, inwiefern die entsprechenden Merkmale auf dieses Gespräch zutreffen. Dennoch beschreiben sie mehr oder weniger treffend das subjektive Erleben desjenigen, der ein solches echtes Gespräch führt. Andererseits ist der diesen Ansätzen zu Grunde liegende Gesprächsbegriff ein durch und durch normativer. Dies gilt natürlich für den Grenzbegriff des echten Gesprächs, da das echte Gespräch immer als ein möglichst zu verwirklichendes Ideal entworfen wird. Dies gilt aber genauso für den Begriff des herkömmlichen Gesprächs, das sich angeblich gerade in der heutigen Zeit immer mehr vom Ideal entfernt. Indem das echte Gespräch eben als ‚echt' bezeichnet wird, wird der Gedanke nahe gelegt, dass im herkömmlichen Gespräch die das echte Gespräch ausmachenden Merkmale noch verdeckt bzw. verzerrt sind und das Gespräch also ‚unecht' bzw. ‚uneigentlich' ist. Ganz in diesem Sinne bemerkt Japsers, dass die existentielle Kommunikation „wirklich als Bewußtsein des Mangels ihrer selbst"[34] ist. Auch eine bloße Be-

[33] Eine solche Interpretation von Jaspers' Bestimmungen der existentiellen Kommunikation schlägt Salamun vor. Vgl. Salamun, Kurt: *Karl Jaspers*, München 1985, 76.
[34] Jaspers, Karl: a.a.O., 73.

schreibung eines Gesprächs erhält in einem solchen Kontext also einen wertenden Unterton. Die Aussagen über das echte Gespräch haben daher eine deskriptiv-normative Doppelbedeutung. Sie beschreiben einerseits, wie Gespräche in der Perspektive der Gesprächsführenden *sind*, und deuten andererseits an, wie Gespräche sein *sollten*. Dabei fällt auf, dass diese Aussagen nicht eigentlich begründet oder aus anderen Aussagen abgeleitet werden. Vielmehr appellieren die ‚deskriptiven' Bestimmungen des echten Gesprächs an Vorerfahrungen, die man mit Gesprächen gemacht hat, und wirken schon allein dadurch höchst plausibel. Und da es eben auch eine Vorerfahrung ist, dass es bessere und schlechtere Gespräche gibt, dass womöglich die guten Gespräche seltener werden oder mit der derzeitigen Gesprächspraxis zumindest etwas ‚nicht in Ordnung' ist, verfügen auch normative Aussagen über Gespräche über ein hohes Maß an Plausibilität.

In eben diesem Appell an Vorerfahrungen besteht meines Erachtens der argumentative Kunstgriff einer Bezugnahme auf das Phänomen des echten Gesprächs. Das in den jeweiligen Ansätzen vertretene Interesse wird hierdurch einsichtig und nachvollziehbar – sei es die Aufzeigung der Notwendigkeit der Ich-Du-Beziehung für das Selbstsein des Menschen, sei es die Ausweisung der Kommunikation als „ideale existentielle Verwirklichungsweise"[35] oder die Aufwertung der Tradition, indem das Verstehen von Texten als Gespräch aufgefasst wird, in dem sich die Gesprächspartner unter die Sache stellen. Jenseits dieser Unterschiede in den Interessen aber bildet die Forderung, den Anderen in seiner Andersartigkeit anzuerkennen, eine grundlegende Gemeinsamkeit der Ansätze. Sie haben alle drei diesen normativen Kern. Natürlich kommt in dieser Forderung jeweils eine bestimmte Werthaltung zum Ausdruck, die sich bei Buber als „Gegenkonzept zum Individualismus, Kollektivismus und Utilitarismus"[36], bei Gadamer dagegen als Aufwertung der Tradition ausprägt. Gerade die Anerkennung des Anderen erscheint jedoch unverzichtbar für das wohl jedem bestens bekannte Streben nach dem guten Gespräch.

---

[35] Salamun, Kurt: a.a.O., 76.

[36] Vgl. Bidlo, Oliver: *Dialog und Kommunikation. Martin Buber und die Kommunikationswissenschaft,* a.a.O., 127.

## IV.

Mit der Ausweisung der den behandelten Ansätzen zu Grunde liegenden Argumentationsstrategie als Appell an Vorerfahrungen und Befindlichkeiten bezüglich Gesprächen, um hierdurch ihren normativen Anspruch zu plausibilisieren, wird diese Strategie keineswegs als ungültig oder irrational abgetan. Die Rede vom echten Gespräch soll hier auch nicht mit Adorno als „Jargon der Eigentlichkeit" kritisiert werden, der „Leibnähe" vortäuscht und dafür sorgt, „daß, was er möchte, in weitem Maße ohne Rücksicht auf den Inhalt der Worte gespürt und akzeptiert wird durch ihren Vortrag", weil dessen Worte, „unabhängig vom Kontext wie vom begrifflichen Inhalt, klingen, wie wenn sie Höheres sagten".[37] Ich möchte stattdessen versuchen, die Rede vom echten Gespräch zu *verstehen*, ohne sie als ideologisch abzulehnen. Ich bin der Meinung, dass sich die Rede vom echten Gespräch aus der spezifischen Art herleiten lässt, wie der Begriff des Gesprächs gegeben ist: als ein Konglomerat von Erfahrungen mit Gesprächen, aus denen sich die normative Komponente ebenso wenig herauslösen lässt wie ihr deskriptiver, wenn auch auf die subjektive Perspektive beschränkter Gehalt. In der subjektiven Perspektive zeichnen sich Gespräche in der Tat durch eine gewisse Eigenständigkeit und Unverfügbarkeit aus. Und es ist eine Grunderfahrung, dass ein Gespräch ‚verdirbt', wenn die Bestimmungen des Gesprächs nicht hinreichend zutreffen, wenn sich etwa die Gesprächspartner nicht gegenseitig anerkennen, weshalb gegenseitige Anerkennung geradezu *geboten* erscheint. Eben wegen dieser Anforderungen und Gebote kann „das Gespräch als eine normative Idee der gelungenen Kommunikation"[38] gelten. Ein Gesprächsbegriff, der phänomenale Angemessenheit beanspruchen möchte, muss dieser genuin normativen Komponente Rechnung tragen. Nicht ohne Grund verbinden sich in der Geschichte der Kommunikationstheorie häufig deskriptive mit normativen Aspekten, wofür die anfangs erwähnte *ars conversationis*, aber auch die klassische Rhetorik, ja selbst die Hermeneutik schöne Beispiele abgeben. Und selbst empirisch orientierte Ansätze zur ‚verbalen Interaktion', die eine gewisse Wertfreiheit für sich

---

[37] Adorno, Theodor Wiesengrund: *Jargon der Eigentlichkeit. Zur deutschen Ideologie*, Frankfurt a. M. 1964, 10f.

[38] Stierle, Karlheinz: *Gespräch und Diskurs. Ein Versuch im Blick auf Montaigne, Descartes und Pascal*, in: ders. / Warning, Rainer (Hrsg.): *Das Gespräch*, München 1984, 297-334, 298.

beanspruchen und die hier behandelten Ansätze als mystisch abtun[39], kommen in ihren Versuchen, direkte face-to-face-Kommunikation zu definieren, nicht ohne den Bezug auf Phänomene aus, die in der Alltagserfahrung sehr wohl als *normative* Bestimmungsmerkmale von Gesprächen gelten. Das Gespräch, so heißt es, weist ein „Höchstmaß an Unmittelbarkeit und Wechselseitigkeit“[40] auf, die soziale Situation entwickelt eine „Sogkraft“[41] erwartbarer Gegenseitigkeit, und die Kopräsenz sich wechselseitig wahrnehmender Partner setzt ein eigenständiges soziales Geschehen in Gang, das ein „Eigenleben“[42] zu führen beginnt.

Die erfahrbare, ja sich geradezu aufdrängende Eigenständigkeit, aber auch Unverfügbarkeit des Gesprächs, die als abhängig von dem Grad der wechselseitigen Anerkennung, aber auch der Authentizität erlebt wird, bildet also meines Erachtens die Grundlage für die *Bewertung* des Gesprächs – und zwar zunächst für die Gesprächsführenden selbst. In Fortführung dieser wertenden Klassifizierung in der theoretischen Reflexion erscheint dann als ‚Limesbegriff' ein Gespräch, das von allen die Eigenständigkeit und Unverfügbarkeit störenden Einflüssen frei ist, und daher als unverfälscht oder eben ‚echt' erscheint. Störende Einflüsse sind hier nicht nur Unaufrichtigkeit, Herrschaftswille oder „der Gedanke an die eigene Wirkung als Sprecher“[43], sondern womöglich auch eine in das Gespräch mitgebrachte *Absicht* oder ein außerhalb des Gesprächs liegender *Zweck*. Ein Gespräch, in dem auch diese ‚Einflüsse' wegfallen, wird wohl in der Tat „mehr empfunden als geradezu gesprochen“, wie Walser es im Eingangszitat ausdrückt. Es hat in der Tat „keinen weiteren Zweck als das Wohlwollen“. Vielleicht sollte ein solches Gespräch, das mit herkömmlichen ‚Verständigungshandlungen' kaum noch etwas zu tun hat, besser als *gutes* Gespräch denn als *echtes* Gespräch bezeichnet werden, wobei „gut“ im ethischen, vielleicht auch im ästhetischen Sinne gemeint sein kann (Simmel zufolge verhält sich die gepflegte Konversation zum

---

[39] Vgl. Knoblauch, Hubert: *Kommunikationskultur. Die kommunikative Konstruktion kultureller Kontexte*, Berlin / New York 1995, 60.

[40] Luckmann, Thomas: *Das Gespräch*, in: Stierle, Karlheinz / Warning, Rainer (Hg.): *Das Gespräch*, München 1984, 56.

[411] Hausendorf, Heiko: *Gespräch als System. Linguistische Aspekte einer Soziologie der Interaktion*, Radolfzell 2004, 33.

[42] Goffman, Erving: *Interaktionsrituale. Über Verhalten in direkter Interaktion*, Frankfurt a. M. 1971, 27.

[43] Buber, Martin: a.a.O., 286.

herkömmlichen Gespräch so wie das Kunstwerk zur Realität[44])? Es ist jedenfalls genau diese ‚wunderbare' Erfahrung, auf die Buber, Jaspers und auch Gadamer anspielen und die ihre Argumentationen trotz des (von Buber und Jaspers sogar explizit betonten) Mangels an empirisch-rationaler Nachprüfbarkeit so schlüssig und ‚ansprechend' macht.

[44] Vgl. Simmel, Georg: *Soziologie der Geselligkeit.*, in: *Verhandlungen des Ersten Deutschen Soziologentages*, Tübingen 1911, 1-16.

*Stephan M. Fischer*

# Simulation auf Möglichkeitsräumen und das Fundamentalproblem der Sprachphilosophie

In der Wissenschaftstheorie steht die Frage nach der Begründbarkeit von Wissen im Zentrum. Kann dieser strenge Anspruch an Begründung und Rechtfertigung in den Wissenschaften jenseits zu enger Anlehnung an eine fachspezifische Methodik beschrieben und erfasst werden? Ich werde im Folgenden genau so eine Beschreibung geben, die sowohl ein generelles Konzept der Wissenserstellung und Wissensrechtfertigung gibt, als auch die jeweiligen Spezifika unterschiedlicher Disziplinen zu berücksichtigen und in sich aufzunehmen vermag.
Ist dieser Prozess erst beschrieben, so zeigt sich eine erstaunliche Nähe und, meines Erachtens auch, eine Lösungskapazität zu dem, was ich als „Fundamentalproblem der Sprachphilosophie" bezeichnen werde. Dieser zweifachen Anwendbarkeit des vorgestellten Wissenskonzeptes in Wissenschaftstheorie und Sprachphilosophie will ich mich in dieser Arbeit widmen.

## Das wissenschaftstheoretische Problem

Von Beginn an stellte das Erklärungsproblem eine fundamentale Herausforderung an die Wissenschaftstheorie dar. Erklärungen repräsentieren die Antwort auf die Frage „warum", oder besser, „warum so und nicht anders?"[1] Sie sind die Kronzeugen des Wissens, und die Wissenschaften präsentieren uns das jeweils bestgesicherte Wissen der Zeit. Wissen und Erkenntnis sind nur dann Wissen und Erkenntnis, wenn sie wahres Wissen sind. Der Wahrheitsanforderung an die Wissenschaft korrespondierte die Forderung nach strenger Methode. Orientierte sich die Wissenschaftstheorie dabei lange an der Physik mit ihrer streng mathematisch-formalen Methode, so zeigen bis heute alle Auffassungen von harten vs.

[1] Die Warum-Frage soll hier in umfassendem Sinne gemeint sein. Es soll also nicht dem Warum eine tiefer gehende Qualität unterstellt werden, als etwa der Wie-Frage. Die Gewichtsverlagerung – auch methodisch – bei einer Orientierung an anderen Fragestellungen, aber auch das Problem des Funktionalismus, soll hier nicht angesprochen werden.

weichen Wissenschaften, Natur- vs. Geisteswissenschaft, echten Erklärungen vs. Erklärungsskizzen,[2] erklärender Wissenschaft vs. verstehender,[3] etc. nur immer wieder den unbefriedigenden Status des Erreichten. Selbst innerhalb der ‚harten', ‚echten', ‚erklärenden' Naturwissenschaft bestehen schwerwiegende Probleme. Man denke etwa an die Rolle von Naturgesetzen[4], die Probleme der Quantenmechanik oder die Herausforderungen nichtlinearer Theorien der Selbstorganisation.[5] Auch die, neben der Quantenphysik zweite, fundamentale Säule unseres modernen Weltbildes, die Evolutionsbiologie, lässt sich keineswegs unter ein Standarderklärungsschema fassen.[6]

Der auf die Methode gestützte Ansatz ist insoweit verständlich und naheliegend, als wahres Wissen seit der griechischen Philosophie als methodisch begründetes Wissen aufgefasst wurde. So lag es nahe, hinter der erfolgreichsten Wissenschaft die bestbegründete Methode zu erblicken. Man kann jedoch diese alte griechische Forderung nach begründeter Scheidung des Wissens vom Schein auch in einen anderen Ansatzpunkt umformen: Nicht nach *einer* gut bestätigten Art der Methodik zu suchen und aus ihr Rechtfertigung und Erklärungsbegründung abzuleiten, sondern nach den Konsequenzen des Anspruches an Wissenserstellung und Wissensrechtfertigung selbst – ohne einer bestimmten Methodik von vornherein den Vorzug zu geben – zu fragen und daraus ein Methodenbild generellerer Natur zu entwickeln.[7]

Der Wissensanspruch fordert Kriterien, um Wissen fundiert und sicher feststellen zu können. Mithin erzeugt die Forderung, Wissen vom Schein abzulösen, den Gebrauch eines ablösenden Werkzeuges. Dieses Werkzeug kann nun keineswegs selbst einer Begründung bedürfen. Jeder Versuch, Methode als solche wiederum methodisch zu begründen, muss in einen Regress führen. Der typische Weg ging nun dahin, eine Axiomatik zu fordern. Deren Glaubwürdigkeit gegenüber der Willkür ihrer Wahl

---

[2] Carl G. Hempel: Aspects of Scientific Explanation and other Essays in the Philosophy of Science (New York 1965).

[3] Wilhelm Dilthey: Der Aufbau der geschichtlichen Welt in den Geisteswissenschaften (Frankfurt a. M. [7]2001).

[4] Nelson Goodman: Tatsache, Fiktion, Voraussage (Frankfurt a. M. 1988).

[5] Ilia Prigogine: Vom Sein zum Werden (München 1979).

[6] Stephan M. Fischer: Zu den Erklärungen des Evolutionsbiologie (Münster 2003).

[7] Ich habe dies ausführlich dargelegt in: Stephan M. Fischer: Dynamisches Wissen. Die Einschränkung der Möglichkeit (Weilerswist 2010).

forderte bereits Platon[8], und bei Aristoteles[9] gründen Axiome auf ihrer eigenen Evidenz.

Ich möchte hier einen radikal anderen Weg zeichnen. Die Forderung nach der unbegründeten Methode will ich nicht in einer Forderung nach evidentermaßen einsichtigen Axiomen aufgehen lassen. Vielmehr will ich die Forderung nach ‚unbegründeter' Methodik in eine Forderung nach *selbstbegründender Methodik* überführen. Wir brauchen also eine Methodenvorstellung, in der die Begründung sich nicht aus festen Sätzen ergibt, sondern aus sich selbst, das ist insbesondere *in ihrer Anwendung*. Damit wird kein fest gefügtes Regelwerk mehr die Ansprüche einzulösen im Stande sein. Die Suche gilt nun einem Ablauf, einem prozessualen Geschehen, in dessen Anwendung und Verlauf sich die Regeln formieren, verändern, umgestalten und mit ihnen Berechtigung, Akzeptanz und schließlich Begründungen *im Prozess der Wissenserstellung selbst miterzeugt werden*.

**Akzeptanz**

Ich habe den Versuch unternommen, das Zustandekommen wissenschaftlicher Erklärungen zu verstehen, indem ich nicht primär nach Methodik im engeren Sinne, sondern nach *Kriterien der Akzeptanz* fragte. Ich suchte nach einem *Prozess der Akzeptanzerzeugung*, der zugleich allgemein sein sollte – in allen wissenschaftlichen Tätigkeiten ringen die Beteiligten um Akzeptanz – und (engere) Methode jeweils in sich zu fassen vermag. Da Akzeptanz nicht mehr auf evidenter Einsicht in vorliegende Fundamentalsätze beruhen soll, ist sie einem Herstellungsprozess unterlegen, sie muss erzeugt werden. Dies erfordert die Herstellung von Gemeinsamkeit und die Einigung der Beteiligten. Akzeptanzerzeugung wird so von einem formalen zu einem kommunikativen Prozess. Der Kommunikationsnotwendigkeit entsprechend fasse ich Erklärungen in erster Näherung als Erzählungen auf. Immer lassen sie sich kommunizieren in Form einer gerichteten narrativen Kette, selbst wenn es sich um eine streng formalisierte, mathematisch-deduktive Kette handelt.

Das Erklärungsproblem kann dann folgendermaßen reformuliert werden: Welchen Kriterien muss eine *beliebige Erzählung* folgen – und zwar be-

---

[8] Platon: Phaidros 107b.

[9] Aristoteles: Metaphysik Γ3.1005b33-34.

reits in ihrem Erstellungsprozess – um aus ihr eine *akzeptierte Erklärungserzählung* zu machen? Und weiter: Wie ist dieser Erstellungsprozess mit dem Wissensanspruch und seinen Konsequenzen zu vereinen, wie also ist Methode generell zu verstehen?
Als Ausgang der Betrachtungen wird dann ein erzählender Herstellungsprozess anzunehmen sein, um den oben erwähnten Forderungen an die Akzeptanzerzeugung, und der Realität der Wissenschaftler, die an der Kommunikation beteiligt sind und sie erstellen, gerecht zu werden. Wenn schließlich in Anwendung erst die Kriterien mit entstehen sollen, so können wir nicht mehr von einem Folgen bestimmter methodischer Regeln alleine ausgehen, Methode steht also nicht mehr fest gefügt für sich da, sondern *der gesamte Prozess selbst muss als die Methode angesehen werden.*
Wie kann so ein Prozess nun aussehen?

**Einschränkung der Möglichkeitsräume**

Die leitende Annahme nimmt die Auseinandersetzung der Wissenschaften mit komplexen Systemen auf. Sie erfordert eine Reduktion der Komplexität und entsprechende Modellbildung. Die Idee ist nun, Modellbildung überhaupt als eine *Reduktion der Unbegrenztheit möglicher Strukturen* zu verstehen, um so eine Metatheorie der Modellbildung zu formulieren. Diese Metamodellbildung soll also als ein Reduktionsprozess verstanden werden, der die Unbegrenztheit möglicher Strukturen sukzessive einschränkt. Um Fallstricken, wie dem Regress der methodischen Begründung, zu entgehen, muss ein Ausgangspunkt gewählt werden, der weitestgehend ohne bestimmte Auszeichnungen vorliegt; der Prozess muss seinen Ausgang nehmen bei etwas möglichst formlosen, offenen, das jedoch zugleich das Potential bietet, die gesuchten Strukturierungen aufzubauen.
Ich schlage daher als Ausgangspunkt des Wissenserstellungsprozesses *offene Möglichkeitsräume* vor. Die Offenheit solcher Räume meint zu allererst, dass Auszeichnungen und Fixierungen, also festgehaltene Punkte des Raumes, beliebig, ohne Vorgaben aus dem Möglichkeitsraum, gewählt werden können. Offenheit meint darüber hinaus, dass solche Punkte auch verschoben oder ersetzt werden können. Offenheit meint dann auch, dass solcherart Festsetzungen und Auszeichnungen verbunden

werden können, ohne dass es für diese Verbindungswege vorgegebene Regeln gibt.[10]

Ich fasse den epistemischen Prozess, der mit solchen Möglichkeitsräumen umzugehen hat, als *Simulation* auf. Im Unterschied zu traditionellen Auffassungen werden als Ausgangspunkt der Simulation die offenen Möglichkeitsräume herangezogen und nicht bestimmte Sets an Daten. Es geht also nicht darum, mittels verschiedener Simulationen bei vorgegebenen Randbedingungen und Datensätzen, eine Verbindung zu Beobachtungsdaten herzustellen. Simulation meint den Prozess innerhalb dessen den uneingeschränkten Räumen Einschränkungen auferlegt und so Modelle und Wissensrechtfertigungen gewonnen werden. Um mögliche Konnotationen zum Begriff einer Struktur zu vermeiden, spreche ich von *Formation* und *formiertem Raum.*

Ich frage also nach Einschränkungsbedingungen, die den Formierungsprozess des Möglichkeitsraumes bestimmen und mittels dessen schließlich ein anerkanntes Relationengefüge der Punkte im Raum hergestellt wird.

Es handelt sich nun zuerst um ein Ankoppelungsproblem zwischen offenen Möglichkeitsräumen und einem Phänomenbereich (beliebiger Interpretation). Als Phänomenbereich soll dabei der Gegenstandsbereich der die Erklärung erheischenden Feststellungen bezeichnet werden. Erste Auszeichnungen müssen aus dem phänomenbereichlichen Feld stammen, da sie aus dem Möglichkeitsraum nicht kommen können. Wären sie Möglichkeitsräumen entnommen, so könnten wir diese nicht länger als unformierte und offene Räume bezeichnen.

Die Ankoppelung stellt zuerst eine Projektion aus dem Phänomenbereich in den Möglichkeitsraum dar. Damit werden ganz bestimmte Auszeichnungen und Festsetzungen an den offenen Raum herangetragen. Mit einer Festsetzung verändert man den offenen Raum, man *reduziert* ihn.

[10] Ich möchte an dieser Stelle darauf hinweisen, dass die vorgeschlagenen Möglichkeitsräume keine ontologischen Räume oder so etwas wie ein Absolut des Potentialen darstellen sollen. Die Möglichkeitsräume werden hier als Raum alles schlechthin epistemisch Möglichen aufgefasst, man kann sie als die Deklaration der epistemischen Freiheit verstehen. Aus dieser Freiheit heraus erfolgen Modellbildung und Wissenserstellung im dynamischen Prozess.

Auszeichnungen können verändert, verworfen oder umgestellt, also ausgetauscht werden.[11] Damit gehe ich davon aus, dass der Beginn einer simulativ-narrativen Wissenserstellung tatsächlich *nahezu beliebige Feststellungen und Auszeichnungen benutzen kann*. Sie zu nutzen heißt, dem offenen Möglichkeitsraum bestimmte Auszeichnungen aufzuprägen. Mit diesen Auszeichnungen beginnt, was ich als den Übergang zu formierten Räumen bezeichne oder kurz, als *Formierung*. Die Auszeichnungen stecken wie Nadeln in der narrativen Landkarte des Möglichkeitsraums. Der solcherart vor-formierte Möglichkeitsraum bleibt gleichwohl ein Möglichkeitsraum, in dem man sich bewegen kann, also zusehen, ob der formierte Raum nicht Möglichkeiten bietet, die einzelnen Stecknadeln oder Pflöcke (Wegmarken) untereinander zu verbinden.

Diese Suche nach einer Verbindung bestimmter Auszeichnungen und Festsetzungen untereinander stellt das zentrale Problem einer Erklärungssuche dar. Die Verbindung einzelner Festsetzungen und Auszeichnungen bezeichne ich als *Schließung* im Möglichkeitsraum. In allererster Linie, und damit greife ich die Eingangs beschriebene kommunikative Akzeptanzerzeugung wieder auf, ist eine solche Schließung eine Narration. Die narrative Schließung versucht also nun *Wege durch den Möglichkeitsraum* zu verfolgen. Es soll sich eine geschlossene narrative Kette von Punkt zu Punkt, von Auszeichnung und Festlegung zur nächsten erstellen lassen. Dies ist die rudimentäre Form einer Erzählung (aber noch nicht eine Erklärungserzählung). Im Vorgang der narrativen Schließung offenbart sich der Möglichkeitscharakter des Raumes jetzt in der für das Simulationsverständnis entscheidenden Form. Wie die ersten Auszeichnungen selbst, so sind auch die nun herangezogenen Verbindungselemente – ich nenne sie Transportsätze – in hohem Maße variabel. Es können zur Verdichtung zwischen den Auszeichnungen – den Punktsätzen – neue Größen eingeführt werden, etwa theoretische Größen, wie sie der Physik bekannt sind.[12]

---

[11] Man denke beispielsweise an die Einführung neuer Größen, theoretischer Größen, die Relevanz unterschiedlicher Beobachtungen oder sogar die Vernachlässigung verschiedener ursprünglich mit angenommener Größen und Beobachtungen.

[12] Aber auch in anderen Fächern finden sich solche theoretischen Größen. „Evolution" selbst stellt eine dar, denn sie ist direkt nicht beobachtbar, sondern nur die Veränderung. In den Geschichtswissenschaften finden sich theoretische Größen als „historische Institution", beispielsweise „der Vielvölkerstaat" oder „der Adel".

Es können dann immer noch verschiedene Verbindungslinien erzählt werden. So kann es zu einem Austausch der Sätze kommen. Eine solche *Permutation* kann auch die ‚Ordnung' der Sätze betreffen. In der Evolutionsbiologie beispielsweise wird diese Permutation von Ausgangs- und Beobachtungsdaten als typisches Merkmal der Erstellung geschlossener Erzählkomplexe benutzt. Auch kann es zu *Relevanzverschiebungen* kommen, wenn etwa ursprünglich angenommene Fixierungen im weiteren Verlauf der Wegerstellung sozusagen ‚umgangen' werden. Neue Wege durch den Raum können Abkürzungen sein, die dieser ursprünglichen Festsetzungen nicht mehr bedürfen. Eine solche Dynamik der Relevanzverschiebung gehört zum Verständnis geschichtswissenschaftlicher Erklärungen ganz entschieden dazu.

Zugleich entsteht mittels dieser Schließungen eine erste Rückkopplung im Prozess. Entlang der Wege können neue Landmarken gesetzt werden, und der Möglichkeitscharakter hält es offen, diese gegen die Ursprünglichen (relativ beliebigen) auszutauschen. Damit beginnt ein Prozess der *Projektion auf die Ausgangslage*, der diese verändert. Die Rückkoppelung und Projektion nähert Möglichkeitsraum und Phänomenbereich einander an und verändert immer beide. Die schließlich als *dichte Projektion* bezeichnete Deckung der Bereiche kann als das Ziel der Wissenserstellung angesehen werden.

Die Projektion verändert nun die Interpretation des Phänomenbereiches. Diese Veränderung kann ihrerseits die Restriktionen betreffen. So führen sie zu differenzierten bis gänzlich andersartigen Formierungen und mittelbar zu neuen Wegen und alternativen Projektionen. Hierin zeigt sich ein rudimentäres Hypothesen-Bestätigungs-Gefüge.

Selbstverständlich beginnt man solche Prozesse nicht jedes Mal vollständig neu. So können auch ganze Pakete an Einschränkungsbedingungen und Übereinkünften an den Möglichkeitsraum herangetragen werden. Diese können an zwei ganz unterschiedlichen Stellen innerhalb des Gesamtprozesses angreifen.

Zum einen können Einschränkungen auf die Formierung wirken. Eine narrative Schließung, und daran anschließende Veränderungen, kann eine der ersten ähnliche, aber doch veränderte Formierung erzeugen. Diese verändert auch die möglichen Wege der Schließung und die gewonnene Erzählung.

Zum anderen können Einschränkungen auch an der Wegerstellung selbst ansetzen. Die Struktur des Raumes ändert sich so nicht, aber es werden bestimmte Wege nicht mehr möglich. Insbesondere betrifft dies die *Art der Schließung*, also „Methode“ im engen Sinne.
Über diese Einschränkungsgruppen kann sich ein auf vielen Kreisläufen bewegender Simulationsprozess entwickeln. Das Rückgrat des Prozesses, die Kette vom offenen Raum über seine Formierung zu Wegen und narrative Schließungen, ist über Projektionen und Einschränkungen respektive deren Veränderung, rückgekoppelt. Im wiederholten Durchlauf dieser Rückkopplungen, werden Festlegungen fixiert, ihre Relationen und Bezüge durch Wege beschrieben (das inferentielle Netz) und so werden nicht nur Festlegungen einfach ausgezeichnet, sondern *entwickeln sich zugleich mit ihrer Berechtigung.* Der Prozess kreiert seine eigene Begründung und Rechtfertigung – es entsteht ein Modell.
So etabliert sich also ein dynamischer Simulationsprozess, der sich als grundlegende Dynamik der Erstellung und Rechtfertigung von Wissen in den unterschiedlichen Fächern und Disziplinen verstehen lässt. Ich selbst habe diese Konzeption durchgeführt für die Physik, die Evolutionsbiologie und die Geschichtsforschung. Erst über ganz bestimmte Restriktionsgruppen, bündelnde Einschränkungsbedingungen, die oftmals Vorab-Einigungen innerhalb eines Faches repräsentieren, differenzieren sich die Fächer. Allerdings findet diese Differenzierung statt unter dem Dach eines gemeinsam verstehbaren Prozesses, sodass wir nicht mehr der Einteilung, wie sie dem klassischen Schema entspringt, anheimfallen und damit auch nicht mehr unterschiedlichen Rechtfertigungsdrücken, sondern der Aufgabe, die jeweils entscheidenden Einschränkungsbedingungen in ein und demselben Prozess anzugeben. Diese genaue Angabe macht auch einen Großteil dessen aus, dass man den beschriebenen Prozess keineswegs als eine Aufweichung gegenüber klassischen Ansprüchen auffassen darf. Die hohe Disziplinanforderung, für die jeweiligen Schritte ihre Kompatibilität mit den jeweils herangezogenen Restriktionsgruppen nachzuweisen, die Reflexion auf benutzte Vorab-Überein-

künfte und ihrerseits wieder die Kompatibilität[13] mit dem Gesamtgerüst, stellen höchste Anforderungen dar.

**Das Fundamentalproblem der Sprachphilosophie**

„Dort steht ein Baum". Mit dieser Bemerkung will ein Sprecher nicht nur ausdrücken, was ihm gerade ‚durch den Kopf geht', was ihm seine Sinne vermitteln oder eine Ahnung aussprechen. Er stellt etwas fest, nämlich, dass „dort" die Welt der Art ist, dass „ein Baum steht". Um dies feststellen zu können, muss – so die Auffassung seit der Einführung des Bewusstseins, also entsprechend der mentalistischen Tradition, gegen die sich die Sprachphilosophie wandte – diese baumige Welt irgendwie sich ihm zeigen oder in ihm repräsentiert sein.

Die Präsenz des Baumes kann nun aber nicht dasselbe sein, wie der Baum da draußen oder der Baum da draußen kann nicht dasselbe sein, wie der ‚Baum im Kopf'. Wenn er es nicht ist, woher weiß ich dann, dass es der ‚Richtige' ist? Und, wenn er es ist, wie kommt er dann in meinen Kopf? Fragen nach Realität, Wahrheit, Wissen. Der Rest ist Philosophiegeschichte.

Mit dem späten 19. Jahrhundert und vollends im 20. Jahrhundert hat die Sprachphilosophie eine bestimmende Rolle im philosophischen Nachdenken übernommen. Wie stellt sie sich den obigen Fragen, was eigentlich ist ihre ureigenste Frage?

Die ursprüngliche Frage ist in ihrem Kern eine skeptische. In dieser skeptischen oder kritischen Ausgangslage bezeichnet es nun der sprachphilosophische Ansatz als inkonsequent, sich ständig zu fragen, wie der Baum in den Kopf kommt oder wie ich rechtfertigen kann, dass die Vorstellung eines Baumes sich tatsächlich auf diesen Baum dort bezieht.

Ist die Skepsis einmal erzeugt, so muss ich eingestehen, gar nicht *sagen* zu können, welchen „Baum" ich in meiner Frage oder Feststellung eigentlich anspreche. Den da draußen? Dann hätte ich gar kein Problem, denn wenn ich den da draußen so direkt ansprechen kann, wieso sollte ich den Baum da draußen nicht auch einfach erfassen können? Spreche ich also eigentlich den Baum in mir an? Dies scheint naheliegend, aber

[13] Hier kommt der Begriff der Revolution in Kuhnschem Sinne, die auch und gerade einen äußeren stabilen Kommunikationsrahmen braucht und nicht einfach nur abrupte Revolution sein darf, zur Geltung.

dann bleibt nur die vorgängige Frage, was der Baum in mir mit dem da draußen zu tun hätte, in gleicher Weise bestehen.
Bevor das Verhältnis der beiden Bäume geklärt werden kann, muss also erst verstanden werden, wie und worauf sich mein Ausdruck „Baum“ eigentlich bezieht. In diesem Sinne, so mag man sagen, fügt die Sprachphilosophie den ‚zwei Bäumen' einen dritten, typischerweise in Anführungszeichen gesetzten, hinzu.
Mit anderen Worten, die Philosophie hat über alle möglichen Bäume gesprochen, ohne sich je klar zu werden, gar nicht zu wissen, was „Baum“ eigentlich *bedeuten* soll. So heißt es also, einen großen Schritt zurückzugehen und, bevor man sich der Frage der ‚zwei Bäume' wieder stellen kann, zu klären, was mit „Baum“ gemeint ist. Was bezüglich der Baum-Frage gilt, gilt dann für Ulmen wie Buchen, für rot wie grün, für Abendsterne, Kaninchen, Aristoteles und meine Hände.
Doch erst der folgende Schritt führt hin zu dem, was ich als *Fundamentalproblem der Sprachphilosophie* bezeichnen möchte. Wird die skeptisch-kritische Frage nach der Rechtfertigung sinnvoller Verwendung aller Bezeichnungen, Namen, Ausdrücke, Begriffe einmal gestellt, so stellt sich sofort die weitaus schwieriger zu lösende Frage, *wie man Erstere eigentlich beantworten soll*. Sie stellt sich *nicht* bezüglich der Art der Antwort, sondern *des Antworten-Könnens überhaupt*. Worauf *bezieht* sich die Sprache, die zur Analyse des Sprachproblems herangezogen wird, und wie bezieht sie sich auf irgendetwas?
Zur Beantwortung der sprachphilosophischen kritischen Frage muss man immer genau dasjenige in Anspruch nehmen, was in der kritischen Frage zur Begründung des sprachphilosophischen Ansatzes hinterfragt wurde. *Analysegegenstand und Analysewerkzeug sind ineinander gefallen*. Ist der sprachanalytische Ansatz also in erster Linie ein methodischer, der die Klärung dessen bereitstellen soll, was wir eigentlich sinnvollerweise tun und tun können, wenn wir uns Fragen wie oben stellen, so führt die berechtigte Verschärfung des kritisch-skeptischen Grundproblems in sprachphilosophischer Sicht also direkt in ein methodisches Dilemma: dem Verlust der unkritischen Anwendung des zur Behandlung und Lösung benötigten Instrumentariums. Gebraucht man Methode, so gebraucht man immer schon dasjenige, was mittels der Methode analysiert und in der Sinnhaftigkeit seines Gebrauches gerechtfertigt werden soll.

Das Fundamentalproblem, in welcher Weise das Analysewerkzeug – mithin die sprachphilosophische Methodik – gerechtfertigt und begründet werden kann und wie sie dem Analysegegenstand entgegengestellt werden soll, lastet von Beginn an schwer auf der Sprachphilosophie.
Daher stellen sich hier sogleich zwei fundamentale Fragen: Wie fängt man an, und wie kann es in dieser Situation überhaupt noch eine (klassische) Methode geben?

**Ähnlichkeit und Lösung des Fundamentalproblems**

Überzeugend, konsequent und weitreichend in ihren Konsequenzen, kann die sprachphilosophische Grundidee mithin nur dann ausgearbeitet und verfolgt werden, wenn es gelingt, dieses Fundamentalproblem zu lösen. Gerade darin zeigt sich die angesprochene Ähnlichkeit zum Dilemma des Rechtfertigungsanspruches begründeten Wissens.
Ohne die selbstbegründende Methodik kann das Programm rechtfertigender Begründung nicht durchgeführt werden. Im sprachphilosophischen Fundamentalproblem zeigt sich dieses Dilemma wohl noch deutlicher. Wie soll ein Anfang gefunden werden, der nicht selbst schon tief verankert ist im Analysegegenstand selbst? Ein Versuch, diesem Dilemma auf den Leib zu rücken, stellte die logische Rekonstruktion und der anschließende logische Aufbau der Sprache dar, entsprechend der Nähe wissenschaftstheoretischer Ansätze zur formal-logischen Methode. Trotz einer großen Menge an fruchtbaren Einsichten und Ergebnissen muss dieser Ansatz heute als nicht vollständig durchführbar angesehen werden.
Das Ineinanderfallen von Analysegegenstand und Analysewerkzeug ähnelt nur zu deutlich der Problematik der Wissensrechtfertigung und der Einlösung des methodischen Wissensanspruches. Da wie dort stellt sich das Problem eine grundlegende Vorgehensweise zu entwickeln, in der kein absoluter Anfang gesetzt werden kann, in der sich eine vorgegebene Methodik nicht mehr ohne Weiteres dem Analyseobjekt gegenüberstellen lässt, in der von deduktiver Anwendung gegebener Regelwerke zu dynamischen Prozessen übergegangen werden muss.
Nehmen wir, um die Ähnlichkeit der methodischen Probleme zu zeigen, noch weitere einschneidende und zentrale Ergebnisse aus dem langen Jahrhundert der sprachphilosophischen Analytik zur Kenntnis. Einmal

gelten die Durchführung und der Gebrauch von Sprache als nur möglich in einem sozialen Kommunikationsvorgang, in der Durchführung eines Sprachspieles. Eng damit verbunden ist die so genannte pragmatistische Wende, eben nur in Gebrauch über sinnvolle Verwendung, Sinnhaftigkeit von Zuordnung und Bezug entscheiden zu können. Schließlich fällt, nach Wittgenstein, die Grenze von Welt und die Grenze von Sprache ineinander. In diesen drei Ergebnissen drückt sich aus, was uns bereits oben im wissenschaftstheoretischen Problemkreis begegnet ist, ein narrativer, sozialer Prozess, der nicht in evidenten Anfangsgründen fußt, und der in seinem Ablauf Kriterien und Bezüge zugleich mit Festsetzungen erstellt und begründet.

Ich denke also, der Vorschlag, mit dem man sich dem Wissensproblem nähert, als Simulation auf offenen Räumen, in deren Verlauf sich die Erklärungen, die Rechtfertigungen, die Wissensinhalte und mit ihnen ihre methodischen Begründungen auseinander in einem einzigen Prozess ergeben, gegenseitig stützen und miterzeugen, eignet sich auch dazu, das methodische Fundamentalproblem der Sprachphilosophie besser zu beherrschen und zu lösen. Der Prozess sprachlicher Zuweisungen, Bedeutungen und schließlich – hierin tritt uns eigentlich ein und dasselbe Problem entgegen – die Klärung der Bedeutung von „wissen“, ist in gleicher Weise aufzubauen und zu verstehen.

Mit dem im ersten Teil beschriebenen Modell ausgestattet kann folgende These angeführt werden: In einem narrativen Simulationsprozess werden nicht nur Auszeichnungen, Festlegungen, Bezüge, Bedeutungen und Kontexte *erzeugt*, sondern mit ihnen und im selben Prozess auch die epistemischen Standards und insbesondere die jeweilige Bedeutung von „wissen“.

Von gerechtfertigtem und begründbarem „wissen“ – beinhaltend auch gerechtfertigte Bezüge, Bedeutungen, Referenzen etc. – auch in Verantwortlichkeit gegenüber Festlegungen und Urteilen, lässt sich nur in Form der *Durchführung des Formierungsprozesses* sprechen. Um die Frage zu beantworten, wie „wissen“ und Bedeutungszuweisung eigentlich zu verstehen sind, muss daher der *zugehörige Simulationsprozess durchgeführt werden*. Von „Bedeutung“ zu sprechen heißt also eigentlich, abkürzend von einem gesamten simulativ-narrativen Prozess zu sprechen. Von diesem zu sprechen heißt nun aber, ihn auszuführen.

Von „wissen“ und Sinn respektive sinnvollem Gebrauch und Rechtfertigung lässt sich überhaupt nur reden, als Ausgang eines durchgeführten Simulationsprozesses. Die Stabilisierung der Simulationsprozesse – ihre Akzeptanzform – kann nur erreicht werden in einem dynamischen Wechselspiel, dem Auszeichnungen und Restriktionen, Veränderungen und Wegerstellungen auf sprachlichen Möglichkeitsräumen – ihre Formierung – *im sozialen Umfeld* zu Grunde liegen. Eine Kontextbezogenheit von „wissen“ etwa, ist also ganz grundsätzlich vorhanden, *weil nur der Kontext, mithin der Simulationsprozess „wissen“ seine Bedeutung verleiht.*

In einem gewissen Sinne mag man also davon sprechen, dass jedes Gespräch zum großen Teil ein jeweils wieder neues Lernen von Sprache darstellt. Mag man auch mit einem bestimmten Vorab-Setup in die verschiedenen Gespräche eintreten, so formiert sich doch im Laufe der Tätigkeit erst der Raum dahingehend, die jetzt und jeweils gerechtfertigten Bezüge, Interpretationen, Sinnzuweisungen etc. zu etablieren. Bestimmte Restriktionsgruppen – insbesondere Spracherfahrungen, gemeinsame Sprachkulturen, aber auch etwa Expertensprachen – sind natürlich vorhanden und relativ stabil. Der Umgang mit Möglichkeitsräumen ist das eigentliche Geschäft des Denkens, wobei wir durchaus in der Lage sind, wesentlich mehr zu denken, als Sinn macht. Sinn wird gewonnen durch die Reduzierung solcher Räume, eben auf einen Sinn hin. Die Aufgabe besteht demnach darin, aus der Möglichkeit etwas herauszuschälen, dem Sinn, Wissen und Bedeutung zuzuordnen ist. Die Aufgabe ist also, den ungeheuer weiten Raum, dessen wir fähig sind, auf einen Sinn zu reduzieren. Nicht in ihrer Begrenztheit, sondern in ihrer Unbegrenztheit als Potentialität sollte die *conditio humana* verstanden werden.

Skizze:

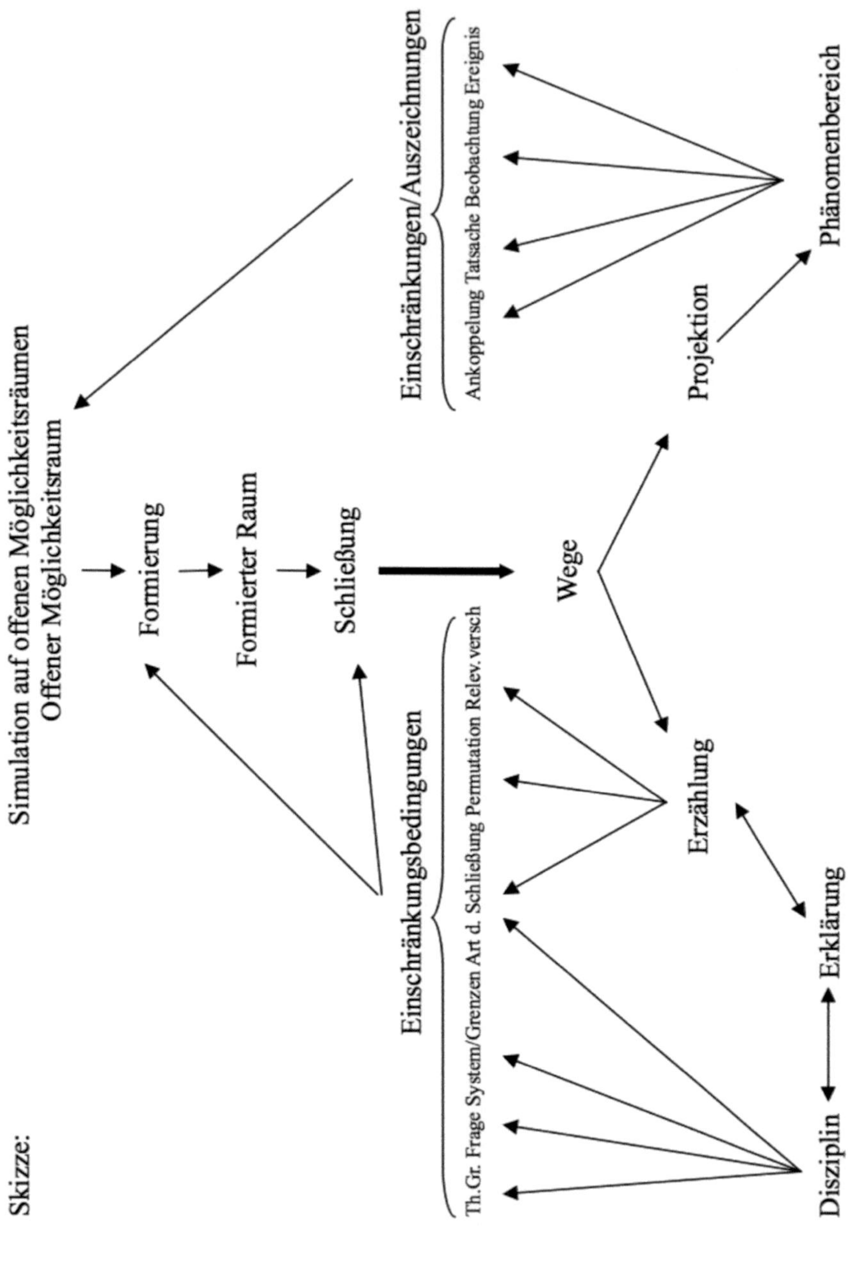
Simulation auf offenen Möglichkeitsräumen
Offener Möglichkeitsraum
Formierung
Formierter Raum
Schließung
Wege
Einschränkungen/Auszeichnungen
Ankoppelung Tatsache Beobachtung Ereignis
Projektion
Phänomenbereich
Einschränkungsbedingungen
Th.Gr. Frage System/Grenzen Art d. Schließung Permutation Relev. versch
Erzählung
Erklärung
Disziplin

*Hans Stauffacher*

# Die Appropriation von Kants Geniekonzept in Schellings *System des transscendentalen Idealismus*

Fünf Jahre bevor er mit seinem *System des transscendentalen Idealismus* den ersten vollständigen Systementwurf des deutschen Idealismus vorlegt, schreibt der zwanzigjährige Schelling 1795 an Hegel: „Die Philosophie ist noch nicht am Ende. Kant hat die Resultate gegeben: Die Prämissen fehlen noch. Und wer kann Resultate verstehen ohne Prämissen? Wir müssen noch weiter mit der Philosophie.“[1] Im Zeichen dieses Nebeneinanders von Bruch und Kontinuität gegenüber der kantischen Philosophie, lässt sich das *System* von 1800 als systematischer Anlauf lesen, die bei Kant vermissten Prämissen – oder genauer: die vermisste *eine* Prämisse, den „einzigen Grund“, das „höchste Princip des Wissens“[2] – anzugeben, um mit der Philosophie weiterzukommen, um sie zu Ende zu bringen, indem sie zu dem wird, was sie „wirklich seyn soll, nämlich zu einem System des gesammten Wissens“.[3] Mag es angesichts der grundlegenden Unterschiede zwischen Schellings *System* und der Philosophie Kants auch zunächst erstaunen, dass Schelling Kants Resultate akzeptieren wollte, obwohl dieser doch die Prämissen nicht angegeben habe, um die es ihm nun offensichtlich vorrangig geht, so lassen sich bei genauerem Hinsehen doch Kontinuitäten ausmachen, und zwar insbesondere dort, wo man sie zuletzt vermutet hätte, dort wo die innere Architektur des *Systems* in der These gipfelt, die Kunst sei „das einzige wahre und ewige Organon zugleich und Document der Philosophie“.[4] Während Kants kritische Philosophie sich wesentlich als Versuch der Festlegung

[1] Briefe von und an Hegel, hrsg. v. J. Hoffmeister, Bd. I, Hamburg $^{3}$1969, 14.

[2] SW III, 353 und 355. Schelling wird mit der Sigle SW, Band- und Seitenzahl zitiert nach *F.W.J. von Schellings sämmtliche Werke*, hrsg. v. K.F.A. Schelling, Stuttgart/Augsburg 1856ff. Kant nach *Gesammelte Schriften hrsg. v. d. Königl. Preußischen Akademie der Wissenschaften*, Berlin 1902ff.; die *Kritik der reinen Vernunft* mit der Sigle KrV nach der Paginierung der 1. Aufl. von 1781 (A), bzw. der 2. Aufl. von 1787 (B), alle anderen Schriften mit der Sigle AA, Band und Seitenzahl.

[3] SW III, 330.

[4] SW III, 627.

der Grenzen der Vernunft verstanden hatte, die durch Einschränkung des Bereichs des Erkenn- und somit Wissbaren Erkenntnis und Wissen allererst ermöglichen sollte, gibt sich Schelling nicht zufrieden mit diesen Grenzen. Er will die bei Kant unhintergehbaren Entgegensetzungen von Ding an sich und Erscheinung, Sinnlichkeit und Verstand, sowie Verstand und Vernunft hin zu einer einzigen Prämisse überschreiten, und stößt dabei seinerseits an die Grenzen der Vernunft, an die Grenzen der Philosophie, über die er mit seiner Organonthese gewissermaßen hinausgeht. Wenn auch der überragende Stellenwert, den Schelling dabei der Kunst zumisst, einen besonders deutlichen Gegensatz zum Denken Kants zu markieren scheint, der in der *Kritik der Urtheilskraft* das Kunstschöne gegenüber dem Naturschönen sekundär gesetzt hatte, so lassen sich doch gerade in derjenigen Verschiebung und demjenigen neuen Umgang mit den Grenzen des philosophisch Erfassbaren, die sich in der Organonthese manifestieren, nicht nur radikale Brüche erkennen, sondern auch Kontinuitäten und Parallelen zwischen Schellings *System* und der kritischen Philosophie Kants, insbesondere der dritten Kritik. Im Folgenden soll dies anhand einer Figur illustriert werden, die in der *Kritik der Urtheilskraft* einen zwar marginal erscheinenden aber folgenreichen Auftritt hat, um dann in Schellings System für einen kurzen Moment eine Hauptrolle zu spielen, bevor sie auf dem Feld der Philosophie wenig später wieder in die Bedeutungslosigkeit verschwindet: an der Figur des Künstlergenies.

Die Aufgabe, die sich Schelling mit seinem *System* stellt, besteht darin, auf einem einzigen Prinzip ein allgemeines System allen Wissens aufzubauen – die Aufgabe von Fichtes *Wissenschaftslehre* also, allerdings gewissermaßen unter erschwerten Bedingungen. Wissen definiert Schelling entsprechend der traditionellen Wahrheitsformel als Übereinstimmung von Objekt und Subjekt.[5] Und um von dieser Übereinstimmungsformel zu einem einzigen Prinzip zu kommen, gibt es grob gesagt zwei Möglichkeiten: Entweder man versteht das Objekt als vom Subjekt hervorgebracht, das heißt, die Übereinstimmung zwischen Subjekt und Objekt beruht darauf, dass jenes in diesem sein eigenes Produkt erkennt. Oder aber man versteht gegenläufig die Erkenntnis durch das Subjekt als vom Ob-

[5] Vgl. SW III, 339.

jekt bestimmt.[6] Vereinfachend gesagt handelt es sich dabei um die Alternative zwischen Idealismus und Realismus, wobei sich nach zeitgenössischem Verständnis aus der ersten Möglichkeit die Freiheit und mit ihr die praktische Philosophie und aus der zweiten die Notwendigkeit, die Naturgesetze und mit ihnen die theoretische Philosophie ableiten. Während sich Fichte klar für die erste Variante entschieden, seine *Wissenschaftslehre* allein aus dem Ich abgeleitet, und damit unter das Primat der praktischen Philosophie gestellt hatte, war Schelling zwar von Fichtes subjektivem Idealismus ausgegangen, hatte sich aber in den Jahren vor der Entstehung des *Systems* einer Naturphilosophie eigenen Rechts gewidmet und sich damit in einen scheinbaren Gegensatz zu jenem gestellt, wobei er aber selbst zwischen Transzendental- und Naturphilosophie nie einen Widerspruch gesehen hat.[7] Vielmehr macht er zu Beginn seines *Systems* deutlich, dass es gerade darum gehe, die auf das Objekt gerichtete Naturphilosophie und die auf das Subjekt gerichtete Transzendentalphilosophie als zwei grundsätzlich gleichrangige Perspektiven zu erweisen, die sich notwendig ergänzen müssen, um das „ganze System der Philosophie" aufrichten zu können.[8] Die Aufgabe des *Systems* besteht dementsprechend näherhin im Nachweis, dass der grundlegende Satz der Transzendentalphilosophie, „ich bin", identisch sei mit dem grundlegenden Satz der Naturphilosophie, „es gibt Dinge außer mir".[9]

Auch in Schellings *System* ist es das Ich, das die Natur hervorbringt, um als Subjekt sich diese dann zum Objekt zu machen. Dieses Hervorbringen aber geschieht bewusstlos – das Ich bringt die Welt hervor, ohne sich dessen bewusst zu sein – wobei bewusstlose, blinde Produktivität als herausragender Wesenszug der Natur begriffen wird – gegenüber der bewussten Produktivität der Intelligenz, des Ich. Durch diese Engführung von Bewusstlosigkeit und Objektivität einerseits und Bewusstheit und Subjektivität andererseits lassen sich Naturphilosophie und transzendentaler Idealismus nicht nur nebeneinander, sondern als sich gegenseitig bedingend denken, denn die „Dinge außer mir", werden zwar als vom

[6] Vgl. SW III, 340ff.

[7] Vgl. z.B. SW III, 271ff. (*Einleitung zu dem Entwurf eines Systems der Naturphilosophie,* 1799), wo der grundlegende Gedanke der Vereinbarkeit von Transzendental- und Naturphilosophie schon ausgeführt ist.

[8] Vgl. ebd. sowie SW III, 342.

[9] Vgl. SW III, 344.

Ich hervorgebracht verstanden, sind aber aufgrund dessen, dass sie bewusstlos hervorgebracht sind, auch vom bewussten Subjekt unabhängig, also objektiv. „Die transscendentale Kunst“ besteht beim Beweis der postulierten ursprünglichen Identität von bewusster und bewusstloser Produktivität im Ich dabei „in der Fertigkeit [...] sich beständig in der Duplicität des Handelns und des Denkens zu erhalten“,[10] das heißt, im unauflöslich erscheinenden Spannungsverhältnis von Subjektivität und Objektivität.

Das „System des gesammten Wissens“, das Schelling auf dieser Grundlage konstruieren kann, besteht in der „Geschichte des Selbstbewußtseyns“, die in „Epochen“ verläuft[11] und deren Anfang in dem „absoluten Akt, durch welchen für das Ich alles gesetzt ist“ liegt, der, „weil er Bedingung allen [...] Bewußtseyns ist, selbst nicht zum Bewußtseyn kommt.“ Diese erste Handlung, „die aus keiner andren mehr erklärbar ist, muß absolut frei sein. Absolute Freiheit aber ist identisch mit absoluter Nothwendigkeit.“[12] Sie ist damit nichts anderes der Akt der bewusstlosen Hervorbringung der Natur durch das Ich, dessen Postulat das Zusammendenken von Natur- und Transzendentalphilosophie ermöglicht, da in ihm die Entzweiung der ursprünglichen Identität des Ich erfolgt, als deren stufenweise Aufhebung die „Geschichte des Selbstbewußtseyns“ zu verstehen ist. Diese Geschichte kann aber nicht zu einem Ende kommen, sie ist als unendlicher Prozess zu verstehen, da das Ich in ihr zwar nach und nach das Bewusstsein erlangt, im Objekt seine eigene Hervorbringung und somit sich selbst zu reflektieren, mit dieser Reflexion aber wieder ein neues Objekt hervorbringt, das dann in einem weiteren Schritt als eigene Hervorbringung erkannt werden kann, usw. Der Weg der „Geschichte des Selbstbewußtseyns“ führt zwar über die theoretische zur praktischen Philosophie und löst so das Versprechen eines „Systems des gesammten Wissens“ ein, den letzten Schritt zu gehen und den Kreis des *Systems* zu schließen, indem es zur vollständigen Identität von Subjekt und Objekt gelangte, ist dem auf sich selbst reflektierenden Ich aber nicht möglich, da Reflexion immer Reflexion auf etwas, Bewusstsein immer Bewusstsein von etwas ist und somit der Gegensatz von Subjekt

[10] SW III, 345.
[11] SW III, 399ff.
[12] SW III, 395.

und Objekt reflexiv nicht aufgelöst werden kann. Dass „in der Intelligenz selbst eine Anschauung sich aufzeigen lassen [müsste], durch welche in einer und derselben Erscheinung das Ich für sich selbst bewusst und bewusstlos zugleich ist“[13] und die damit als Schlussstück des *Systems*, dieses an das anfängliche Postulat der ursprünglichen Identität zurückzubinden vermöchte, kann der Transzendentalphilosoph demnach zwar erkennen, er kann dies aber eben nur postulieren und nicht reflexiv erfassen.[14] Und um dennoch zu der Anschauung zu gelangen, die in der „Identität des Bewußten und Bewußtlosen im Ich und [dem] Bewußtseyn dieser Identität“ besteht, stellt Schelling die in der Geschichte der Philosophie in dieser Form absolut einzigartige und bis heute gemeinhin als „geniale Verlegenheitslösung“[15] gewertete These auf, die Kunst sei „das Organon der Philosophie“,[16] und greift dabei auf Kants dritte Kritik und insbesondere auf deren Bestimmungen des Geniekünstlers zurück:[17] Denn das Produkt der postulierten Anschauung sei „kein anderes als das Genieprodukt, oder, da das Genie nur in der Kunst möglich ist, das Kunstprodukt.“[18]

In der Ästhetik Kants, die sich im Unterschied zu derjenigen Schellings nicht als „Philosophie der Kunst“ versteht, sieht sich die Urteilskraft, die in der ersten Kritik als das Vermögen definiert wurde, „unter Regeln zu subsumiren, d. i. zu unterscheiden, ob etwas unter einer gegebenen Regel [...] stehe, oder nicht“[19], vor ein grundlegendes Problem gestellt, denn „[e]s kann keine objektive Geschmacksregel, welche durch Begriffe be-

[13] SW III, 610f.

[14] Vgl. SW III, 376.

[15] W. Schulz: *Die Vollendung des Deutschen Idealismus in der Spätphilosophie Schellings*, Pfullingen 1975, 132. Vgl. dazu Jähnig: *Schelling*, a.a.O., Bd. 1, 11ff.

[16] SW III, 627. Die beste Darstellung des Schellingschen Gedankengangs, der vom „absoluten Akt, durch welchen für das Ich alles gesetzt ist“ zur Philosophie der Kunst führt, gibt D. Jähnig im ersten Band von *Schelling. Die Kunst in der Philosophie*, 2 Bde., Pfullingen 1966/69.

[17] Vgl. zum Einfluss Kants auf Schellings Geniebegriff die ausführliche Studie von K. Hofmann: *Die Umbildung der Kantischen Lehre vom Genie in Schellings System des transzendentalen Idealismus*, Bern 1907, sowie W. Biemel: *Die Bedeutung von Kants Begründung der Ästhetik für die Philosophie der Kunst,* Köln 1959 (=*Kantstudien Ergänzungsheft 77*), 147-165, und K. Düsing: *Schellings Genieästhetik*, in: A. Gethmann-Siefert (Hrsg.): *Philosophie und Poesie*, Bd. 1, Stuttgart-Bad Cannstadt 1988, 193-213.

[18] SW III, 616.

[19] KrV B, 131.

stimmte, was schön sei, geben."[20] Das ästhetische Urteil verbleibt im Bereich des Subjektiven, da es sich nicht auf einen Begriff bringen lässt – und dieses Grundproblem aller Ästhetik wird bei Kant im Umkehrschluss zum *definiens* des Schönen: Schön ist demnach, „was ohne Begriff als Gegenstand eines nothwendigen Wohlgefallens erkannt wird." Notwendiges Wohlgefallen stellt sich dann ein, wenn die Urteilskraft die Übereinstimmung der Natur mit einer allgemeinen Regel, mit der „Zweckmäßigkeit" feststellt, die zwar nicht erkannt werden kann, aber als transzendentales Prinzip *a priori* vorausgesetzt werden muss. Um ein „reines ästhetisches Urteil" handelt es sich dabei aber nur dann, wenn mit dem Urteil kein Interesse verbunden ist, wenn also die Zweckmäßigkeit eines Gegenstandes gesehen wird, ohne dass dabei ein konkreter Zweck im Spiel wäre. Schönheit ist demnach „Form der Zweckmäßigkeit eines Gegenstandes, sofern sie ohne Vorstellung eines Zwecks an ihm wahrgenommen wird."[21] Und Ästhetische Urteile sind diejenigen Urteile, die aus dem „freien Spiel der Erkentnißvermögen" dann gefällt werden, wenn das beurteilende Subjekt es mit einem Gegenstand zu tun hat, den es nicht auf einen Begriff bringen kann. Im Gegensatz zum Naturschönen stellt die Schönheit eines Kunstwerks für eine so konzipierte Ästhetik ein Problem dar, denn da was absichtsvoll geschaffen ist, nach einem Konzept, einem Begriff geschaffen ist, scheint künstliche Schönheit einen Widerspruch in sich selbst zu enthalten. Kunst kann deshalb nicht nur nur schön sein, „sofern sie zugleich Natur zu sein scheint", sie muss gewissermaßen tatsächlich ein „Product der bloßen Natur" sein, das heißt ihre „Zweckmäßigkeit" muss „von allem Zwange willkürlicher Regeln […]" frei erscheinen. Und deshalb kann „Schöne Kunst" bei Kant nur „Kunst des Genies" sein. Das Kunstschöne wird in die Ästhetik des Naturschönen integriert, indem Genie, „das Talent (Naturgabe), welches der Kunst die Regel giebt […] als angebornes productives Vermögen des Künstlers selbst zur Natur" gerechnet und so als „Gemüthsanlage (*ingenium*)" verstanden wird „durch welche die Natur der Kunst die Regel giebt."[22] Kant bestimmt dabei, dass Genie das „Talent sei, dasjenige, wozu sich keine bestimmte Regel geben läßt, hervorzubringen", wo-

[20] AA V, 231.
[21] AA V, 236ff.
[22] AA V, 306f.

bei es nicht um erlernbare Geschicklichkeit sondern um Originalität gehe, dass seine Produkte nicht durch Nachahmung entstehen, ihrerseits aber exemplarisch sein sollen, dass das Genie selbst nicht erklären oder beschreiben könne, „wie es sein Product zu Stande bringe“ und dass es Genie nur in der Kunst, nicht aber in der Wissenschaft geben könne.[23]
Diese Bestimmungen des Genies finden sich alle auch im Schlussabschnitt von Schellings *System*: Auch dort ist die Rede von etwas, „was nicht […] gelernt, nicht durch Übung oder auf andere Art erlangt werden, sondern allein durch freie Gunst der Natur angeboren seyn kann“[24] und wie bei Kant wird betont, dass nur aus der Kombination dieser Naturgabe mit erlernter Kunstfertigkeit wahre Kunst entstehen könne.[25] Auch bei Schelling erscheint das Geniekunstwerk als exemplarisches Muster, über dessen Entstehung der Künstler keine Auskunft geben kann.[26] Und um zu betonen, dass der Wirkungsbereich des so verstandenen Genies auf die Kunst beschränkt sei, bedient sich Schelling sogar des exakt gleichen Beispiels wie Kant und nennt Newton.[27] Diese Übereinstimmungen sind nun zwar für sich genommen noch nicht unbedingt aufschlussreich, handelt es sich bei den genannten Bestimmungen doch um konventionelle Elemente – ja geradezu um den kleinsten gemeinsamen Nenner – all der unterschiedlichen Bedeutungen, die traditionell mit dem Geniebegriff verknüpft sind. Sie verweisen aber auf eine weit tiefer gehende Verwandtschaft der Geniekonzepte Schellings und Kants: Schelling braucht die Figur des Genies, um die reflexiv nicht einholbare Identität von Subjektivem und Objektivem, von Natur und Freiheit einsichtig zu machen. Der in der intellektuellen Anschauung unendliche Gegensatz wird in einer Anschauung aufgehoben, deren Produkte „einerseits an das Naturprodukt, andererseits an das Freiheitsprodukt grenzen und die Charaktere beider in sich vereinigen“.[28] Natur und Freiheit, Bewusstloses und Bewusstes, Objekt und Subjekt werden in der produktiven ästhetischen Anschauung des Genies eins, und nur deshalb kann deren Produkt als „Organon und Document“ der Philosophie fungieren, das

[23] AA V, 307f.
[24] SW III, 618.
[25] SW III, 618f. Vgl. AA V, 310.
[26] SW III, 616ff.
[27] SW III, 691. Vgl. AA V, 308f.
[28] SW III, 612.

heißt das umsetzen und vorführen, was diese nur postulieren, nie aber erreichen kann.[29] Und ebenso fungiert Kants Genie als Vermittlerfigur zwischen Natur und Freiheit, um die Kunst in eine Ästhetik des Naturschönen eingliedern zu können – im Rahmen der dritten Kritik, deren Zweck Kant insbesondere darin sieht, die theoretische und die praktische Philosophie „zu einem Ganzen"[30] und die „Gebiete des Naturbegriffs mit dem Freiheitsbegriffe" zu verbinden.[31]

So scheint es lediglich der Übersetzung der Kantischen in Schellingsche Terminologie zu bedürfen, um von dem Geniekonzept Kants zu demjenigen Schellings zu gelangen: Das „ohne Begriff" und die „Zweckmäßigkeit ohne Zweck" Kants werden bei Schelling zum „Bewußtlosen", der „Begriff vom Producte als Zweck"[32] und der „Verstand" zum „Bewußten", sowie das Verhältnis von Genie und Geschmack[33] zum Verhältnis von „Poesie" und „Kunst" im engeren Sinne.[34] Und wenn Schelling sogar selbst von dem spricht, was „zweckmäßig ist, ohne zweckmäßig hervorgebracht zu seyn",[35] bedarf es nicht einmal einer Übersetzungsleistung. Wie bei Kant auf der besonders ausgeprägten „schöpferische Urtheilskraft" des Genies,[36] die Kunst hervorbringt, die „zugleich Natur zu sein scheint", beruht auch bei Schelling die Zusammenführung von Natur und Freiheit auf einem menschlichen Grundvermögen, dem „Dichtungsvermögen",[37] der höchsten Potenz der „Einbildungskraft", das im Kunstwerk die Identität von Objektivem und Subjektivem faktisch machen kann.[38]

---

[29] Vgl. SW III, Zur Organonthese und zum Verhältnis von Kunst und Philosophie im *System des transscendentalen Idealismus* vgl. H. Paetzold: *Kunst als Organon der Philosophie. Zur Problematik des ästhetischen Absolutismus*, in: R. Brinkmann (Hrsg.): *Romantik in Deutschland*, Stuttgart 1978, 392-403, J. Dodd: *Philosophy and Art in Schelling's System des Transzendentalen Idealismus*, in: *The Review of Metaphysics* 52 (1998), 51-85, sowie Jähnig, *Schelling*, a.a.O., Bd. 1, 36ff., 110ff. und 222ff.

[30] AA V, 176.

[31] AA V, 197.

[32] AA V, 317.

[33] Vgl. AA V, 319ff.

[34] SW III, 618.

[35] SW III, 674.

[36] Vgl. AA V, 313ff.

[37] Vgl. SW III, 628, insb. Anm. 3.

[38] „Einbildungskraft" bestimmt Schelling in enger Anlehnung an Fichte, der diesen Begriff seinerseits abwandelnd von Kant übernommen hat, bei dem er untrennbar mit dem Konzept der Urteilskraft verbunden war. Vgl. AA V, 313ff. Vgl. dazu R. Findler: *A*

Dennoch hat sich aber zwischen Kant, der aus erkenntnistheoretischer und rezeptionsästhetischer Sicht erklären musste, wie etwas mit Vorbedacht Geschaffenes „ohne Begriff" gefallen könne, und Schelling, der gemäss seiner Bestimmung des Ich als Produktivität und „Spontaneität"[39] aus produktionsästhetischer Sicht auf das Genie blickt,[40] mehr als nur die Perspektive verändert. Es ist – um an die eingangs zitierten Sätze anzuknüpfen – die Prämisse, die sich verändert hat, und wie es so ist, wenn man neue Prämissen angibt: es ändern sich auch die Resultate. – Schelling schreibt über den Produktionsprozess des Genies:

„So wie die ästhetische Produktion ausgeht vom Gefühl eines scheinbar unauflöslichen Widerspruchs, ebenso endet sie nach dem Bekenntniß aller Künstler, und aller, die ihre Begeisterung teilen, im Gefühl einer unendlichen Harmonie, und daß dieses Gefühl, was die Vollendung begleitet, zugleich eine Rührung ist, beweist schon, daß der Künstler die vollständige Auflösung des Widerspruchs, die er in seinem Kunstwerk erblickt, nicht (allein) sich selbst, sondern einer freiwilligen Gunst seiner Natur zuschreibt, die, so unerbittlich sie ihn in Widerspruch mit sich selbst setzte, ebenso gnädig den Schmerz dieses Widerspruchs von ihm hinwegnimmt; denn so wie der Künstler unwillkürlich, und selbst mit innerem Widerstreben zur Produktion getrieben wird (daher bei den Alten die Aussprüche: *pati deum* u.s.w., daher überhaupt die Vorstellung von Begeisterung durch fremden Anhauch), ebenso kommt auch das Objektive zu seiner Produktion gleichsam ohne sein Zuthun, d.h. von selbst bloß objektiv, hinzu. [...] der Künstler [scheint], so absichtsvoll er ist, doch in Ansehung dessen, was das eigentlich Objektive in seiner Hervorbringung ist, unter der Einwirkung einer Macht zu stehen, die ihn von allen anderen Menschen absondert, und ihn Dinge auszusprechen oder darzustellen zwingt, die er selbst nicht vollständig durchsieht, und deren Sinn unendlich ist. Da nun jenes absolute Zusammentreffen der beiden sich fliehen-

*Sketch of Schelling's Appropriation of the Kantian Imagination in the System of Transcendental Idealism: Schelling's Divergence from Fichte*, in: C. Asmuth/A. Denker/M. Vater (Hrsg.): *Schelling. Zwischen Fichte und Hegel*, Amsterdam/Philadelphia 2000.

[39] Vgl. SW III, 404ff.

[40] Vgl. Hofmann, *Die Umbildung*, a.a.O., 21, der diesen Unterschied als Unterschied zwischen der „regulativen Funktion" des Genies bei Kant und der „konstitutiven" bei Schelling beschreibt.

den Thätigkeiten schlechthin nicht weiter erklärbar, sondern bloß eine Erscheinung ist, die, obschon unbegreiflich, doch nicht geleugnet werden kann, so ist die Kunst die einzige und ewige Offenbarung, die es gibt, und das Wunder, das, wenn es auch nur einmal existirt hätte, uns von der absoluten Realität jenes Höchsten überzeugen müßte.“[41]

Obwohl diese Zeilen aber eher nach Wackenroders *Herzensergießungen* klingen als nach Kants trockenem Gestus, eher nach Frühromantik als nach Transzendentalphilosophie, erwächst die Verschiebung gegenüber dem Geniekonzept Kants, die sich in ihnen manifestiert, doch nicht so sehr aus der Verbindung Schellings zu Novalis und den Brüdern Schlegel wie aus der inneren Struktur seines transzendentalphilosophischen *Systems.* Mit der Rede vom ‚Genie' bedienen sich Kant und Schelling eines Begriffs, der für Theorien der Kunst seit jeher eine große Rolle gespielt hat und wenige Jahrzehnte vor Kant auch zu einer der wichtigsten Kategorien des deutschsprachigen Kunstdiskurses geworden war.[42] In diesem Begriff fließen grob gesagt zwei Bedeutungsfelder ineinander, die beide ihre Wurzeln in religiösen Konzepten der Antike haben:[43] Zum einen dasjenige, auf das die Wortherkunft von den lateinischen Begriffen *genius* und *ingenium* verweist, die mit der Vorstellung eines dem Menschen von Geburt an beigesellten Geistes verknüpft sind und schon in der antiken Poetik die Bedeutung von Talent, Naturgabe, einer besonderen Befähigung zur künstlerischen Produktion annahmen. Und zum anderen dasjenige um die Begriffe *inspiratio* und *enthusiasmos*, das etwa in Horaz' Rede von *ingenium* schon untrennbar mit ersterem verwoben ist[44] und auf die vor allem von Platon geprägte Vorstellung einer direkten göttlichen Beeinflussung des Künstlers verweist. Wenn Kant von Genie spricht, dann meint er damit im Sinne eines „*genius*, der dem Talentvol-

[41] SW III, 617f.

[42] Die deutsche Tradition zeichnet J. Schmidt: *Die Geschichte des Genie-Gedankens in der deutschen Literatur, Philosophie und Politik 1750-1945*, 2 Bde., Darmstadt 1985, ausführlich nach, verfehlt aber sowohl bei Kant als auch bei Schelling die entscheidenden philosophischen Denkfiguren, die mit der Rede vom Genie verknüpft sind.

[43] Zum Begriff ‚Genie' und seiner Geschichte vgl. allgemein G. Peters: s.v. *Genie*, in: *Historisches Wörterbuch der Rhetorik*, hrsg. v. G. Ueding, Bd. 3, Tübingen 1996, Sp. 737-750.

[44] Vgl. Hor. ars, 400ff.

len schon in seiner Geburt beigesellt worden",[45] ein angeborenes Talent, eine besondere Befähigung, deren Herkunft nicht weiter erklärbar ist, aber jedenfalls in der Natur liegt.[46] Schelling übernimmt diesen Geniebegriff von Kant, reichert ihn aber mit Topoi aus dem Bedeutungsfeld von *inspiratio* und *enthusiasmos* an; er spricht von Begeisterung und Rührung, von *pati deum* und fremdem Anhauch, davon, dass eine nicht näher bestimmte Macht das Genie zwinge, etwas auszudrücken, was es selbst nicht begreifen kann. Während Kant aus erkenntnistheoretischer und rezeptionsästhetischer Perspektive nicht darüber zu reflektieren brauchte, weshalb das Genie überhaupt Kunst produziert, erhält bei Schelling, der das „höchste Princip des Wissens" finden will, gerade diese produktionsästhetische Frage eine entscheidende Bedeutung. Der Anstoß zur künstlerischen Produktion wird einem Zwang, einem Trieb zugeschrieben, der gleichermaßen philosophischer Systemzwang und existentielles Schicksal des Künstlers ist.[47]

Dass Schelling diese Inspirations- und Begeisterungstopoi in seinen Geniebegriff integriert, kann aus zwei Gründen kaum erstaunen: Zum einen weil er bei Weitem nicht der Einzige ist, der zu seiner Zeit mit solchen religiös-poetologischen Konzepten operiert,[48] zum anderen, weil Schelling selbst schon zu Tübinger Stiftszeiten ein Kollektaneenheft mit dem langen aber aufschlussreichen Titel „Über Dichter, Propheten, Dichterbegeisterung, Enthusiasmus, Theopneustie, und göttliche Einwirkung auf Menschen überhaupt – nach Platon" angelegt hatte, in dem er das von Platon eigentlich zur Abwertung der Dichtung intendierte Konzept der *theia mania* im Kontext unterschiedlichster Formen göttlicher Einflussnahme durchaus positiv versteht.[49] Mehr noch als diese Einflüsse spiegelt

[45] AA VII, 225 (*Anthropologie in pragmatischer Hinsicht*, 1798).
[46] Vgl. z. B. AA V, 308 und 313ff.
[47] Vgl. dazu Jähnig: *Schelling*, a.a.O., Bd. 2, 43ff. und 53ff.
[48] Man denke nicht nur an die religiöse Aufladung der Kunst in der Frühromantik, sondern etwa auch an Schillers Aussage, das Genie gehorche den „Eingebungen eines Gottes" (*Über naive und sentimentalische Dichtung*, in: *Sämtliche Werke*, hrsg. v. G. Fricke u. H. G. Göpfert, Bd. 5, München 1960, 704.) Zu den Geniekonzepten im Umfeld Schellings vgl. die entsprechenden Kapitel in Schmidt, *Die Geschichte des Geniegedankens*, a.a.O.
[49] Ediert und kommentiert in: M. Franz: *Schellings Tübinger Platon-Studien*, Göttingen 1996, 282-305. Zu den Einflüssen von Platons e*nthusiasmos*-Konzept auf Schellings Denken vgl. ebd. 191-220, sowie Jähnig: *Schelling*, a.a.O., Bd. 2, 82ff. und A. Gellhaus: *Ekstasis. Schellings Theorie der dichterischen Produktion*, in: *Zeitschrift für Germanis-*

sich in Schellings gegenüber Kant verändertem Geniebegriff aber die Verschiebung der philosophischen Perspektive vom endlichen Subjekt zum absoluten Ich und damit auch von der Ästhetik zur Philosophie der Kunst.[50] Dass für Kant Genie einfach ein besonderes Talent ist, das gewissen Menschen von Natur aus zukommt, entspricht seiner erkenntnistheoretischen Grundhaltung. Genie stellt für ihn zwar einen Spezialfall menschlicher Vermögen dar, der zur Erklärung des ästhetischen Spezialfalls Kunst herangezogen werden kann. Von anderen Menschen unterscheidet sich das Genie aber nur dadurch, dass eines seiner Vermögen besonders stark ausgeprägt ist,[51] die schöpferische Urteilskraft, die auch abgesehen vom Genie als „besonderes Talent [...], welches gar nicht belehrt, sondern nur geübt sein will" bestimmt wird.[52] Auch Schelling braucht seine Geniekonzeption um das schlechterdings nicht Erklärbare der Kunstproduktion zu fassen, bei ihm aber steht das Genie nicht einfach nur vor der Aufgabe, Natur und Freiheit in eine Parallelität zu bringen, es muss ihre Identität faktisch machen. Um das absolute Ich und die in ihm gegebene Identität aller Gegensätze darstellen und so das unendliche Streben des Subjekts nach Wiedervereinigung mit dem Objekt punktuell in einem Produkt zu vollenden, bedarf es mehr als bloß einer überdurchschnittlichen Begabung. Um die „einzige und ewige Offenbarung" zu erreichen, damit sich „das Allerheiligste gleichsam öffnet, wo in ewiger und ursprünglicher Vereinigung gleichsam in einer Flamme brennt, was in der Natur und Geschichte gesondert ist",[53] bedarf es, der „Begeisterung", des „fremden Anhauchs", einer „Macht" die das Genie dazu treibt, ja dazu zwingt. Um das „System der gesammten Philosophie" zu vollenden bedarf es einer direkten Verbindung zum Absoluten, zumal in dieser Vollendung der als absolute Spontaneität gedachte absolute Akt durch eine unerklärliche und plötzliche Eingebung gespiegelt und punktuell rückgängig gemacht werden soll, der durch die Entzweiung von Subjekt und Objekt Natur und Geschichte überhaupt erst in Bewegung gesetzt hat und der damit einer *creatio ex nihilo* gleichkommt. Bei Kant dient die Figur des Genies zwar unter anderem dazu, die Parallelität von

*tik*, N.F. II-3 (1992), 499-525.

[50] Vgl. Biemel: *Die Bedeutung*, a.a.O., 149.

[51] Vgl. AA V, 313ff.

[52] KrV B, 131.

[53] SW III, 628.

Natur und Freiheit einsichtig zu machen, der Graben zwischen diesen wird aber nicht überbrückt. In Schellings *System* hingegen muss der Graben nicht nur überbrückt, sondern vollständig zugeschüttet werden – die Identität von Subjektivem und Objektivem vermag der Intellekt aber auch auf der höchsten möglichen Stufe der Freiheit nicht zu realisieren, da diese insofern immer nur relativ ist als sie sich einem Objekt gegenübersieht. Die Identität aller Gegensätze faktisch zu machen bleibt der absoluten Freiheit der ästhetischen Anschauung des Geniekünstlers vorbehalten – „absolute Freiheit aber ist identisch mit absoluter Nothwendigkeit.“[54] Diese produktive ästhetische Anschauung ist keine menschliche Anschauung mehr, sie ist nicht endlich, sondern unendlich, und spiegelt damit den seinerseits unendlichen „absoluten Akt“, der Natur und Geschichte aus sich hervorgehen lässt. Das Schöpfertum des Genies spiegelt den ursprünglichen Schöpfungsakt des Absoluten. Deshalb ist Schönheit nun nicht mehr wie bei Kant als „begriffsloses Wohlgefallen“ definiert, sondern als „das Unendliche endlich dargestellt“.[55] Und deshalb „ist die Kunst die einzige und ewige Offenbarung, die es gibt“.[56]
Nicht von ungefähr spricht also Schelling vom „Allerheiligsten“ vom „Höchsten“ und von „Offenbarung“, ohne dabei aber von Gott zu sprechen. Die religiöse Terminologie, die auf frühromantische Bemühungen um eine Kunstreligion und das „Älteste Systemprogramm“ zu verweisen scheint, kommt beim Versuch das Wesen der Kunst – und mit ihr, dem „Organon“, auch der Philosophie – zu fassen geradezu zwangsläufig ins Spiel, da das Absolute zu denken mit rationalen Mitteln unmöglich erscheint. Die auffallende Betonung des Dunklen, Triebhaften und Unbegreiflichen darf dabei jedoch keinesfalls als Ausdruck von Irrationalismus oder „Schwärmerei“[57] verstanden werden, sie verweist einerseits auf die naturphilosophischen Wurzeln des Transzendentalsystems und ist andererseits Ausdruck eines Denkens, das über die Grenzen des intellektuell Erfassbaren hinausstrebt, dabei aber rationale Bewusstseinsphilosophie bleibt.[58] Wie der überragende Stellenwert der Kunst, so erwächst auch die religiöse Dimension des Systems aus einem Denken, das nicht

[54] SW III, 395.
[55] SW III, 620.
[56] SW III, 617f.
[57] Zu Schelling Distanzierung von der „Schwärmerei“ vgl. P. Fenves: *The Scale of Enthusiasm*, in: *The Huntington Library Quarterly*, 60.1-2 (1997), 117-152, hier 135ff.

in erster Linie Philosophie der Kunst oder der Religion ist und auch nicht mehr kantische Erkenntnistheorie, sondern wesentlich Philosophie der Philosophie,[59] die das Wesen der Philosophie gerade dadurch zu bestimmen sucht, dass sie ihre Grenzen aufzeigt, und die in dem Masse Philosophie bleibt, in dem sie diese überschreitet.

Trotz der aufgezeigten deutlichen Unterschiede zeigt sich damit gerade in der Figur des Genies, dass Schellings *System* mit Kants kritischer Philosophie noch den grundlegenden Wesenszug teilt, eine Philosophie der Grenzen der Vernunft zu sein.[60] Zwar will Schelling über die von Kant gezogenen Grenzen hinausgehen, er stößt aber seinerseits an die Grenzen des Erfassbaren, die er als solche thematisiert und akzeptiert. Den „Schlußstein" des *Systems* zu setzen vermag mit dem Genie nur eine Figur, die *per definitionem* von jenseits des Erfassbaren schöpft, oder mit der zumindest etwas von jenseits des Erfassbaren in Verbindung tritt. Da dieser „Schlußstein" aber jenseits des Erfassbaren liegt, befestigt das Genie gewissermaßen die Grenzen der Philosophie von der anderen Seite und integriert sie ihrerseits in das System. Das, was die „intellektuelle Anschauung" nicht zu leisten vermag, leistet in Schellings *System* die „ästhetische Anschauung" die dem Genie vorbehalten ist und der Philosophie ihr aus eigener Kraft nicht erreichbares „Organon" gibt. So weit dieser Gedanke auch von Kants kritischer Philosophie entfernt zu sein scheint, so macht er doch deutlich, dass Schellings Denken 1800 demjenigen Kants um einiges näher steht, als etwa dasjenige Fichtes und dass insofern die in den eingangs zitierten Sätzen aus dem Brief an Hegel ausgedrückte kritische Wertschätzung für Kant gerade für das *System* gilt. Bei Fichte wurde durch die intellektuelle Anschauung die „Thathandlung" gesetzt, durch die sich das Ich zum „absoluten Subject" und zum

[58] So betont Schelling auch den Topos der Besonnenheit und bestimmt sein Genie damit gewissermaßen eher apollinisch als dionysisch. Vgl. SW III, 619. Vgl. dazu Düsing: *Schellings Genieästhetik*, a.a.O., 202f., und Jähnig: *Schelling*, a.a.O., Bd. 2, 84ff.

[59] Vgl. dazu H.J. Sandkühler: *Natur und geschichtlicher Prozeß. Von Schellings Philosophie der Natur und der Zweiten Natur zur Wissenschaft der Geschichte*, in: Ders. (Hrsg.): *Natur und geschichtlicher Prozeß. Studien zur Naturphilosophie F.W.J. Schellings*, Frankfurt am Main 1984, 13-80, hier 14ff.

[60] Dementsprechend werden im gesamten *System* die Ausdrücke „bewußt" und „begrenzt" synonym verwendet. Vgl. SW III, 399ff. Vgl. außerdem L. Hühn: *Fichte und Schelling. Oder: Über die Grenze menschlichen Wissens*, Stuttgart/Weimar 1994, insbes. 143ff.

alleinigen Prinzip der Transzendentalphilosophie erhebt.[61] Auch Schelling geht in seinem *System* zwar von der intellektuellen Anschauung aus, „von welcher wir“ nach Kant „auch die Möglichkeit nicht einsehen können“, da sie „schlechterdings außer unserem Erkenntnisvermögen liegt“.[62] – Die Reichweite dieser von allen „Sinnlichkeitsbedingungen“ abstrahierenden Anschauung bleibt aber begrenzt: „Die Philosophie erreicht zwar das Höchste, aber sie bringt bis zu diesem Punkt nur gleichsam ein Bruchstück des Menschen. Die Kunst bringt den ganzen Menschen, wie er ist, dahin.“[63] Intellektuelle Anschauung, die Fähigkeit in Freiheit und allein durch Begriffe „den Gegenstand unmittelbar und auf einmal [zu] fassen“[64] ist bei Kant dem Menschen nicht gegeben, sondern Gott vorbehalten, und auch in Schellings *System* verfügt der endliche Mensch letztlich nicht über diese Fähigkeit – es sei denn, er steht als Genie in besonderem Bezug zum Absoluten.

Mit den Grenzen des Erfassbaren verliert auch die Figur des Künstlergenies schon ein knappes Jahr nach der Abfassung des *Systems* ihre Bedeutung für Schellings Denken. Zwar wird sie weiterhin eine Rolle spielen, eine konstitutive Funktion für die Philosophie wird sie aber im Rahmen eines Denkens, das das Absolute durch die Vernunft für Erfassbar hält und dem die intellektuelle Anschauung als „unmittelbar anschauende Erkentniß“ gilt,[65] ebensowenig mehr spielen wie dann bei Hegel und in der Geschichte der Philosophie nach ihm.[66]

[61] Vgl. *Johann Gottlieb Fichtes sämmtliche Werke*, hrsg. v. I.H. Fichte, Bd. IV, Berlin 1845, 47 (*Das System der Sittenlehre*, 1798).

[62] KrV B, 307.

[63] SW III, 630.

[64] AA VIII, 389 (*Von einem neuerdings erhobenen vornehmen Ton in der Philosophie*, 1796).

[65] SW VI, 23 (*Philosophie und Religion*, 1804).

[66] Der vorliegende Text ist im Rahmen des von der DFG geförderten Sonderforschungsbereichs *Ästhetische Erfahrung im Zeichen der Entgrenzung der Künste* an der Freien Universität Berlin entstanden.

*Stephan Zimmermann*

# Das ‚freie Spiel der Kräfte', das Nicht-Schöne und das Hässliche in Kants Ästhetik

Reine Geschmacksurteile weisen nach Kant ein eigentümliches Geltungsprofil auf. Einerseits haben sie einen *subjektiven* Bestimmungsgrund. Sie gründen nicht auf Begriffen, durch die Objekte (theoretisch) erkannt oder (praktisch) hervorgebracht werden, sondern auf einem Gefühl, das dazu noch interesselos ist. Dieses gilt nur für das Subjekt selbst, ist mithin subjektiv gültig. Auf der anderen Seite erheben reine Geschmacksurteile einen Anspruch auf *Allgemeinheit* und *Notwendigkeit.* In der ästhetischen Beurteilung eines Gegenstandes bescheiden sich Subjekte nicht damit auszudrücken, was ihnen und nur ihnen gefällt, sondern machen vielmehr geltend, dass auch alle anderen ebenso empfinden und urteilen sollen. Sie reklamieren für ein Gefühl Allgemeingültigkeit und Notwendigkeit, ohne dass dieses Gefühl begrifflich gehaltvollen Ursprungs wäre.

Als so genannten „Schlüssel zur Kritik des Geschmacks" (KU B 27)[1] bietet Kant bekanntermaßen das Lehrstück eines *freien Spiels der Kräfte* und deren *Harmonie* darin an. Damit ist ein besonderes Verhältnis der Zusammenstimmung von Einbildungskraft und Verstand gemeint. Die Beziehung, die beide hierbei eingehen, macht keine Erkenntnis vom Objekt aus, sondern kann sich „nur durch Empfindung kenntlich machen" (KU B 31), das heißt durch ein Gefühl. Dieses ist dann nichts anderes als die „Lust an der Harmonie der Erkenntnisvermögen" (KU B 29), die sich angesichts der Vorstellung eines gegebenen Gegenstandes einstellt. Sie lässt uns eben jenen Gegenstand als schön beurteilen. Das Spiel der Kräfte wird von Kant als der gesuchte subjektive Bestimmungsgrund

[1] Alle Zitatnachweise aus der „Kritik der Urteilskraft" werden durch die Abkürzung KU, die Paginierung der Originalausgaben der ersten (A) oder zweiten (B) Auflage und Seitenzahl gekennzeichnet (KU B Seitenzahl). Die ‚Erste Einleitung' in die „Kritik der Urteilskraft" wird nach der Ausgabe in Band XX der Akademie-Ausgabe von Kants Werken durch die Abbreviation XX und Seitenzahl ausgewiesen (XX Seitenzahl). Hervorhebungen des Quellentextes werden bei der Zitation nicht eigens kenntlich gemacht.

präsentiert, den es braucht, um das Geltungsprofil reiner Geschmacksurteile zu rechtfertigen.

Wie man sich allerdings ein Spiel zwischen Erkenntniskräften, noch dazu ein freies Spiel, und eine dabei eintretende Übereinstimmung der Kräfte vorzustellen hat, bleibt weitgehend dunkel. Oft wird es so interpretiert, als sei dieser Gemütszustand einzigartig, das heißt der ästhetischen Spezialerfahrung allein vorbehalten: Immer dann, wenn sich ein freies Spiel einstellt, macht sich das durch eine Lust bemerkbar und der betreffende Gegenstand wird sodann als schön erfahren.[2] Dies stimmt aber offenkundig nicht mit Kants Argumentationsstrategie überein. Diese beruht gerade darauf, den mit reinen Geschmacksurteilen erhobenen Geltungsanspruch auf ein mit „Erkenntnis überhaupt" (KU B 28) verbundenes „Verfahren der Urteilskraft" zurückzuführen, „welches sie auch zum Behuf der *gemeinsten Erfahrung* [Herv. d. Verf.] ausüben muß" (KU B 155[3]).

Eine zweite Konsequenz jener Auffassung – neben dieser Unstimmigkeit – wäre, dass die kantische Ästhetik das Phänomen des Hässlichen nicht kennen würde. Bleibt nämlich das besagte Spiel aus, so ist die betreffende Sache nicht hässlich, sondern einfach nur nicht-schön. Der Text der ‚Kritik der Urteilskraft' spricht allerdings – wenn auch zugegebenermaßen nur vergleichsweise selten – von einem allgemein mitteilbaren Missfallen oder vom Hässlichen selbst.[4] Unberücksichtigt bliebe daher die für die kantische Gefühlslehre wichtige *Trichotomie* zwischen Lust, Unlust und Indifferenz, welcher die Trichotomie korrespondiert des Schönen, des Hässlichen und des Nicht-Schönen. Ich möchte deshalb im Folgenden gegen diese Interpretation argumentieren und eine alternative vorschlagen, die sich meiner Meinung nach näher am Text bewegt.

---

[2] Vgl. etwa: Brand, Reinhard: *Zur Logik des ästhetischen Urteils*, in: Herman Parret (Hg.): Kants Ästhetik, Kant´s Aesthetics, L´esthétique de Kant, Walter de Gruyter 1998, S. 192-218. Zu den damit verbundenen Schwierigkeiten siehe: Ginsborg, Hannah: *Lawfulness without Law: Kant on the Free Play of Imagination and Understanding*, in: Philosophical Topics 25 (1997), S. 37-81.

[3] Siehe auch: KU B 146, 157, 255.

[4] Vgl.: KU B 3-4, 4, 16, 131, 147, 148, 189.

## I. Geschmacksurteil und Bestimmungsgrund

Kant unterscheidet in der „Kritik der Urteilskraft" verschiedene Weisen ästhetisch zu urteilen. Er kennt die Lust am Angenehmen, die am Schönen und am Guten. Ästhetische Urteile enthalten, ganz allgemein gesagt, begriffliche Bestimmungen des Gefühls – so wie praktische Urteile Bestimmungen des Willens und theoretische Urteile Bestimmungen des Anschauungsvermögens. Die Differenzierung der ästhetischen Urteilsarten wird entlang ihrer jeweiligen *Bestimmungsgründe* geführt. Die Paragraphen zwei bis fünf der „Analytik der ästhetischen Urteilskraft" haben es mit den Bedingungen zu tun, unter denen das Gefühl der Lust oder Unlust durch die diskursive Vorstellung eines Gegenstandes bestimmt wird.[5]

Die Lust am Angenehmen hat „bloß die *Materie* [Herv. d. Verf.] der Vorstellung, nämlich lediglich Empfindung, zum Grunde" (KU B 39). Der vorgestellte Gegenstand gefällt darum, weil er das ist, was er ist. Die Vorstellung allein affiziert „unmittelbar" (KU B 12) das Gefühl des Subjekts. Die Lust am Angenehmen ist insofern irrational, als sie sich nicht begründen lässt. Weshalb das eine und nicht das andere gefällt oder missfällt, lässt sich nicht angeben; schon gar nicht kann man anderen zumuten, in derselben Weise zu empfinden. Dagegen ist das Gute dasjenige, „was vermittelst der Vernunft, durch den bloßen *Begriff* [Herv. d. Verf.], gefällt" (KU B 10). Der Lust sowohl am Wozu-Guten, also dem Nützlichen, als auch am An-sich-Guten, dem moralisch Guten, geht eine *Beurteilung* des Gegenstandes vorher. Weil ein Gegenstand als nützlich oder moralisch gut beurteilt wird, gefällt er. Die Lust am Guten ist je durch eine begriffliche Einsicht vermittelt. Diese ist nicht nur selbst, sondern macht auch das Wohlgefallen, das sie auslöst, allgemein gültig. „In Ansehung des Guten machen die Urteile […] mit Recht auf Gültigkeit für jedermann Anspruch" (KU B 21).

[5] Dagegen will die bekannte Unterscheidung zwischen interessierter und interesseloser Lust die verschiedenen Arten des Wohlgefallens danach auseinanderhalten, ob sie „eine Beziehung auf das Begehrungsvermögen" (KU B 5) haben oder nicht. Die Lust am Guten und am Angenehmen ist „entweder als Bestimmungsgrund desselben [des Begehrungsvermögens; d.Verf.], oder doch als mit dem Bestimmungsgrunde desselben notwendig zusammenhängend" (KU B 5), je eine Lust an der Existenz des Gegenstandes. Die Interesselosigkeit der Lust am Schönen besteht darin, dass sie keine Willensbestimmung als Grund oder Folge und damit keine Verwirklichungsabsicht des gefälligen (oder Verhinderungsabsicht des missfälligen) Objekts mit sich führt.

Was nun die Lust am Schönen betrifft, so formuliert Kant in Paragraph neun der „Analytik" die Frage, worin ihr Bestimmungsgrund zu sehen ist, als die Frage danach, „ob im Geschmacksurteil das Gefühl der Lust vor der Beurteilung des Gegenstandes, oder diese vor jener vorhergehe" (KU B 27). Die Lust am Schönen kann *einerseits* nicht unmittelbar durch die Materie der Vorstellung eines Gegenstandes fundiert sein. Sie würde sonst mit dem Interesse am Angenehmen zusammenfallen und wäre ein ästhetisches Privaturteil. Sie muss statt dessen nach dem Muster des Wohlgefallens am Guten entwickelt werden, damit ihr Geltungsprofil der Allgemeinheit und Notwendigkeit berechtigt sein kann. Die Lust am Schönen wird durch eine vernünftige Beurteilung des Gegenstandes ausgelöst. Hier wie dort kann die Vorstellung eines Objekts mutatis mutandis deshalb als mit einer Lust notwendig verbunden geurteilt werden und folglich für jeden Urteilenden überhaupt gültig sein, weil die Bewertung, auf der sie basiert, ihrerseits allgemein gilt.

*Andererseits* aber muss sich die Lust am Schönen auch von der am Guten markant unterscheiden. Was sie von dieser trennt, muss offenkundig mit der zugrunde liegenden Bewertung des Gegenstandes zu tun haben. Das Prinzip, woran gemessen ein Gegenstand Wohlgefallen am Schönen evoziert, muss von den Prinzipien für das Nützliche und das Gute differieren. Die Kritik des Geschmacks steht demnach vor der Aufgabe, ein solches „Richtmaß" (KU B 179) aufzufinden. Einen Gegenstand nach seiner Maßgabe zu bewerten, ist der Ursprung der Lust oder Unlust an dem schönen oder hässlichen Objekt, will sagen: der Bestimmungsgrund des reinen Geschmacksurteils. *Kants Ästhetik ist damit wesentlich eine Theorie der dem reinen Geschmacksurteil zugrunde liegenden Beurteilung.*[6] Weil eine Sache allgemein mitteilbar gefällt, nennen wir sie schön; wenn sie missfällt, so heißt sie hässlich. Warum aber gefällt oder missfällt eine Sache auf eine allgemein mitteilbare Weise? Das Lehrstück des freien Spiels und der Harmonie des Erkenntnisvermögens darin ist die Antwort auf dieses Grundproblem.

[6] Vgl.: Fricke, Christel: *Kants Theorie des reinen Geschmacksurteils*, Walter de Gruyter 1990, S. 4 und 45.

## II. Die reflektierende Urteilskraft als Bestimmungsgrund

Paragraph neun der „Analytik" führt den Schlüssel zur Kritik des Geschmacks ein. Der Paragraph rekonstruiert das gesuchte Prinzip in zwei Schritten. Der *erste* Schritt besteht in Kants Einsicht, dass „nichts allgemein mitgeteilt werden [kann], als Erkenntnis, und Vorstellung, sofern sie zum Erkenntnis gehört" (KU B 27). Der Geltungsgrund reiner Geschmacksurteile kann nach Kant nur in der Vernunft liegen, und zwar in ihrem theoretischen, also erkennenden Gebrauch. Das Spiel der Kräfte ist ein Spiel der Erkenntniskräfte. Aufzufinden ist eine „*Eigenschaft unseres Erkenntnisvermögens* [Herv. d. Verf.]" (KU B 21), die den eigentlichen „Ursprung" (KU B 21) von Geschmacksurteilen ausmacht, die nämlich ein Gefühl gegenüber einem Gegenstand hervorruft, aufgrund dessen jener Gegenstand dann für schön oder hässlich befunden wird. Die Bedingung der Möglichkeit von Geschmacksurteilen hat nur in der theoretischen Vernunft einen „allgemeinen Beziehungspunkt, womit die Vorstellungskraft aller zusammenzustimmen genötigt wird" (KU B 27-8). Das Prinzip des so genannten Reflexions-Geschmacks ist ein Prinzip reiner theoretischer Subjektivität: das Prinzip a priori der reflektierenden Urteilskraft, wie sich zeigen wird.

Der *zweite* Schritt besteht in der anschließenden Erinnerung Kants: „Soll nun der Bestimmungsgrund des Urteils über diese allgemeine Mitteilbarkeit der Vorstellung *bloß subjektiv* [Herv. d. Verf.] sein [...]" (KU B 28). Ebenso wie das Geschmacksurteil, das einen subjektiven Bestimmungsgrund aufweist, nämlich ein Gefühl, so muss auch die diesem Gefühl vorhergehende Beurteilungsregel subjektiver Natur sein. Kant leugnet dezidiert ein objektives Geschmacksprinzip. Es kann nicht „durch Begriffe bestimmt" (KU B 53) werden, ob ein Gegenstand schön oder hässlich ist. Ein objektives Prinzip des Geschmacks führt Geschmacksurteile auf Erkenntnisurteile und deren Intersubjektivität zurück. Dagegen ist die dem Wohlgefallen am Schönen zugrunde liegende Schätzung des Gegenstandes in der Weise allgemein, dass sie etwas über den Gemütszustand aller vernünftigen Subjekte nur in Anbetracht eines Objekts festzustellen beansprucht. Der fragliche Gemütszustand ist zwar der Zustand der gewöhnlichen Erfahrungserkenntnis eines Objekts; aber dasjenige an ihm, was ein „subjektive[s] Prinzip des Geschmacks" (KU B 144) bereitstellt, sagt seinerseits nichts vom Objekt aus.

Der Grundgedanke Kants ist, dass die Lust am Schönen ihren Ursprung, wie anfänglich zitiert, in einem „Verfahren der Urteilskraft" hat, „welches sie auch zum Behuf der gemeinsten Erfahrung ausüben muß" (KU B 155[7]) und das ihrem subjektiven Prinzip a priori unterliegt. Welches Verfahren im Erkenntnisvollzug ist hier gemeint? Einen ersten Hinweis liefert ein kurzer Seitenblick auf die „Kritik der reinen Vernunft". Diese beschäftigt sich mit der erkennenden, der Vernunft in ihrem theoretischen Gebrauch. Im so genannten Schematismus-Kapitel wird auch die Urteilskraft als besondere Tätigkeitsweise des oberen Erkenntnisvermögens thematisiert und allgemein definiert als dasjenige Vermögen, welches *zwischen dem Mannigfaltigen der Anschauung und den begrifflichen Einheiten des Verstandes* steht. „Wenn der Verstand überhaupt als das Vermögen der Regeln erklärt wird, so ist Urteilskraft das Vermögen, unter Regeln zu subsumieren, d.i. zu unterscheiden, ob etwas unter einer Regel (casus datae legis) stehe, oder nicht" (KrV B 171[8]). Die „Kritik der reinen Vernunft" kennt eine durch die Urteilskraft als Mittler hergestellte Zusammenstimmung zwischen dem Mannigfaltigen der Einbildungskraft und den Regeln des Verstandes. Nicht das Objekt oder seine Bestimmungen werden hier diskutiert, sondern das aufseiten des Subjekts erkenntnisbegründende Verhältnis von Gemütsvermögen und deren Gehalten, welches die Urteilskraft stiftet.[9]

Der *Einbildungskraft* weist Kant grundsätzlich die Aufgabe der Verbindung zu. „Die Synthesis überhaupt ist [...] die bloße Wirkung der Einbildungskraft, einer blinden, obgleich unentbehrlichen Funktion der Seele, ohne die wir überall gar keine Erkenntnis haben würden [...]" (KrV B 103). In jeder Anschauung, durch die ein Gegenstand dem Denken gegeben wird, muss das Mannigfaltige derselben durchgegangen und miteinander verknüpft werden, um allererst ein Mannigfaltiges für das Subjekt zu sein. Der *Verstand* ist dagegen als das Vermögen der Begriffe ausgewiesen. Diese sind „jederzeit etwas Allgemeines, und was zur Regel

[7] Siehe auch: KU B 146, 157, 255.

[8] Alle Zitatnachweise aus der „Kritik der reinen Vernunft" werden durch die Abkürzung KrV, die Paginierung der Originalausgaben der ersten (A) oder zweiten (B) Auflage und Seitenzahl gekennzeichnet (KrV B Seitenzahl). Hervorhebungen des Quellentextes werden bei der Zitation nicht eigens kenntlich gemacht.

[9] Vgl.: Bartuschat, Wolfgang: *Zum systematischen Ort von Kants Kritik der Urteilskraft*, Vittorio Klostermann, 1972, S. 23-38.

dient" (KrV A 106[10]). Und zwar sind sie Regeln für die Leistung der Einbildungskraft, eine Anschauung zur objektiven Einheit des Bewusstseins zu verbinden. Ein Begriff schreibt der Einbildungskraft vor, diejenigen Teilvorstellungen einer gegebenen Anschauung selektiv zu verbinden und zusammenzuhalten, die seinen Merkmalen korrespondieren[11]. Die Synthesisleistung erfolgt alsdann nicht mehr blind, sondern nach Maßgabe, gleichsam sehend. „In der Subsumtion eines Gegenstandes unter einen Begriff muß die Vorstellung des ersteren mit der letztern gleichartig sein, d.i. der Begriff muß dasjenige enthalten, was in dem darunter zu subsumierenden Gegenstande vorgestellt wird, denn das bedeutet eben der Ausdruck: ein Gegenstand sei unter einem Begriff enthalten" (KrV B 176).

In der dritten „Kritik" nun wiederholt und bekräftigt Kant diese vermögenstheoretischen Thesen. Er schreibt: „Nun gehören zu einer Vorstellung, wodurch ein Gegenstand gegeben wird, damit überhaupt daraus Erkenntnis werde, Einbildungskraft für die Zusammensetzung des Mannigfaltigen der Anschauung, und Verstand für die Einheit des Begriffs, der die Vorstellungen vereinigt" (KU B 28[12]). Dafür zeichnet auch hier die Urteilskraft verantwortlich. Damit eine Erkenntnis zuwege kommen kann, muss *die Einbildungskraft in der Apprehension eines Objekts vermittels der Urteilskraft mit dem Verstand zusammenstimmen*. Indem der Verstand die Begriffe und die Einbildungskraft das Mannigfaltige einer Anschauung bereithält, kann es keines von beiden Vermögen selbst sein, welches ein Korrespondenzverhältnis zwischen Anschauung und Begriff, Fall und Regel, herstellt. Dazu bedarf es eines dritten Vermögens, der Urteilskraft. Sie subsumiert das sinnlich Mannigfaltig einer Anschauung unter den ihr gleichartigen Begriff und bringt damit eine „Übereinstimmung" (KU B 30) beziehungsweise „Harmonie" (KU B 29) beider zustande.

Diese Tätigkeit der Vermittlung zwischen Einbildungskraft und Verstand wird in der Einleitung zur „Kritik der Urteilskraft" unterteilt in eine reflektierende und eine bestimmende. Danach ist die Urteilskraft überhaupt

---

[10] Siehe u.a. auch: KrV B XVIII, 174, 180.

[11] Vgl.: Allison, Henry E.: *Kant`s Transcendental Idealism*, Yale University Press 1983, S. 66.

[12] Siehe ebenso: §21 (KU B 65) und §35 (KU B 145).

das „Vermögen, das Besondere als enthalten unter dem Allgemeinen zu denken. Ist das Allgemeine (die Regel, das Prinzip, das Gesetz) gegeben, so ist die Urteilskraft, welche das Besondere darunter subsumiert, […] *bestimmend.* Ist aber nur das Besondere gegeben, wozu sie das Allgemeine finden soll, so ist die Urteilskraft bloß *reflektierend* [Herv. d. Verf.]“ (KU B XXV-XXVI). Das eine Mal bewegt sie sich vom Allgemeinen des Verstandes hin zum Mannigfaltigen der Einbildungskraft, um den dazu passenden Fall zu ermitteln; das andere Mal geht sie, umgekehrt, vom gegebenen Besonderen aus, um die entsprechende allgemeine Regel zu suchen. Die Harmonie der Erkenntnisvermögen und ihrer Vorstellungen wird je von einem anderen Anfangspunkt aus erzeugt.

Die Unterscheidung einer reflektierenden von einer bestimmenden Urteilskraft ist aber nicht zu verstehen als eine Unterscheidung zwischen zwei Vermögen, sondern von ein und demselben in unterschiedlichem Gebrauch.[13] Das Geschäft der Urteilskraft ist allemal die Subsumtion, die Unter- und Überordnung von Allgemeinem und Besonderem. Béatrice Longuenesse beispielsweise argumentiert dafür, dass Reflexion und Bestimmung zwei komplementäre Aspekte einer jeden empirischen Erkenntnis sind.[14] Jede Erfahrung enthält Momente der Reflexion und Momente der Bestimmung. In der neueren Forschungsliteratur mehrt sich dann auch die Meinung, dass die Differenzierung der Handlungen der Urteilskraft offiziell zwar erst in der dritten „Kritik“ niedergelegt ist, dass sie aber gegenüber der ersten „Kritik“ keine fundamentale Wende enthält.[15] Die Innovation der dritten „Kritik“ besteht statt dessen darin, Urteile entdeckt zu haben, die „*bloß reflektierend* [Herv. d. Verf.]“ (XX 223) sind beziehungsweise „*bloße Reflexion* [Herv. d. Verf.]“ (XX 220) zum Bestimmungsgrund haben. Dazu gehört auch das reine Geschmacksurteil.

[13] Vgl.: Allison, Henry E.: *Kant´s Theory of Taste*, Cambridge University Press 2001, S. 44.

[14] Vgl.: Longuenesse, Béatrice: *Kant and the Capacity to Judge*, Princeton University Press 1998, bes. S. 163-6.

[15] Vgl.: Allison, Henry E.: *Kant´s Theory of Taste*, a.a.O., S. 16ff.; Floyd, Juliet: *Heautonomy: Kant on Reflective Judgement and Systematicity*, in: Herman Parret (Hg.): Kants Ästhetik, Kant´s Aesthetics, L´esthétique de Kant, Walter de Gruyter 1998, bes. S. 200ff.

## III. Freies Spiel und reflektierende Urteilskraft

Inwiefern kann nun der Gemütszustand, in welchem die reflektierende Urteilskraft zwischen der Einbildungskraft und dem Verstand in einer gewöhnlichen Erfahrung vermittelt, als Quelle eines allgemein mitteilbaren Gefühls infrage kommen? Der reflektierenden Urteilskraft obliegt, wie gezeigt, die Aufgabe, dem sinnlich Mannigfaltigen einer Anschauung, welches die Einbildungskraft darbietet, aufseiten des Verstandes den korrespondierenden empirischen Begriff aufzufinden. Dass dies geschieht, ist eine subjektive Bedingung der Möglichkeit von Erfahrung überhaupt. Es gehört zu unserer diskursiven Erkenntnisart zu beurteilen, *ob der in der Anschauung gegebene Gegenstand* (als das Besondere) *unter diesen oder jenen Begriff* (als das Allgemeine) *fällt.* Kants Ästhetik bedeutet nicht nur eine Art Laisierung des Geschmacks – durch die Verankerung der Lust am Schönen in reiner theoretischer Subjektivität ist grundsätzlich jedes vernünftige Subjekt in Fragen des Geschmacks kompetent. Sondern dem entspricht aufseiten des Objekts ebenso eine Universalisierung – grundsätzlich ist jedes Objekt möglicher Erfahrung ästhetisch thematisierbar. Es gibt keine Klasse von Gegenständen, die durch objektive Kriterien von der ästhetischen Erfahrung ausgeschlossen sein könnte. Alle empirischen Gegenstände, im weitestmöglichen Sinne, sind ästhetisch verfügbar.

*Kant macht die Quelle reiner Geschmacksurteile lediglich an dieser zu jeder Erfahrung unentbehrlichen Reflexionstätigkeit fest.* Auch wenn in der Erfahrung noch vieles beiherspielt, so kann doch die Reflexion der Urteilskraft allein das Geltungsprofil von Geschmacksurteilen abstützen. Die Urteilskraft unterliegt dabei nämlich einem Gesetz a priori, das gleichwohl nur subjektiv, also nicht vom Objekt gilt. Dieses enthält das Tätigkeitsmuster der Urteilskraft, gleichsam die Gelingensbedingung ihres Vollzuges: zu dem Besonderen das Allgemeine, zum Fall die Regel, zur Vielheit die Einheit zu suchen.[16] Weil nun *erstens* die Zusammenstimmung von Einbildungskraft und Verstand eine Bedingung der Möglichkeit von Erkenntnis überhaupt darstellt; und weil *zweitens* das transzendentale Prinzip der Urteilskraft deren Tätigkeit regelt, diese Zusam-

[16] „The content of the principle of reflective judgment is (and can only be) a self-picturing of the activity of judgment itself". Loyd, Juliet: *Heautonomy: Kant on Reflective Judgement and Systematicity*, a.a.O., S. 207.

menstimmung von Einbildungskraft und Verstand zustande zu bringen; und weil schließlich *drittens* jenes transzendentale Prinzip als solches für alle vernünftigen Erkenntnissubjekte notwendig gilt; so kann dessen allgemeines und notwendiges Geltungsprofil an reine Geschmacksurteile sozusagen weitergegeben werden, wenn sich zeigen lässt, dass und wie Geschmacksurteile auf einer Beurteilung beruhen, die irgendwie mit der Reflexionsleistung der Urteilskraft zusammenhängt und die deren Prinzip a priori zum Beurteilungsmaßstab nimmt. Das transzendentale Prinzip der reflektierenden Urteilskraft entdeckt sich dann zugleich als das Prinzip des Reflexions-Geschmacks, was ja Kants erklärte Auffassung ist.[17] Zunächst aber ein Wort zum *freien Spiel der Kräfte*, das nach dem Wortlaut des Paragraphen neun und anderer Textstücke den subjektiven Bestimmungsgrund reiner Geschmacksurteile abgeben soll. Die bisherige Interpretation rückt dieses Spiel nicht nur in die Nähe der reflektierenden Urteilskraft im Erfahrungsvollzug, sondern identifiziert beide klar miteinander. Meine *These* ist, dass das Spiel der Erkenntniskräfte nichts anderes ist, als die bloße Reflexionsleistung der Urteilskraft zwischen Einbildungskraft und Verstand. *Erstens* verwendet Kant den Begriff des Spiels auch in etlichen anderen Schriften, und zwar einheitlich als unscharfen Gegenbegriff zu dem der Regel oder der regelgeleiteten Beschäftigung. Eine spielerische Tätigkeit ist eine von (wenigstens gewissen) Regeln dispensierte Tätigkeit. „Die Erkenntniskräfte [...] sind hierbei in einem freien Spiele, weil kein bestimmter Begriff sie auf eine besondere Erkenntnisregel einschränkt“ (KU B 28). Das Adjektiv ‚frei‘ fügt mithin *zweitens* dem Begriff des Spiels keine neue Qualität hinzu, grenzt es nicht von unfreien Spielen ab. Ein Spiel als solches ist eine, in gewissen Hinsichten, regelfreie Veranstaltung.

Und *drittens* sind es bei genauer Betrachtung nicht die beiden Vermögen, Einbildungskraft und Verstand, die je für sich oder miteinander spielen; auch nicht die Urteilskraft. Ausschließlich die Leistung der Einbildungskraft wird damit markiert. So spricht Kant ausdrücklich von der „spielenden Einbildungskraft“ (KU B 75). Sie allein verbindet das Mannigfaltige einer Anschauung blind, das heißt ohne einen bestimmten Begriff, „wodurch ihre Freiheit [...] nur eingeschränkt werden würde“ (KU B 50[18]). In

[17] Vgl.: §35 (KU B 145ff.).

[18] Siehe ebenso: KU B XLVIII.

der Apprehension des Objekts verfährt sie ohne Maßgabe. Darin eben besteht ihre Freiheit, „daß die Einbildungskraft ohne Begriff schematisiert" (KU B 146). Die Urteilskraft ihrerseits bezieht dieses freie Spiel der Einbildungskraft reflektierend auf die Regeln und Einheiten des Verstandes, also seine Begriffe, sodass die Einbildungskraft „in ihrer Freiheit den Verstand erweckt" (KU B 161). Es ist dies nichts anderes als die reflektierende Suche der Urteilskraft nach passenden, korrespondierenden Begriffen, gleich welche das sein mögen. „Die ästhetische Urteilskraft in Beurteilung des Schönen [bezieht] die Einbildungskraft in ihrem freien Spiel auf den Verstand, um mit dessen Begriffen überhaupt (ohne Bestimmung derselben) zusammenzustimmen" (KU B 94). Die Harmonie der Erkenntniskräfte im so genannten freien Spiel ist die Harmonie dieser Kräfte, wie sie in jeder Erfahrung erzeugt wird. Darauf baut alles Weitere auf.

Einmal gesetzt, die bisherige Interpretation ist richtig, das freie Spiel der Erkenntniskräfte und die Reflexion der Urteilskraft in der Erfahrung sind identisch: Zu welcher vernünftigen Bewertung des Gegenstandes kann dieser Gemütszustand Anlass geben? Kants Idee tritt an versprengten Textstellen, nur leider nicht im zentralen Paragraphen neun, deutlich hervor. Das gegebene sinnlich Mannigfaltige, welches die Einbildungskraft bereithält und in freiem Spiel blindlings synthetisiert, kann danach bemessen werden, wie es zur Tätigkeit der reflektierenden Urteilskraft, dieses Mannigfaltige ihrem Prinzip a priori gemäß auf den Begriff zu bringen und eine Einheit zwischen Anschauung und Verstand herzustellen, *mehr oder weniger angemessen* ist. Kant erläutert das Prinzip der Reflexion auch als das „Prinzip der Angemessenheit der Natur zu unserem Erkenntnisvermögen" (KU B XLI). Die Urteilskraft bezieht das Denken und den anschaulich gegebenen Gegenstand in ihrer Differenz aufeinander, erzeugt eine Übereinstimmung und vermag zu entscheiden über die „Angemessenheit [des Gegenstandes] mit dem menschlichen Verstande in seinem notwendigen Geschäfte: zum Besonderen, welches ihm die Wahrnehmung darbietet, das Allgemeine [...] zu finden" (KU B XXXVII).

Diese Beurteilung lässt Abstufungen zu. Gegenstände, deren Anschauung die Funktion der Urteilskraft erleichtern, werden als angemessener beurteilt als solche, die sie eher erschweren.[19] Sie werden unterschieden, so schreibt Klaus Düsing, in „leicht für mich faßliche Anschauung[en]“[20] und schwerer fassliche. Die eine belebt oder hemmt die Urteilskraft mehr oder weniger als eine andere. So heißt es etwa in Paragraph einundzwanzig: „Diese Stimmung der Erkenntniskräfte hat, nach Verschiedenheit der Objekte, die gegeben werden, eine *verschiedene Proportion* [Herv. d. Verf.].“ (KU B 65-6[21]) Diese Proportion der Erkenntnisvermögen in ihrer Zusammenstimmung, ob also die Anschauung eines Gegenstandes unserer diskursiven Art zu erkennen mehr oder weniger zuträglich ist, kann in der Tat lediglich durch ein Gefühl bewusst werden, nicht durch objektive Begriffe. Der schöne Gegenstand gefällt aufgrund der „Angemessenheit desselben (seiner Form) zu unserem Erkenntnisvermögen“ (KU B LI), er missfällt aber, wenn er unangemessen ist. Der subjektive Bestimmungsgrund reiner Geschmacksurteile liegt in der vernünftigen Bestimmung eines anschaulichen Gehaltes daraufhin, inwieweit er in der bloßen Reflexion zu theoretischer Subjektivität passt. Das Richtmaß dazu gibt das subjektive Prinzip a priori der Urteilskraft ab. Und das Gefühl, in welchem sich diese Beurteilung allein kenntlich macht, ist ebenso allgemein mitteilbar wie die Beurteilung selbst.[22]

Die vorgetragene Interpretation vermeidet es aber nicht nur, das freie Spiel der Kräfte als einen einzigartigen, spezifisch ästhetischen Zustand zu verstehen, um das Geltungsprofil von Geschmacksurteilen epistemisch zu fundieren. Sie vermeidet ebenfalls die Konsequenz, die daraus resultieren würde, dass es nämlich keine ästhetische Erfahrung des Hässlichen in der kantischen Ästhetik gäbe. Die graduelle Abstufung der vernünftigen Bewertung, auf der Geschmacksurteile letztlich beruhen, erbt sich an das Gefühl, das sie auslöst, fort. Gefühle haben eine *intensive*

---

[19] Vgl.: Strub, Christian: *Das Häßliche und die „Kritik der ästhetischen Urteilskraft“*, in: Kant-Studien 80 (1989), S. 437.

[20] Düsing, Klaus: *Die Teleologie in Kants Weltbegriff*, Kant-Studien Ergänzungshefte 96, H. Bouvier u. Co. Verlag 1968, S. 81.

[21] Siehe ebenso: KU B 267.

[22] Um es zu betonen: Die vernünftige Beurteilung am transzendentalen Prinzip der Urteilskraft wird nicht explizit vollzogen. Sie kann sich lediglich durch ein Gefühl manifestieren. Das bedeutet zugleich, dass im Einzelfall nie mit Gründen bewiesen werden kann, ob eine vorliegende Lust auf jener allgemein mittelbaren Bewertung beruht und ob es sich daher um eine Lust am Schönen oder doch nur am Angenehmen handelt. Phänomenologisch jedenfalls unterscheiden sich die Gefühle nicht. Siehe dazu etwa: KU B 232ff.

*Größe* und variieren nach „verschiedenen Graden“ (KU B 8[23]). Kant unterscheidet in einer seiner unzähligen Reflexionen zu diesem Thema zwischen „Lust: A; Gleichgültigkeit: non A; Unlust: -A“ (R 669). ‚Gleichgültigkeit‘ meint dabei einen Zustand, der weder Lust noch Unlust enthält, ein Zustand der Indifferenz.[24] Weder gefällt noch missfällt eine Sache. Dieser *Trichotomie* der Gefühlszustände des Subjekts entspricht auf der Objektseite die Trichotomie „schön +; nichtschön (trocken) 0; häßlich –“ (R 1946).[25] Auch die ästhetische Bestimmung des Gegenstandes unterscheidet also dreifach zwischen dem Schönen, dem Nicht-Schönen und dem Hässlichen. Und auch sie kennt Gradunterschiede: „daher wir selbst die Schönheit groß oder klein nennen“ (KU B 83). Der Grundgedanke der kantischen Ästhetik ist es folglich, dass der schöne Gegenstand ein solcher ist, der die Leistungen theoretischer Subjektivität befördert und darum gefällt, der hässliche aber einer, der sie erschwert und daher missfällt, und dass der nicht-schöne Gegenstand schließlich ein solcher ist, der sich weder positiv noch negativ ästhetisch bemerkbar macht, also kein Gefühl der Lust oder Unlust mit sich bringt.

## Bibliographie

Allison, Henry E.: *Kant`s Transcendental Idealism. An Interpretation and Defense*, New Haven/London: Yale University Press 1983.

Allison, Henry E.: *Kant's Theory of Taste. A Reading of the Critique of Aesthetic Judgement*, New York: Cambridge University Press 2001.

Bartuschat, Wolfgang: *Zum systematischen Ort von Kants Kritik der Urteilskraft*, Frankfurt a. M.: Vittorio Klostermann 1972.

Brand, Reinhard: *Zur Logik des ästhetischen Urteils*, in: Herman Parret (Hg.): Kants Ästhetik, Kant´s Aesthetics, L´esthétique de Kant, Berlin/New York: Walter de Gruyter 1998, S. 192-218.

[23] Siehe ebenso: KpV A 42, 43.

[24] „Es kann aber von keiner Vorstellung irgend eines Gegenstandes, welche sie auch sei, a priori erkannt werden, ob sie mit Lust oder Unlust verbunden, oder indifferent sein werde“ (KpV A 39).

[25] „Ästhetische Unvollkommenheit des Mangels, da etwas fehlt, ist Trockenheit. Diejenige der Beraubung Häßlichkeit. Häßlichkeit ist also etwas Positives, nicht eine bloße Abwesenheit der Schönheit, sondern auch das Dasein dessen, was der Schönheit bloß zuwider ist“ (R 364). Siehe auch: R 669, 1941.

Düsing, Klaus: *Die Teleologie in Kants Weltbegriff*, Kant-Studien Ergänzungshefte 96, Bonn: H. Bouvier u. Co. Verlag 1968.

Floyd, Juliet: *Heautonomy: Kant on Reflective Judgement and Systematicity*, in: Herman Parret (Hg.): Kants Ästhetik, Kant´s Aesthetics, L ´esthétique de Kant, Berlin/New York: Walter de Gruyter 1998, S. 192-218.

Fricke, Christel: *Kants Theorie des reinen Geschmacksurteils*, Berlin/New York: Walter de Gruyter 1990.

Ginsborg, Hannah: *Lawfulness without Law: Kant on the Free Play of Imagination and Understanding*, in: Philosophical Topics 25 (1997), S. 37-81.

Longuenesse, Béatrice: *Kant and the Capacity to Judge. Sensibility and Discursivity in the Transcendental Analytic of the Critique of Pure Reason*, übers. v. Charles T Wolfe, Princeton/Oxford: Princeton University Press 1998.

Strub, Christian: *Das Häßliche und die „Kritik der ästhetischen Urteilskraft“. Überlegungen zu einer systematischen Lücke*, in: Kant-Studien 80 (1989), S. 416-446.

*Sebastian Knöpker*

# Existentieller Hedonismus

*Abstrakt:* Das Sein des Menschen ist nicht in anstrengungsloser Anwesenheit gegeben, sondern muss in Akten erst hervorgebracht werden. Die Versicherung eigenen Seins ist dabei ein Streben vergleichbar mit dem nach Lust. Dass es überhaupt ein Streben nach Sein gibt, kann in Auseinandersetzung mit dem Streben nach Lust verdeutlicht werden.

Wonach ein Hedonist strebt, bedarf nicht vieler Worte: er strebt nach Lust. Wonach aber strebt ein existenzieller Hedonist? Ein Beispiel hierfür findet sich in Robert Musils Roman *Die Verwirrungen des Zöglings Törleß.* [1] Ein zwölfjähriger Junge wird in ein Internat geschickt und entwickelt dort Heimweh nach seinen Eltern. Dieses Heimweh geht nicht den üblichen Weg einer allmählichen Abschwächung, da sich der Junge Törleß in seiner Sehnsucht gar nicht auf seine Eltern bezieht. Diese sind nämlich nur die Gelegenheitsursache für ein wollüstiges und egoistisches Leiden, wonach er sich tief und außerordentlich lebendig fühlen möchte. Da die Vergnügungen im Internat ihm diese Vitalität nicht bieten, hält er sich an das Heimweh, an diese seelische Kraft unter dem Vorwand des Schmerzes. Der Junge selbst erkennt die wahre Natur seines Heimwehs als es verschwindet und ihm nun nicht besser zu Mute ist, sondern er eine Leere in sich verspürt. Es fehlt ihm an innerer Zugehörigkeit zu sich selbst, an Präsenz, an innerem Echo; mit einem Wort, es fehlt ihm am Selbstgenuss.

Robert Musil behauptet nichts anderes, als dass es etwas Erfüllenderes und Erhebenderes geben kann, als glücklich zu sein. Die Heftigkeit der Existenz, die Tiefe des eigenen Lebens, die Intensität seiner selbst zu spüren, sind Größen, die das Leiden nebensächlich machen können, die eine Befriedigung ermöglichen, welche die Kategorien von Glück und Unglück sprengen.

[1] Robert Musil (1965): Die Verwirrungen des Zöglings Törleß, Reinbek, S. 8-10

Auch Nietzsche bezweifelte die übliche Algebra des Glücks. Er kritisierte Schopenhauer in dessen Überzeugung, der Mensch habe sein Schicksal als lebenslang Leidender zu tragen. Nietzsche setzte dagegen, dass es trotz des ersten Anscheins des dauernden Unzufriedenseins und Unglücks einen Überschuss an Befriedigung geben müsse[2] . Dieses dunkle Glück schloss er zunächst daraus, dass die Menschen nicht nur ihr Leben pflichtgemäß auf sich nehmen, sondern es permanent bejahen. Diese Bejahung muss aber, so folgerte er, nicht bloß einen logischen Grund haben, sondern eine unmittelbare Grundlage. Das Dasein als Krafterfahrung (Macht), die das Leben immer trägt, ist nach Nietzsche diese Grundlage.

### Die Bedeutung des Strebens nach Sein

Dem hedonistisch Guten wird also bei Musil und Nietzsche das ontologisch Gute gegenübergestellt, wobei jenes nicht notwendig mit einer außerordentlichen Krafterfahrung einhergehen muss. Vielmehr geht es im Streben nach Sein zunächst um eine Erfüllung des Seins überhaupt. Dem liegt eine bestimmte Auffassung des Seins zu Grunde, wie sie sich etwa bei Kierkegaard oder auch bei Sartre findet.

So ist das Sein des Menschen nicht anstrengungslos gegeben, sondern wird erst in Akten hergestellt. Entsprechend gibt es keine Erlebnisse in der Welt: dort gibt es nur Ereignisse, Zustände und Vorgänge. Um nun aus einem solchen äußeren Vorgang ein Erlebnis zu machen, bedarf es einer Verinnerlichung des zunächst rein Äußeren. Dieser Akt ist jedoch keine Selbstverständlichkeit, sondern eine besondere Leistung.

Die Problematik des Strebens nach Sein sieht in Anlehnung an Kierkegaards Interpretation von Hegels Begriffs des Geistes folgendermaßen aus:[3]

1. Das Bewusstsein kann sich nicht selbst Gegenstand sein. Es riecht nicht, hat kein Gewicht, keine Farbe, überhaupt gar keine Qualitäten. Ähnliches gilt für das Selbst: es ist wesensmäßig hohl, findet in sich nicht genug, um durch sich selbst bestehen zu können.

---

[2] Vgl. Nietzsche, Friedrich (1988): Kritische Studienausgabe (KSA) in 15 Bänden, neu durchgesehen in der 2. Auflage, hg. v. Georgio Colli u. Mazzino Montinari, München, Berlin, New York: DTV u.a.Nietzsche KSA 8.131 (hier: KSA 8.138)

[3] Sören Kierkegaard (1962): Die Krankheit zum Tode, in: Werke (Bd. 4), herausgegeben von L. Richter, Reinbek

2. Um existieren zu können, kommt es zum Ausgreifen auf das Andere. Das Fremde muss zum Vertrauten transformiert werden: das, was nicht das Selbst ist, wird zu diesem gemacht.

Diese Synthese ist kein einmaliger, sondern ein fortwährender Vorgang, d.h. alles Sein beruht auf dem Akt seiner Herstellung. Das Gelingen der Herstellung der Existenz ist jedoch alles andere als selbstverständlich.

**Unlust als Seinsvermittler**

Was aber haben Lust und Unlust damit zu tun? Agnes Hellers *Theorie der Gefühle* gibt hierauf eine Teilantwort: ein Gefühl ist nicht nur angenehm oder unangenehm, sondern stets auch ein *In-etwas-Involviertsein*, d.h. das Objekt des Gefühls wird damit erschlossen.[4] Freut man sich, so freut man sich über etwas, und dieses Etwas ist stets ein Gegenstand im weiteren Sinne, ein Ding, eine Person, ein Gedanke usw. Dieser Gegenstand wird nun auf die Weise in seinem Sein erschlossen, dass er Präsenz gewinnt und zwar nicht bloß als Ursache für eine Freude, sondern als Seiendes überhaupt.

Während man auf Unlust ohne Weiteres verzichten kann und auch will, lässt sich auf die darin gegebene Beteiligung am Sein jedoch nicht unbedingt verzichten, da man als Person nur in solchen Erschließungen existieren kann. Zugespitzt gilt: Auf die eigene Lebendigkeit, auf das eigene Leben kann man nicht verzichten, auf den Anspruch auf Glück aber schon. Leiden kann also die Funktion haben, das Sein zu erfüllen, wenn es keine besseren Erschließungsweisen gibt. Es ist also nicht immer richtig, dass im Streben nach Lust analytisch auch das Streben steckt, Unlust zu vermeiden. Den Leistungscharakter des Seins, dessen Aktform, konnten Psychiater wie Ludwig Binswanger und von Gebsattel[5] in der Beobachtung bestimmter geistiger Störungen sehr gut zeigen. Für den normalen Menschen ist das Sein in seiner natürlichen Einstellung so selbstverständlich, dass es notwendig ist, im Einzelnen darzustellen, worin denn die Fähigkeit zu sein besteht. Die Intuition, wonach das Sein ohne Anstrengung einfach da ist, muss also zunächst widerlegt werden.

---

[4] Agnes Heller (1980): Theorie der Gefühle, Hamburg, S.23 ff.

[5] Vgl.: Ludwig Binswanger (1956): Drei Formen missglückten Daseins, Tübingen, sowie: Viktor von Gebsattel (1954): Prolegomena einer medizinischen Anthropologie, Berlin

Warum zählt nun ein Zwangsneurotiker dreißig Mal die Anzahl seiner Handtücher durch, bevor er das Badezimmer verlassen kann? Zwar kann er die Gegenstände wohl noch in Form, Farbe und Anzahl erkennen, aber er kann keine innere Anwesenheit dieser Dinge mehr realisieren. D.h. wissen, dass etwas ist und spüren, dass etwas ist, sind zwei unterschiedliche Dinge, die der Neurotiker nicht mehr zusammen bekommt.

Beim normalen Menschen findet die Bildung der Anwesenheit des Erkannten im Akt des Erkennens ganz selbstverständlich statt. Erst in der Störung zeigt sich, dass überhaupt etwas stattfindet, dass nämlich der Handtuchstapel in seinem Sein keineswegs automatisch und ohne Zutun auch das Sein des erkennenden Menschen ist.

Der Zwang des Neurotikers besteht darin, den Mangel an Sein im Handtuchzählen nicht hinnehmen zu können: er zählt immer wieder, um doch noch zur Fülle zu gelangen, was schließlich im verzweifelten Wiederholen auch funktioniert, allerdings auf emotional unbefriedigende Weise. Somit ist sein Leiden nicht etwas rein Überflüssiges, sondern eben zugleich Seinsversicherung.

Der gesunde Mensch hat nun ein ähnliches Problem wie der Gestörte: das Sein, welches ihm im Erkenntnisakt vermittelt wird, füllt ihn nicht aus. Es reicht nicht, beispielsweise ein Telefonbuch zu lesen, um damit vor sich selbst anwesend zu sein. Die Namen und Zahlenkolonnen sind dem Menschen Nichts, da sie keinen inneren Bezug zu ihm haben.

Der Gesunde steht unter einem vergleichbaren Zwang: einfach *nicht* zu denken, *nicht* zu urteilen und *nicht* wahrzunehmen ist unmöglich. Gestörter wie Gesunder stehen unter einem Zwang zu sein. Ihr Dasein muss Fülle und Intensität haben; es muss einen inneren Bezug, ein inneres Echo aufweisen. Wenn dies tatsächlich gilt, so muss es an der menschlichen Durchschnittsexistenz auch aufweisbar sein. Worin zeigt sich also die Anstrengung zu sein? Worin liegt das Problem, vor sich selbst anwesend zu sein? Eine Antwort lässt sich darauf finden, wenn man sich verdeutlicht, „wo" das Leben typischerweise stattfindet. Der Mensch ist nicht ständig vom Weltgeschehen erfüllt, im Gegenteil, vorwiegend ist er mit dem beschäftigt, was noch nicht ist, was möglicherweise geschehen wird und was bereits vorbei ist. Die Erlebnisqualitäten der aktuellen Realität sind also offenbar nicht so attraktiv wie die der zu bildenden Realität im Bewusstseinsstrom.

Was macht nun die Erlebniskraft des Bewusstseinsstromes aus?
Ignatius de Loyola fand eine Teilantwort, als er einen Weg suchte, wie der Mensch sich innerlich von seinen Sünden reinigen kann. In seiner Schrift *Exercitia Spititualia* (1548) entwickelte de Loyola ein 28-tägiges Meditationsprogramm, um zu einem unerschütterlichen Gottglauben wie auch zu einer innerlichen Reinigung von den eigenen Sünden zu gelangen. Diese Reinigung soll durch eine vierwöchige Sprachmeditation über sich selbst erfolgen, und zwar durch den unablässigen Zwang, sich mit seinen Sünden zu beschäftigen.
Eine Sünde ist die Unfähigkeit, anderen zu verzeihen. Dabei ist es nicht in erster Linie moralische Engstirnigkeit, sondern die innere Selbstbelebung, die das hartnäckige Urteilen über die Ungerechtigkeiten Anderer hervorbringt. Das Krafterleben ın diesem Urteilen ist ausserordentliches und potenziertes Sein. Wenn etwa das Urteil gefällt wird: „Er hätte mir mein Geld schon längst zurückgeben müssen!“, so stehen sich hierin gegenüber: dcr im Urteil intendierte Mangel (etwas hätte geschehen müssen), das Erleben dieses Urteils als Unlust (man selbst erinnert sich daran, Opfer einer Ungerechtigkeit gewesen zu sein) und die Bejahung auf der anderen Seite: das Erleben von sich selbst als lebendig. Die Fülle an *innerer* Kraft übersteigt oft die beiden Negationen, die Unlust und die Verneinung von x, so dass negierendes Urteilen ständig wiederholt wird, sei es auch noch so unangenehm.
De Loyola versuchte die Ökonomie des moralischen Urteilens in einem methodisch angeleiteten Urteilszwang der wochenlangen Meditation zu brechen, nämlich die Kraft des Moralisierens durch beständige Wiederholung zu erschöpfen. Er verstand die Notwendigkeit, die durch das Moralisieren hervorgebrachte Daseinslust zu überwinden und in einer forcierten Sprachmeditation, biblische Motive zu durchdenken, moralische Urteile ohne jede emotionale Konnotation zu schaffen. Es ging ihm also in den Exerzitien wesentlich darum, den Grübel- und Urteilszwang des Moralisierens zur „Erschöpfung“ zu bringen.
Die Beschäftigung mit dem zu Verzeihenden muss jede mögliche Wiederkehr der Anklage des Delinquenten ausschließen, also jede Selbstgerechtigkeit und überhaupt jeden versteckten Selbstgenuss und jede Selbstüberhebung. Dabei ist die moralische Anklage das ideale Erlebnis, da es immer wieder aktualisiert werden kann. Normalerweise ist ein Er-

lebnis momenthaft, und es wieder zu aktualisieren, gelingt nur sporadisch. Das moralisch reinterpretierte Erleben jedoch ist unzeitlich, da eine Ungerechtigkeit heute genauso „gültig“ ist wie gestern und wie vor zehn Jahren. Man vergleiche: Das Ereignis des verpassten Zuges, das großen Ärger hervorgebracht hat, ist nach einigen Stunden nicht nur physisch, sondern auch bezüglich seiner Reaktualisierbarkeit unwiederbringlich vorbei.

## Eine Generalisierung des Gegensatzes zwischen Lust und Kraftstreben

Die im Moralisieren festgestellte Struktur findet sich auch in der Langeweile wieder: Langeweile zielt auf etwas, was sie nicht ist. In der Langeweile, der wertenden Verneinung, der Hoffnung usw. wird negiert, soll erreicht oder vermieden werden und doch sind gleichzeitig all diese Intentionen als Vorgang nicht nur Ausdruck von Mangel, sondern auch von Erfüllung: sie sind erfülltes Seinsstreben. Der noematische Mangel und die noetische Fülle sind also zugleich gegeben und zeigen eine ambivalente Wirkung.

Der empfundene Mangel ist zugleich etwas Positives und zwar in dem Sinne des einfachen Gegebenseins. Positiv im Sinne von Lust ist das Sein nicht, denn es ist Unlust, jedoch positiv im Sinne des Krafterlebens. Es fehlen dabei die Begrifflichkeiten, den dreifachen Sinn des Positiven (Existieren, Krafterfahrung und Lusterfahrung) in einem Satz klar und präzise darstellen zu können. Daher ist es wichtig, noch einmal die Bedeutung des Unterschiedes zwischen dem hedonistisch und ontologisch Guten zu erklären. Anhand des Beispiels des moralisierenden Selbstgesprächs wurde gezeigt, dass die Erlebnisqualitäten der Moral wichtiger sein können, als das genuin Moralische selbst. M. a. W. hat man ein Kriterium für die Unterscheidung von Moral und Pseudomoral, welches nicht nur theoretisch wichtig ist, sondern auch praktisch, da man sich so im (Selbst)gespräch vor zirkelhaften moralischen Urteilen schützen kann – vorausgesetzt, man verfügt über alternative Möglichkeiten der Selbstbelebung bzw. Selbstinszenierung.

So ergibt sich ganz generell eine Erweiterung des philosophischen Kunstbegriffes „gutes Leben“, der nur zwei Formen des Guten miteinander verknüpft, nämlich das moralisch und das hedonistisch Gute. Die

Einbringung eines dritten Guten, das ontologisch Gute, erweitert den Horizont der Debatte wesentlich, was beispielsweise den Begriff des Egoismus betrifft.
Als Egoismus gilt gemeinhin, dass jemand seine Interessen ohne Rücksicht auf seine Umwelt verfolgt, wobei in der Regel erst die Rücksichtslosigkeit zum Egoismus erklärt wird, die anderen tatsächlich schadet. In dieser Perspektive steht die Beziehung des Egoisten zur Umwelt im Mittelpunkt und der Egoist selbst erscheint als eine Einheit, die er häufig nicht ist. Die Selbstverhältnisse des Egoisten schliessen es nicht aus, dass er verfolge seines Egoismus sich selbst schadet. Bestes Beispiel hierfür ist der Künstler, der seine Kunst ohne Rücksicht auf sich und seine Umwelt betreibt. Eine Kraft in ihm ist so stark, dass alle anderen Interessen, die eigenen wie die fremden, unterdrückt werden. Finden sich nun zwei Grundstreben des Menschen, das nach Lust und jenes nach Lebendigkeit, so kann die Lebendigkeit auf Kosten der Lust gehen, und trotzdem kann egoistisches Verhalten vorliegen. Egoistisch kann man bei Beachtung des ontologisch Guten also auch unter Inkaufnahme eigenen Leidens sein.

*Karsten Schmidt*

# Interkulturelles Verstehen als kritischer Dialog mit einem anderen Selbstverständnis

## 1. Einleitung

Im Zuge von Globalisierung und multikultureller Gesellschaft rückt das Problem, die Denkweisen und Vorstellungswelten fremder Kulturen zu verstehen, immer stärker aus seiner eher peripheren Bedeutung als Spezialproblem entsprechender Disziplinen, wie der Ethnologie, Religions- oder Geschichtswissenschaft, ins Zentrum geistes- und gesellschaftswissenschaftlicher Aufgabenstellung. Die Konfrontation mit Andersheit und Fremdheit ist keine seltene Ausnahme, sondern beinahe der Normalfall. Die Brisanz einer verstehenden Orientierung in dieser Situation besteht dabei nicht mehr nur im Erschließen eines Fremden, das fern und ohne Relevanz für das eigene Leben ist, sondern das Verstehen des Fremden wird zunehmend auch zu einem Verstehen des Eigenen, nämlich der multikulturell sich umgestaltenden Lebenssituation Europas und der westlichen Welt. Vor diesem Hintergrund sind die mit dem Fremden befassten Fachgebiete verstärkt aufgefordert, einen reflektierten, methodisch geleiteten Umgang mit dem Fremden zu ermöglichen, der vor allem zwei Aspekte berücksichtigen muss: a) ein Verstehen, das den eigenen Standpunkt nicht absolut setzt, sondern offen ist für die Andersheit des Anderen und dabei auch die Möglichkeit einer Kritik des Eigenen zulässt – und b) ein Verstehen, das sich trotzdem einen eigenen Standpunkt bewahrt, als Basis einer möglichen Kritik des zu Verstehenden.

Den Anderen zu kritisieren liegt meist näher, als sich der Mühe zu unterziehen, offen auf seinen Standpunkt einzugehen oder sogar den eigenen in Frage stellen zu lassen. Die folgenden Ausführungen konzentrieren sich daher zunächst auf die Konzeption einer dialogischen Hermeneutik, als Gegenentwurf zu einem selbstzentrierten Verstehen, und verbinden dies im Anschluss daran mit der Frage nach den darin enthaltenen Möglichkeiten einer Kritik des zu Verstehenden.

## 2. Die Forderung nach einem dialogischen Verstehensbegriff

Wenn wir von uns selbst ausgehen, so zeigt sich, dass ferne Länder, als positiv oder negativ aufgeladenes Utopia, immer schon als Projektionsfläche dienten für eigene Sehnsüchte oder Ängste. Das Verstehen fremder Kulturen ist hierbei häufig überlagert von abendländischen Befindlichkeiten, die unreflektiert auf sie übertragen werden. In den entsprechenden Darstellungen spiegelt sich dann überwiegend das Selbst- und Weltbild des Interpreten, wogegen dasjenige der thematisierten Tradition oft nur verzerrt zum Ausdruck kommt.

Eine derartige Haltung wird heute meist als ‚euro'-, christo'-, ethno'-, logo'- etc. ‚zentrisch' bezeichnet. Kritiker fordern dagegen einen nicht-zentrischen Ansatz, der es sich zum Ziel setzt, das zu verstehende Fremde nicht durch die eigenen begrifflichen Vorgaben zu dominieren, sondern seinen unreduzierbaren Eigenheiten und Selbstdarstellungen stärker gerecht zu werden. Zu dieser Neubewertung der hermeneutischen Situation nötigt eine veränderte Auffassung der epistemischen Grundsituation, wie sie sich im Kontext der neuzeitlichen Vernunftkritik seit Nietzsche ausgebildet hat. In der Auseinandersetzung vor allem mit den Systementwürfen der Aufklärung und des deutschen Idealismus manifestierten sich die neuen Einsichten im Bereich wissenschaftlicher Theoriebildung einerseits negativ als Krise absoluter Erkenntnisansprüche und begrifflicher Vereinheitlichungen, andererseits positiv in einer größeren Bereitschaft zu epistemologischer Selbstkritik und Zurückhaltung sowie einer Bejahung von Vielheit und Differenz – eine Entwicklung, die teilweise auch mit einer Wende von einem **monologischen** zu einem **dialogischen** Erkenntnisideal einherging, denn vor dem Hintergrund der Einsicht in die Bedingtheit und Begrenztheit der eigenen Diskurse werden selbstbezüglich argumentierende Universal-Theorien zunehmend unglaubwürdig. Dialogisch ausgerichtete Ansätze dagegen sind ausdrücklich darauf ausgerichtet, sich in der wissenschaftlichen Erkenntnisgewinnung anderen Diskursen zu öffnen. In diesem Sinne schreibt z.B. Peter V. Zima: „Im Gegensatz zu monologisch strukturierten Theorien (...) betrachtet dialogische Theorie Alterität nicht als Hindernis oder Ärgernis (...), sondern als Möglichkeit, das eigene Denken durch die Aufnahme des Anderen zu öffnen und zu vervollkommnen."[1] Im hermeneutischen Kontext beinhaltet eine dialogische Haltung hierbei vor allem die Einsicht, dass man im Verstehen des Anderen darauf angewiesen ist, von dort her etwas in sich aufzunehmen, das man nicht aus dem Formbestand des eigenen Denkens monologisch ableiten kann. Die Selbstartikulationen der thematisierten Traditionen bilden dann den zentralen Gegenstand des Verstehens, dem es in den wissenschaftlichen Darstellungen möglichst gerecht zu werden gilt. Was hier gefordert wird, kann mit Hans-Herbert Kögler auch bezeichnet werden als „Zustimmungsfähigkeit der Interpretierten bezüglich der Interpretation."[2] Die zu Verstehenden besitzen den Maßstab, ob die Interpretationen ihres Denkens richtig sind oder nicht.

## 3. Das andere Selbstverständnis als Gegenstand des Verstehens

Vor diesem Hintergrund ist es hilfreich, den hermeneutischen Zugang so zu bestimmen, dass er explizit auf ein Verständnis des anderen Selbstverständnisses ausgerichtet ist. Dabei wird auch deutlich, dass die hermeneutische Situation konstituiert wird durch die Konfrontation unterschiedlicher Verständnisweisen. Das zu Verstehende ist nicht einfach ein Gegenstand, dem man gerecht wird, indem man ihn nach Maßgabe der eigenen Verständnisweise deutet, vielmehr handelt es sich um einen ‚Gegenstand', der sich selbst und alles was er thematisiert bereits in bestimmter Weise versteht. Mein Verstehen des Anderen muss deshalb auch eine von meiner hergebrachten Verständnisweise unterschiedene, andere und neue Verständnisweise beinhalten, die mir vom zu Verstehenden selbst her vorgegeben wird. Zu einem angemessenen Verstehen gehört demnach, dass man die Inhalte des zu verstehenden Denkens nicht nur vor dem Hintergrund der eigenen hergebrachten Perspektive deutet – bzw. mit Hilfe der eigenen Begrifflichkeiten ‚erklärt', sondern lernt, von der eigenen Perspektive ausgehend diese auf die Perspektive des zu Verstehenden hin zumindest partiell zu verschieben. Was man verstehen möchte, ist, wie die anderen sich und die Welt verstehen.

---

[1] Zima, Peter V.: Dialogische Theorie. Zum Problem der wissenschaftlichen Kommunikation in den Sozialwissenschaften, in: Ethik und Sozialwissenschaften, 10 (1999), Heft 4, S. 585-669, hier S. 586 ((3)).

[2] Kögler, Hans-Herbert: *Die Macht des Dialogs. Kritische Hermeneutik nach Gadamer, Foucault und Rorty*, Stuttgart 1992, S. 213.

Ein Verständnis nach Maßgabe der Konventionen des eigenen Erkenntnisschemas und die damit verbundene Privilegierung der eigenen Begrifflichkeiten ist solange gerechtfertigt bzw. sowieso unvermeidlich, wie es sich um Forschungsgegenstände handelt, die nicht selbst begrifflich strukturiert sind, d.h. wenn es um Gegenstände der Natur geht und nicht um solche der Kultur. Im Falle von Naturgegenständen gibt es nur eine relevante begriffliche Ordnung: die des Wissenschaftlers, mit deren Hilfe er seine Daten systematisiert. Anders verhält es sich im Hinblick auf die Ausdrucksgestalten sich selbst artikulierender Menschen. In diesem Fall hat man es nicht mehr mit einem begriffslosen, sondern einem eigenbegrifflich strukturierten Gegenstand zu tun. Eine Thematisierung dieser Gegenstände analog der von Naturgegenständen wird hier problematisch, weil dabei die spezifische Gestalt des Erkenntnisobjektes nicht hinreichend berücksichtigt ist.

## 4. Regelrationalität als Basis des Verstehens

Einen vor diesem Hintergrund besonders geeigneten Ausgangspunkt für die Bestimmung der Verstehenssituation als Begegnung unterschiedlicher Selbstverständnisse bietet ein Konzept von Regelrationalität, wie es u.a. von Peter Winch und Herbert Schnädelbach im Anschluss vor allem an das Spätwerk von Ludwig Wittgenstein formuliert wurde.[3] Wir können daraus für unsere Zwecke den Gedanken ableiten, dass sich ein Selbstverständnis beschreiben lässt als die Binnenperspektive einer bewusst vollzogenen, in Sprache und Handlung sich artikulierenden Lebenspraxis – Wittgenstein spricht hier von „Sprachspiel" und „Lebensform" – die insgesamt konstituiert wird durch eine charakteristische Regelhaftigkeit. ‚Selbstverständnis' soll dabei zunächst für den kollektiv geteilten Bestand grundlegender Standards einer solchen sich artikulierenden Lebenspraxis stehen, auf deren Basis sich Differenzierungen in spezifischere Selbstverständnisse größerer und kleinerer Untergruppen bis hin zu Individuen ergeben. Wir haben es somit immer mit einem von kollektiv bis individuell vielfach gestuften Komplex sich überlagernder Selbstver-

[3] Winch, Peter: *Was heißt „eine primitive Gesellschaft verstehen"?,* in: Kippenberg, Hans G. / Luchesi, Brigitte (Hrsg.): *Magie. Die sozialwissenschaftliche Kontroverse über das Verstehen fremden Denkens*, Frankfurt a. M. 1987, S. 73-119, Schnädelbach, Herbert: *Rationalitätstypen*, in: *Ethik und Sozialwissenschaften*, 9 (1998), Heft 1, S. 79-88.

ständnisse zu tun. Das Primäre ist jedoch diejenige Regelhaftigkeit, wie sie im gemeinsamen Sprachvollzug, sowie in Gebräuchen, Institutionen usw. objektiviert ist, denn sie bildet den Ermöglichungshorizont jeder weiteren Verstehensleistung, auch wenn diese eigenen Regeln ausbilden und zu divergierenden Verständnisweisen, Ansichten usw. führen.
Das Verstehen eines fremden Denkens ist dann prinzipiell möglich, weil es, so wie das eigene, Regeln folgt – nur eben anderen. Im Anschluss daran können wir sagen, dass das allen „Sprachspielen" gemeinsame Merkmal der Rationalität im Sinne von Regelhaftigkeit ein notwendiges Vorverständnis darstellt für eine Beschäftigung mit einem fremden Denken. Es beinhaltet eine „hermeneutisch notwendige »Rationalitäts-« und »Kompetenz« -Unterstellung"[4], d.h. wir unterstellen, dass es Regeln gibt und diese in den zu verstehenden Äußerungen hinreichend korrekt angewendet werden.

## 5. Verstehen auf der Basis gemeinsamer Regeln

Fassen wir nun vom Gedanken der Regelrationalität ausgehend das eigene und das fremde Denken als unterschiedliche Selbstverständnisse im Sinne der Sprachspiele auf, so lässt sich die Unverständlichkeit von Aussagen darauf zurückzuführen, dass ein anderes Denken andere Kriterien dafür hat, wann etwas ‚verständlich' ist.[5] Wie Winch darstellt, verstehen wir die Aussagen eines anderen Denkens nicht, weil wir einen anderen Begriff von ‚Verständlichkeit' haben. Die Regeln unseres Sprachspiels, nach welchen wir sinnvolle Äußerungen formulieren und die Bedeutung der Äußerungen anderer erschließen, greifen bei einem fremden Denken nicht – es entzieht sich unseren Kriterien für Sinnhaftigkeit und ist daher unverständlich. Oder anders gesagt: diejenigen Regeln der Kommunikation, die in der anderen sich artikulierenden Lebenspraxis eine gemeinsame Verständigung ermöglichen, übersteigen die unseren in zu großer Weise.
Verstehen setzt also einen hinreichenden Bestand geteilter bedeutungskonstitutiver Regeln voraus. Wenn jedoch die Regeln von Sprachspiel und Lebensform einer fremden Tradition zu sehr von den unseren abwei-

[4] Vgl. Wellmer, Albrecht: *Verstehen und Interpretieren*, in: *Deutsche Zeitschrift für Philosophie*, 45 (1997), Heft 3, S. 393-413, hier S. 402.
[5] Vgl. Winch: *Was heißt „eine primitive Gesellschaft verstehen"*, a.a.O. S. 100f.

chen, fehlt die verstehensermöglichende Gemeinsamkeit, die Wittgenstein an anderer Stelle auch als „Übereinstimmung in den Urteilen" bezeichnet.[6] Damit man sich überhaupt versteht und unterschiedliche Ansichten austauschen kann, muss es eine basale Gemeinsamkeit der Sprachpraxis in den Regeln, d.h. den Urteilsformen bezüglich richtig und falsch geben. Es muss einen gemeinsamen Bezugspunkt des Urteilens geben, hinreichend, um sich davon ausgehend über die Angemessenheit von weitergehenden Urteilen, Ansichten, Meinungen usw. verständigen zu können. Sprachspiele, deren Urteilspraxis keinerlei Übereinstimmungen aufweist, müssten kommunikationslos nebeneinanderstehen. Wie Wilhelm Lütterfelds schreibt: „Die Grenze dieser Übereinstimmung fällt zusammen mit der Grenze des Verstehens".[7]

Wenn jedoch, wie in der Situation einer interkulturellen Begegnung, eine solche Gemeinsamkeit nicht oder nur ungenügend gegeben ist, stellt sich die Frage, ob es bei einer reinen Inkommensurabilität bleiben muss, oder ob es nicht möglich ist, die fehlende Verstehensbrücke eines geteilten Bestandes verstehenskonstitutiver Regelhaftigkeit herzustellen. Dabei gilt es zwei Extreme zu vermeiden: einerseits eine Immunisierung des eigenen Standpunktes gegen Kritik vom zu Verstehenden her durch eine reduktionistisch-dominante Eingliederung des Anderen in das Eigene – andererseits eine kritiklose Überantwortung des Eigenen an das Andere. Die Verstehenskonzeption müsste also einerseits eine Erweiterung des eigenen Denkens auf das zu Verstehende hin gewährleisten, wodurch vermittelt durch den neu erschlossenen externen Standpunkt die eigene Ausgangsposition in Frage gestellt werden kann[8] – sowie andererseits im Verstehensprozess eine eigene Position wahren, die wiederum ein Infragestellen des anderen Denkens möglich macht. Im Verstehensbegriff einer solchen kritischen Hermeneutik[9] wären somit zwei gegenläufige Bewegungen vermittelt: einerseits eine distanzüberwindende Annäherung,

---

[6] Wittgenstein, Ludwig: *Philosophische Untersuchungen*, in: *Werkausgabe Bd. 1*, Frankfurt a. M. 1984, Teil I, § 242. Siehe auch Lütterfelds, Wilhelm: *Interkulturelles Verstehen in Wittgensteins Konzept von Sprachspiel, Weltbild und Lebensform*, in: *Wittgenstein-Jahrbuch*, Frankfurt a. M. 2000, S. 9-33, hier S. 12ff.

[7] Lütterfelds: *Interkulturelles Verstehen in Wittgensteins Konzept von Sprachspiel, Weltbild und Lebensform*, a.a.O., S. 13.

[8] Diesen Aspekt betont besonders Kögler in *Die Macht des Dialogs. Kritische Hermeneutik nach Gadamer, Foucoult und Rorty*, a.a.O.

[9] Ich verwende den Ausdruck ‚kritische Hermeneutik' hier im Anschluss an Kögler.

andererseits eine distanzwahrende Absetzung. Die simultane Bewegung der Annäherung und Absetzung im Verstehensprozess erscheint jedoch als in sich widersprüchlich – wie kann beides zugleich bewerkstelligt werden? Um hierfür eine Antwort zu finden, wird es nötig sein, innerhalb der Regelhaftigkeit noch genauer zu differenzieren und die dazu relevanten Aspekte deutlicher herauszuarbeiten.

## 6. Arten von Regeln

Im Folgenden konzentrieren wir uns auf die häufigste Situation einer primär in Sprache stattfindenden Begegnung mit einer fremden Kultur, d.h., wir bemühen uns um ein Verstehen vor allem der sprachlich vermittelten Selbstartikulationen des dortigen Denkens, die auch für das dortige Handeln leitend sind, insofern es ausdrücklich gemachten Handlungsrichtlinien folgt. Im Bereich sprachlicher Regelhaftigkeit lassen sich drei Kategorien von Regeln unterscheiden, wobei die späteren im Umfang jeweils kleiner werden und die vorherigen voraussetzen:[10]

1) Der umfassende Komplex all der Regeln, die es ermöglichen, Wörter, Wortgruppen und Sätze grammatisch korrekt zu bilden, als Voraussetzung dafür, Aussagen zu formulieren.

Eine weitere Art von Regeln bezieht sich auf die Aussagen, welche sich aus der Anwendung der ersten Regeln ergeben. Zwei Aspekte sind dabei zu beachten:

2a) Die grammatische Korrektheit an sich sagt noch nichts darüber aus, ob eine Aussage in ihrem verwendeten Kontext als sinnvoll und verständlich erscheint. Neben den Regeln der Grammatik gibt es also sprachpragmatische Regeln, welche über die situationsspezifisch angemessene Verwendungsweise von Aussagen entscheiden. Orientiert an diesen Regeln konstituiert sich ein Horizont des prinzipiell Verständlichen. Ein Satz wie: „Zwei U-Boote sitzen im Keller und stricken Benzin“ ist zwar grammatisch korrekt gebildet, erfüllt also die Bedingungen

[10] In dieser Darstellung orientiere ich mich an Grewendorf, Günther / Hamm, Fritz / Sternefeld, Wolfgang: *Sprachliches Wissen. Eine Einführung in moderne Theorien der grammatischen Beschreibung*, Frankfurt a. M. $^{6}$1993, besonders S. 31-41.

der ersten Art von Regeln, erscheint aber im Rahmen der Sinnkriterien der Alltagssprache (Regeln 2a), sofern er als ernsthafte Aussage über einen Sachverhalt in der Welt gedeutet wird, als unsinnig, weil in ihm Dinge und Tätigkeiten in einer ihnen nicht angemessenen Weise kombiniert werden.

2b) Innerhalb der durch 2a) gegebenen Grenzen des prinzipiell Verständlichen wiederum kommt es zur Ausbildung von unterschiedlichen Ansichten. Das lässt schließen auf das Vorhandensein noch eines engeren Kreises von Regeln, mit deren Hilfe diese Ansichten bzw. weitergehend Komplexe von Ansichten in Form systematisierter Lehren etc. zum Ausdruck gebracht und von anderen abgesetzt werden. Sie konstituieren ein spezifisches Selbstverständnis und legen fest, ob eine Aussage mit ihm übereinstimmt oder nicht – ob sie aus dortiger Sicht als gültig gelten kann, oder nicht.
In dieser Differenzierung von Regelrationalität in drei Klassen von Regeln bezieht sich also 1) auf grammatische Korrektheit, 2a) auf inhaltliche Verständlichkeit und 2b) auf Zustimmungsfähigkeit von einem spezifischen Standpunkt aus. Bei praktisch allen Kulturen, die Gegenstand wissenschaftlichen Fremdverstehens sein können, haben wir die Möglichkeit, ihre Sprache zu lernen – in den meisten relevanten Fällen gibt es Sprachkurse und Wörterbücher. Die Voraussetzung für eine Verstehensbemühung ist dann zunächst, dass der in 1) genannte Regelkomplex hinreichend bekannt ist und man dadurch einen Zugang hat zu dem Inhalt der Aussagen des fremden Denkens – sei es auch nur mittels kompetenter Übersetzungen. Häufig tritt jedoch die Situation auf, dass sich ein Verstehen trotzdem noch nicht einstellt. Die Aufmerksamkeit richtet sich dann auf die Regeln der Kategorie 2a) oder 2b), denn sie bestimmen, wie eine Aussage innerhalb einer Gemeinschaft verstanden und bewertet wird. Sofern man sich um das Verständnis eines bestimmten Selbstverständnisses bemüht, bilden die Regeln der Kategorie 2b) den zentralen Gegenstand des hermeneutischen Interesses. Die Unterscheidung zwischen 2a) und 2b) ist allerdings relativ zu betrachten – so können Regeln zunächst in Abgrenzung nach außen im Sinne von 2b), als Hintergrund interner Diskurse unterschiedlicher Standpunkte, aber auch im Sinne von 2a) gedeutet werden.

Auch damit ist der hier relevante Aspekt der Regelhaftigkeit noch nicht präzise genug benannt. Unter Berücksichtigung des anderen Selbstverständnisses ist es an dieser Stelle hilfreich, zwischen einem expliziten und einem impliziten Gebrauch von Regeln zu unterscheiden. Dabei können wir uns an Gilbert Ryle orientieren, der in Hinblick auf sprachliche Regeln unterscheidet zwischen einem „knowing how", wobei es um die praktische Fähigkeit geht, etwas tun zu können, und einem „knowing that", dem ausdrücklichen Wissen um das, was man tut.[11] In welchem Maße jedoch von Ausdrücklichkeit oder Unausdrücklichkeit auszugehen ist, muss bei den oben genannten Kategorien von Regeln jeweils individuell beurteilt werden.

Die unter 1) zusammengefassten Regeln bleiben im Gebrauch von Sprache für gewöhnlich implizit; das Formulieren und bewusste Vergegenwärtigen grammatischer Regeln ist keine notwendige Bedingung für ihre kompetente Anwendung. Auch die mit 2a) bezeichneten Regeln, die sich auf die Aussageinhalte beziehen und die Grenzen des Verständlichen kennzeichnen, bleiben häufig unausdrücklich. Für beide Kategorien gilt, dass die mit den Regeln gegebene Unterscheidung zwischen richtig und falsch so lange unsichtbar bleiben kann, bis man eine Regel verletzt. Sie bilden einen selbstverständlichen Hintergrund, der in zentralen Aspekten nur bei besonderen Gelegenheiten benannt wird und ansonsten erst dann als solcher ausdrücklich wird, wenn Irritationen auftreten.

Anders verhält es sich jedoch bei den Regeln der Kategorie 2b). Bei ihnen ist die Unterscheidung richtig/falsch nicht latent, sondern ausdrücklich der Inhalt einer Aussage. Das gilt immer dann, wenn man mit einer Aussage einen dezidierten Standpunkt vertritt – eine Ansicht oder Meinung, die man als gültig behauptet. Eine solche Aussage entspricht dem Setzen einer Regel, indem man bezüglich einer bestimmten Thematik die korrekte Sichtweise festlegt. Im Gegensatz zu den unter 1) und 2a) gefassten Regeln sind die Regeln der Kategorie 2b) daher immer explizit. Die gleichen Regeln jedoch, die im Sinne von 2b) nach außen den eigenen Standpunkt einer Gemeinschaft ausdrücklich abgrenzen, können dann wiederum im Hinblick auf interne Diskurse in einen impliziten Zustand wechseln und sind nun Regeln der Kategorie 2a), denn sie bilden

[11] Vgl. Ryle, Gilbert: *Der Begriff des Geistes*, Stuttgart 1969, S. 26ff.

wieder einen selbstverständlichen Hintergrund, auf dem sich neue voneinander divergierende Standpunkte erheben.
Davon ausgehend können wir sagen, dass sich der verstehende Zugang zunächst auf die zentralen, regelhaft wirkenden Aussagen des anderen Denkens auszurichten hat, in denen man dort seine normativen Ansichten über die Beschaffenheit der Wirklichkeit, über die rechte Lebensführung etc. artikuliert.

## 7. Kritisch-dialogische Hermeneutik auf der Basis eines differenzierten Konzepts von Regelrationalität

Auf der Grundlage dieser Konzeption kann der Prozess des Verstehens nun genauer bestimmt werden. Das Verhältnis des eigenen zum fremden Denken wurde beschrieben als die Konfrontation unterschiedlicher Systeme bedeutungskonstituierender Regeln. Die hermeneutische Annäherung an das fremde Denken besteht darin, die Regeln des anderen Sprachspiels zu lernen. Hierfür muss man von den Regeln der eigenen Denkweise ausgehen, die das jeweilige Vorverständnis bilden. Letztendlich bildet die eigene Denkweise insgesamt dieses Vorverständnis und ist daher im Verstehensprozess unverzichtbar. Man muss also die explizierbaren Aspekte seiner Denkweise offensiv in den Verstehensprozess einbringen, ohne sie jedoch dem zu Verstehenden gegenüber erkenntnisfundamentalistisch auszuzeichnen und dabei das Fremde auf das Eigene zu reduzieren. Vielmehr besteht der Prozess des Verstehens darin, das Eigene auf das Fremde hin zu erweitern. In dieser Erweiterung liegt das dialogische Moment, denn man nimmt von dem Fremden etwas in sich auf, das man nicht (monologisch) aus dem Eigenen abgeleitet hat. ‚Verstehen' lässt sich dann mit Schnädelbach auch beschreiben als: „die Fähigkeit und Tätigkeit hypothetischer Regelübernahme im Hinblick auf ein zu Verstehendes".[12]
Dieser auf das zu Verstehende zugehenden „Regelübernahme" steht jedoch die andere Forderung der interkulturellen Begegnung gegenüber, nämlich, wie z.B. Reinhold Bernhardt und Perry Schmidt-Leukel es in Hinblick auf den interreligiösen Dialog ausdrücken: „nicht nur verstehen-wollend in den Dialog mit anderen Religionen zu gehen, sondern

[12] Schnädelbach: *Rationalitätstypen*, a.a.O., S. 85 (3.2).

auch kritisch-prüfend.“[13] Dazu bedarf es im Prozess der angemessenes Verstehen ermöglichenden Regelerweiterung zugleich der Bewahrung eines Regelbestandes, der als normativer Maßstab dienen kann – ohne dass dieser dabei einer möglichen Kritik durch den Anderen prinzipiell entzogen bleibt. Dies lässt sich anhand der obigen Unterscheidung von Regelarten genauer beschreiben:

Die erweiterten Regeln entsprechen denen der Kategorie 2a), d.h. man erweitert den Horizont des prinzipiell Verständlichen, bewahrt sich aber innerhalb dessen einen eigenen Standpunkt, dem der des zu Verstehenden gegenüber steht, konstituiert jeweils durch Regeln der Kategorie 2b). Der umfassende Diskurshorizont des prinzipiell Verständlichen (Regeln 2a) und die spezifischen Standpunkte (Regeln 2b) sind zwar konstitutionstheoretisch unterschieden, trotzdem besteht die Möglichkeit einer Veränderung des eigenen Standpunktes durch neue Verständnisinhalte. Das skeptische Bewusstsein der Situiertheit und Begrenztheit jeden Denkens sowie damit verbunden die Kritik an erkenntnisfundamentalistischen Positionen stellen auch die Grundlagen des eigenen Standpunktes in die Offenheit einer diskursiven Prüfung durch andere Standpunkte, ohne dabei einem Beliebigkeitspluralismus verfallen zu müssen.

Die Vorgehensweise einer kritisch-dialogischen Hermeneutik, wie sie hier konzipiert wird, besteht dann darin, vom jeweils eigenen Denken ausgehend den Diskurshorizont so zu erweitern, dass **eigenes** und vormals **fremdes**, nun hinreichend verstandenes **anderes** Denken betrachtet werden als prinzipiell gleichberechtigte, einander gegenüberstehende Standpunkte. Auf dieser Grundlage besteht – soweit dies konzeptionell präjudizierbar ist, zumindest eine reelle Chance, das andere Denken kritisieren zu können, ohne es dabei erkenntnisfundamentalistisch zu dominieren, da umgekehrt auch die eigenen Argumente und ihre Grundlagen einer möglichen Kritik ausgesetzt werden.

[13] Bernhardt, Reinhold / Schmidt-Leukel, Perry: *Zur Einführung*, in: dieselben (Hrsg.): *Kriterien interreligiöser Urteilsbildung*, Zürich 2005, S. 7-17, hier S. 7.

## Literatur


Bernhardt, Reinhold / Schmidt-Leukel, Perry: *Zur Einführung*, in: dieselben (Hrsg.): *Kriterien interreligiöser Urteilsbildung*, Zürich 2005, S. 7-17

Grewendorf, Günther / Hamm, Fritz / Sternefeld, Wolfgang: *Sprachliches Wissen. Eine Einführung in moderne Theorien der grammatischen Beschreibung*, Frankfurt a. M. [6]1993

Kögler, Hans-Herbert: *Die Macht des Dialogs. Kritische Hermeneutik nach Gadamer, Foucoult und Rorty*, Stuttgart 1992

Lütterfelds, Wilhelm: *Interkulturelles Verstehen in Wittgensteins Konzept von Sprachspiel, Weltbild und Lebensform*, in: *Wittgenstein-Jahrbuch*, Frankfurt a. M. 2000, S. 9-33

Ryle, Gilbert: *Der Begriff des Geistes*, Stuttgart 1969

Schnädelbach, Herbert: *Rationalitätstypen*, in: *Ethik und Sozialwissenschaften*, 9 (1998), Heft 1, S. 79-88

Wellmer, Albrecht: *Verstehen und Interpretieren*, in: *Deutsche Zeitschrift für Philosophie*, 45 (1997), Heft 3, S. 393-413

Winch, Peter: *Was heißt „eine primitive Gesellschaft verstehen"?,* in: Kippenberg, Hans G. / Luchesi, Brigitte (Hrsg.): *Magie. Die sozialwissenschaftliche Kontroverse über das Verstehen fremden Denkens*, Frankfurt a. M. 1987, S. 73-119

Wittgenstein, Ludwig: *Philosophische Untersuchungen*, in: *Werkausgabe Bd. 1*, Frankfurt a. M. 1984

Zima, Peter VK*: Dialogische Theorie. Zum Problem der wissenschaftlichen Kommunikation in den Sozialwissenschaften,* in: *Ethik und Sozialwissenschaften, 10 (1999), Heft 4, S. 585-669*

*Josef Bordat*

# Die Metaphysik der Ökumene. Gottfried Wilhelm Leibniz' Bemühungen um eine Reunion der christlichen Konfessionen

Gottfried Wilhelm Leibniz (1646-1716) hat als Philosoph, Mathematiker, Ingenieur und Jurist wichtige Beiträge für den Fortschritt der einzelnen Disziplinen geleistet. In den wesentlichen Bereichen der Gestaltung von Kultur und Gesellschaft hat sein Wirken sichtbar Spuren hinterlassen. Über allem stand bei Leibniz jedoch der wissenschaftliche Gottesdienst. Leibniz kann daher wohl zu Recht als *christlicher* Philosoph bezeichnet werden – wenn auch ohne allzu dogmatische konfessionelle Bindung.[1] Diese Offenheit hat seine theologischen Gedanken beflügelt, motivierte seine Überlegungen zu Fragen der Irenik und in Bezug auf die Ekklesiologie zeigt sich in ihr eine wichtige Voraussetzung für die bedeutende Rolle, die Leibniz im Zusammenhang mit den Bemühungen zur Reunion der evangelischen und der römischen Konfession am Ende des 17. Jahrhunderts spielte.

## I. Philosophische Voraussetzungen von Leibnizens Kirchenverständnis

Um die unermüdlichen Bemühungen Leibnizens um die Reunion der Konfessionen zu verstehen, ist es notwendig, sich die Grundprinzipien seines Denkens zu vergegenwärtigen. Aus den zentralen Begriffen *Einheit* und *Kontinuität* folgt der handlungsleitende Gedanke der *Einen Kirche* und der prinzipiell überwindbaren Trennung der Konfessionen.

### *1. Die Monadologie als Metaphysik der Einheit*

Leibnizens Bemühungen fußen auf dem tiefen Vertrauen, dass die Einheit der Kirche erreichbar ist. Grundlegend für seine Haltung ist sein in der Monadologie dargelegtes Weltbild. Kern der Monadologie ist die Überwindung des kartesianischen Dualismus' von Leib (*res extensa*) und

[1] H. Müller: *Einführung*, in: Ders. (Hrsg.): Gottfried Wilhelm Leibniz – Jacques Bénigne Boussuet. Briefwechsel, Bd. 1, Göttingen 1968, S. 37.

Seele (*res cogitans*) aus der geometrischen Überlegung, dass „die bei der Analyse des (körperlichen) Kontinuums erfolgte Reduzierung desselben auf den Begriff des Punktes bedeutet, daß die geistigen und körperlichen Sphären unter räumlich-materiellen Gesichtspunkten nicht mehr grundsätzlich voneinander zu unterscheiden waren."[2] Bei Leibniz stehen Materie und Geist dem gemäß nicht unverbunden nebeneinander, sondern sie werden ontologisch auf eine gleichartige Substanz zurückgeführt. Damit stellt sich Leibniz nicht nur gegen Descartes, sondern gegen die gesamte aristotelisch-scholastische Tradition. Aristoteles und die Scholastiker arbeiten mit Gegensätzen, im Bereich der Physik (Bewegung / Ruhe) ebenso wie im Bereich der Metaphysik, wie dies im Gegensatz von *ente* und *essentia* bei Thomas von Aquin deutlich wird. Der Baustein der Welt ist die unteilbare, unerzeugbare und unzerstörbare *Monade*,[3] die als „beseeltes Atom" allen Dingen zugrunde liegt. So wird die Materie in der Substanzmetaphysik Leibnizens vergeistigt – Körper und Seele erscheinen gleichermaßen als monadische Entitäten –,[4] und zugleich gibt die eine Grundsubstanz dem Gedanken der Einheit Ausdruck.[5] Damit ist freilich das Leib-Seele-Problem noch nicht gelöst, denn das Zusammenwirken von Körpermonaden und Seelenmonaden muss erklärt werden.[6]

---

[2] Ph. Beeley: *Kontinuität und Mechanismus. Zur Philosophie des jungen Leibniz in ihrem ideengeschichtlichen Kontext* (= Studia Leibnitiana, Supplementa 30), Stuttgart 1996, S. 351. Zur Ableitung der Substanztheorie aus der Logik vgl. A. Blank: *Der logische Aufbau von Leibniz' Metaphysik*, Berlin 2001, S. 27-44.

[3] *Monadologie*, § 1-3, A VI, 2, 607.

[4] Dies erinnert in der Tat eher an Spinozas Monismus, an den Gedanken der Unterordnung von Geist und Materie unter eine allumfassende Entität, nämlich Gott, als an Descartes' Dualismus, den dieser mit der organisch-mechanistischen Vorstellung einer Verbindung von Leib und Seele in der Zirbeldrüse zu rechtfertigen versucht, in der er die Interaktion von Materie und Geist, die Kopplung von leiblichen Vorgängen und Bewusstseinszuständen verortet.

[5] Das griechische Wort *μονας* kann „eins" und „Einheit" bedeuten.

[6] Denn die Frage ist ja, wie die Einstellung der Monaden aufeinander geschieht, wenn sie untereinander keinen Kontakt haben und den können sie in Leibnizens Vorstellung nicht haben, da sie „fensterlos" sind. Hier sieht Leibniz das geordnete Zusammenspiel dadurch gesichert, dass er davon ausgeht, Gott habe die grundsätzlich getrennten Sphären in einer *prästabilierten Harmonie* aufeinander eingestellt – wie ein Uhrmacher, der zwei Uhren synchronisiert –, damit in allen Fällen eine Verbindung von Materie und Geist ermöglicht ist. In seiner Schöpfungstheologie geht Leibniz noch einen Schritt weiter: Diese Welt ist für ihn die *beste aller möglichen Welten*, denn „gäbe es nicht die beste (*optimum*) aller möglichen Welten, dann hätte Gott überhaupt keine erschaffen" (*Theodizee*, I. Teil, § 8, G. W. Leibniz: *Die Theodizee*, Hamburg 1968, S. 101).

Mit der *Monadologie* schlägt Leibniz eine Brücke zwischen mechanistischer und spiritualistischer Weltsicht.[7] Alle Monaden sind von Gott, der Urmonade, geschaffen.[8] Sie sind durch die *repraesentatio mundi* miteinander verbunden, die in der inneren Vorstellung (Perzeption) und in der Veränderung von einer Perzeption zur anderen besteht. Die Perzeption ist dabei unterschiedlich deutlich, allein darin unterscheiden sich die Monaden qualitativ, wobei die Differenzen nicht diskret gestuft sind, sondern kontinuierlich ineinander übergehen. Es gibt für Leibniz eine unendliche Anzahl von graduellen Unterschieden zwischen klar bewusster und gänzlich unbewusster Perzeption. Jede Monade repräsentiert somit – abhängig von dem ihr eigenen Perzeptionsvermögen – das Universum auf eine je eigene Art und Weise.[9] Die Vorstellung des Universums durch die Monade ist jedoch kein passiver Vorgang, sondern ein aktives Wirken, denn „jede Monade ist ein lebendiger, der inneren Handlung fähiger Spiegel"[10]. Die tiefste Bedeutung der *repraesentatio mundi* besteht darin, dass die Seele – an die Seelenmonade denkt Leibniz „zuerst und zuletzt"[11] – das Universum vor Gott vertritt, indem es Gott „das Bild dieser Welt in einem lebendigen aktiven Spiegel vorstellend, darstellend und handelnd entgegen[hält]"[12].

Leibniz selbst hat die Bedeutung seiner Monadologie für die Einzeldisziplinen stets betont. So bezieht er die monadische Grundstruktur auch auf menschliche Gemeinschaften: „Wenn eine Maschine eine Substanz ist, dann ist es auch ein Kreis von Menschen, die sich an den Händen halten, dann ist es auch eine Armee und am Ende jede Vielzahl von Substanzen."[13]

[7] F. Brunner: *Etudes sur la signification historique de la philosophie de Leibniz*, Paris 1950, S. 221.

[8] *Monadologie*, § 47, A VI, 2, 614.

[9] *Monadologie*, § 57-60, A VI, 2, 616-617.

[10] *Die vernünftigen Gründe der Natur und Gnade*, zit. nach H. C. Ratschow (Hrsg.): G. W. Leibniz: Gott, Geist, Güte. Eine Auswahl aus seinen Werken. Gütersloh 1947, S. 120.

[11] E. Schering: *Leibniz und die Versöhnung der Konfessionen* (= Arbeiten zur Theologie, Reihe I, Nr. 28), Stuttgart 1966, S. 40.

[12] Ebd.

[13] An *Arnauld* (April 1687), in: G. Krüger (Hrsg.): G.W. Leibniz: Die Hauptwerke. Stuttgart 1933, S. 93-94.

## *2. Das monadische Bild der Einen Kirche*

Auch die Kirche ist eine menschliche Gemeinschaft. Leibnizens Vorstellung von „Kirche" ist daher nicht nur verrechtlicht (wie bei Grotius) und funktionalistisch (in Bezug auf die Politik des Reiches), sondern *monadisch.* Als eine solche Monade ist die Kirche für Leibniz eine notwendig auf Einheit ausgerichtete Repräsentation der Welt, „eine geschichtlich-monadische Person, eine Monade, mit den ihr eigenen Ordnungsgesetzen"[14]. Jede einzelne Partikularkirche, jede Gemeinde trägt in ihrer Abgespaltenheit vom Ganzen immer noch die Vorstellung desselben in sich, ein Einheits-Bewusstsein, das nur aktiviert werden muss, um das Ganze wieder sichtbar zusammenzufügen. Die Monadologie eröffnet insoweit die *Möglichkeit* zur Einheit. Hinzu kommt – ebenfalls aus der monadologischen Substanzmetaphysik folgend – die Annahme einer *Notwendigkeit* von Einheit. Nur in der Repräsentation des Ganzen in seinen Teilen kommt dem Ganzen bei Leibniz eine ontologische Qualität zu: „Ich halte den folgenden identischen Satz, der nur durch die Betonung seine Verschiedenheit erlangt, für ein Axiom: daß nämlich, was nicht wahrhaft *ein* Wesen ist, auch nicht wahrhaft ein *Wesen* ist."[15] Übertragen auf die Ekklesiologie bedeutet dies: Nur die *Eine* Kirche ist demnach überhaupt eine *Kirche*. Die Vorstellung, dass alle Konfessionen Partikularkirchen der einen „katholischen" Gesamtkirche sind,[16] und die Überzeugung, dass dabei keine der Teil-Kirchen den Anspruch erheben kann, die einzig wahre Kirche zu sein, ist im Humanismus weit verbreitet, doch hat keiner vor Leibniz so deutlich betont, dass die Partikularkirchen trotz aller Unvollkommenheit nicht nur Teile der einen „katholischen" Gesamtkirche sind, sondern ihr Abbild, dass mithin jede Konfession für sich den Gedanken der Ökumene in sich trägt und damit vor Gott und für Gott Kirche ist. Zwar billigt er – im Sinne des graduell unterschiedlichen Perzeptionsvermögens – den „Konfessionsmonaden" eine unterschiedlich

---

[14] H. Schüssler: *Georg Calixt. Theologie und Kirchenpolitik* (= Veröffentlichungen des Instituts für europäische Geschichte 25). Wiesbaden 1961, S. 160.

[15] „[...] je tiens pour un axiome cette proposition identique qui n'est deiversifée que par l'accent, scavoir que ce qui n'est pas veritablement *un* estre, n'est pas non plus veritablement un *estre.*" (GP II, 97, übers. in P. Eisenkopf: *Leibniz und die Einigung der Christenheit. Überlegungen zur Reunion der evangelischen und katholischen Kirche*, München 1975, S. 23).

[16] „Katholisch" im eigentlichen Sinne des Wortes *καθολικός* („allgemein").

genaue Vorstellung vom göttlichen Willen zu, entscheidend ist hierbei jedoch die schon angesprochene Kontinuitätsvorstellung, welche eine Einheit der Konfessionsmonaden trotz der unterschiedlich klaren Perzeption ermöglicht.

### *3. Die lex continuitatis*

Grundsätzlich gilt für Leibniz entgegen der Tradition der Gegensatzpaare, dass sich Begriffe der Naturwissenschaft nicht gegenüber, sondern in Kontinuität zueinander stehen und sich ohne Unstetigkeiten ineinander überführen lassen, denn *natura non facit saltus*. Ihren Ursprung hat die *lex continuitatis* in der Geometrie, wo sie absolut notwendig ist. Da Gott die Natur gemäß geometrischen Ordnungsprinzipien eingerichtet hat, gilt sie auch dort. So ist etwa bei Leibniz die *Ruhe* als Grenzfall der Bewegungsgesetze geregelt.[17] Auch den Gegensatz von „belebter Natur“ und „toter Materie“ überwindet Leibniz in seiner Monadologie. Er entwickelt den Gedanken einer lediglich graduell differenzierten Einheit alles Beseelten. In diesem Sinne trennt er auch nicht zwischen „Geist-“ und „Körperwesen“. So besitzen Engel einen subtilen Leib[18] und auch die unsterbliche Seelenmonade verfügt über einen solchen, der jedoch so winzig ist, dass er unterhalb der Wahrnehmungsschwelle liegt.[19] Leibnizens Substanzmetaphysik umfasst auf diese Weise auch die Sphäre der Theologie und der Ekklesiologie. Mit der *lex continuitatis* gelingt ihm der Nachweis der Kompatibilität der konfessionsspezifischen Abendmahlslehren, so dass er zeigen kann, dass nicht im theologischen Dogma, sondern in der religiösen Praxis die Diskrepanz besteht. Leibniz nimmt sich des Dissenses im Abendmahlsverständnis auch mit Blick auf Unterschiede innerhalb der reformierten Kirchen an. Die theologische Auseinandersetzung um die Realpräsenz Christi in den Gestalten Brot und Wein (Konsubstantiation vs. Transsubstantiation) bezeichnet er in diesem Zusammenhang als nicht glaubensgrundlegend.[20] Zudem würde „[j]eder

[17] GP III, 53.

[18] GP II, 316.

[19] GP IV, 480.

[20] H. Rudolph: *Zum Nutzen von Politik und Philosophie für die Kirchenunion. Die Aufnahme der innerprotestantischen Ausgleichsverhandlungen am Ende des 17. Jahrhunderts*, in: M. Fontius, G. Smith, H. Rudolph (Hg.): Labora diligenter. Potsdamer Arbeitstagung zur Leibnizforschung vom 04. bis 06. Juli 1996 (= Studia Leibnitiana, Sonderheft

Versuch, den modus der Perzeption des Leibes Christi im Abendmahl oder der Realpräsenz Christi im Abendmahl determinieren zu wollen, [..] die absoluta Dei potentia leugnen [...]“[21], vermittels derer ein Körper auch der „praesentiae hyperphysicae [...] fähig sey“.[22] Mit der Allmacht Gottes weist Leibniz also die Leugnung der substantialen Präsenz des Leibes Christi im Abendmahl, wie sie etwa die Zwinglianer vortragen, als unzulässig zurück.[23] Festzuhalten bleibt: Es handelt sich für Leibniz eher um Missverständnisse als um wirklich grundsätzliche Unterschiede. Damit wird die bereits zitierte Auffassung, die konfessionelle Trennung sei prinzipiell überwindbar, auch theologisch gestützt.

Ausgehend von diesem Kirchenverständnis betreibt Leibniz seine Bemühungen um Reunion. Es gibt für ihn keine Gründe, am Erfolg der Gespräche zu zweifeln, gleichwohl er Hindernisse und offene Problempunkte erkannte. Zunächst jedoch – nachdem die Voraussetzungen gegeben sind – bemüht er sich, die Einheit der Kirche als oberste Christenpflicht zu deklarieren: „Jede wohlmeinende Person wird ohne Zweifel damit übereinstimmen, daß es nichts gibt, was bedeutungsvoller ist für die Ehre Gottes und das Wohl der Menschen [...], als die Wiederherstellung der Einheit der Kirche [...]“[24]. Jeder müsse „dem anderen entgegenkommen [..], soweit es sein Gewissen gestatten kann“[25]. Dabei hat er jedoch als konkrete Motive den Kampf gegen die inneren und äußeren Gefahren für die Christenheit im Auge, Bedrohungen, denen nur in der Ökumene begegnet werden kann.

## II. Motive der Reunionsbemühungen

Motiv der Kircheneinheit ist neben den erwähnten theologischen Erwägungen die Herstellung von politischer Stabilität im Reich, die nur durch religionspolitische Stabilität, d. h. eine einige, einzige Christenheit hervorgebracht und garantiert werden kann. Diese Stabilität war im Inneren durch den schwelenden Konfessionskonflikt, aber auch durch den zuneh-

29), Stuttgart 1999, S. 108-127, S. 120).

[21] Ebd., S. 123.

[22] *Unvorgreiffliches Bedencken*, LH I, IX, Bl. 174-315, Bl. 275 r, zit. nach H. Rudolph: A. a. O., S. 124.

[23] Ebd., S. 124.

[24] Foucher I, 2, 17.

[25] H. Müller: A. a. O., Nr. 46, S. 198.

menden Atheismus als gesellschaftsgefährdendes Phänomen in größter Gefahr und von außen durch die Türkenheere vor Wien zudem militärisch bedroht.

### *1. Die Einheit der Kirche als Bedingung für (religions-)politische Stabilität im Inneren*

Den Atheismus hält Leibniz für „die größte Kezerey“[26]. Insoweit meint er, „daß es gegenwärtig nötig ist, sich viel mehr einzusetzen für die Bekämpfung des Atheismus [...] als der Häresie“[27]. An diesem Kampf müssten sich „alle Theologen aller Religionen“ beteiligen.[28] Die neue Differenzierung, die Leibniz hier vornimmt und die von der konfessionellen Spaltung ablenkt, ist die zwischen religiösen und nicht-religiösen Menschen. Der Glaube an sich wird zur konstituierenden Bedingung des Staates. Nur religiöse Menschen können den Bestand des Reiches sichern.

Andererseits erkennt Leibniz die reale Gefahr, dass der schwelende Religionskonflikt erneut offen ausbricht und Mitteleuropa mit Gewalt überzieht. Die Erinnerung an den Dreißigjährigen Krieg ist noch allgegenwärtig, der Friede von Münster und Osnabrück (1648) erscheint brüchig. Die Reunionsverhandlungen werden so nicht zuletzt auch zu präventiven Friedensgesprächen. Leibniz hat die Hoffnung, dass die Verhandlungen „zu Ruhe, Einigkeit und gutem Vernehmen in Deutschland dienen“ können.[29] In diesem Sinne spricht er statt von Einheit der Kirche oft vom „Frieden der Kirche“, auf dem der Frieden im Reich basiert: „Wahrlich die Liebe (welche die höchste unter den Tugenden ist), das Verlangen nach Frieden, wozu Jesus Christus so ermahnt hat, [...] fordern, daß man nun nichts unterläßt, was in unserer Macht steht, und was dazu dienen kann, die unglückliche Spaltung zu beseitigen oder zu mindern“[30].

[26] An *Johann Friedrich* (März 1673), A I, 1, 487.

[27] An *Ernst v. Hessen-Rheinfels* (März 1685), A I, 5, 357.

[28] An *Spitzel* (Dezember 1669): „Ad hos [Atheos] oppimendos conspirare, hîc tutò συγκρητίζειν omnes omnium religionum Theologi deberent.“, A I, 1, 81.

[29] An *Ernst August* (Mai 1690), A I, 5, 578-579.

[30] An *Ernst v. Hessen-Rheinfels* (November 1687), A I, 5, 18 und an *Marie de Brinon* (Mai 1691), A I, 6, 198.

### 2. Die Einheit der Kirche als Bedingung für politische Stabilität gegen Bedrohungen von außen

Eine Pflicht besteht für Leibniz auch zur Abwehr der Gefahr, die von außen droht. Hier zeigt sich, wie weit Leibniz für die Idee der Einen Kirche und der Integrität des Reiches zu gehen ist, hier zeigt sich die Kompromissbereitschaft, die er anmahnt und zugleich motiviert sich hier sein positives Papstbild, das er gegen die lutherische Polemik vom „Antichristen“ setzt. Leibniz hat im Sinne der Stärke des Reichs ein „real-politisches Interesse an der Institution eines römischen Summepiskopats“[31]. Der *corpus christianum* kann als politischer Verband nur fortbestehen, wenn dem Papst der Primat *in ecclesiasticis* zukommt. Der Papst wird so zum personalen Garanten der Ökumene.

Leibniz hatte zur Kenntnis genommen, dass es nicht zuletzt Papst Innozenz XI. zu verdanken war, dass 1683 die zweite Belagerung Wiens durch die Türken aufgehoben und in den folgenden Jahren die türkische Herrschaft über Ungarn gebrochen werden konnte,[32] denn der Sieg über die osmanischen Truppen gelang dem Kaiser nur in Allianz mit Polen, Bayern und Sachsen. Es waren „die vereinigten christlichen Heere“, die siegten und bei deren Aufstellung der Papst konstruktiv mitgewirkt hatte. Auch das mag Leibniz von der Bedeutung der einigen Christenheit überzeugt haben. Begeistert hatte er bereits 1677 geschrieben, dass Innozenz „nichts sucht als die Ehre, die christlichen Fürsten miteinander versöhnt zu haben, und nichts wünscht als die Befriedigung, sie eines Tages gegen die osmanische Macht vereint zu sehen.“[33]

1683, das Jahr der Belagerung, war auch das Jahr, indem der Theologenkonvent zu Hannover stattfand, für Leibniz der größte Schritt seit der Reformation[34].

[31] H. Rudolph: *Kirchenbegriff und päpstlicher Primat bei Leibniz*, in: H. Breger, F. Niewöhner (Hg.): Leibniz und Niedersachsen (= Studia Leibnitiana, Sonderheft 28), Stuttgart 1999, S. 76-86, S. 79.

[32] Vgl. die Briefe an *Ernst v. Hessen-Rheinfels* (Januar 1688), A I, 5, 40 und an *v. Lüdinghausen* (Oktober 1688), A I, 5, 258.

[33] An *Johann Friedrich* (Mai 1677), A I, 2, 25.

[34] An *Bossuet* (Mai 1694), in: Müller Nr. 35, S. 138 und an *Seckendorff* (Mai 1685), A I, 4, 509.

## III. Verlauf der Verhandlungen

Von Wien aus wirkte Rojas y Spinola, der zu den wichtigsten Vertretern der Irenik des 17. Jahrhunderts gehörte. Seit 1661 war er von Kaiser Leopold I. mit diplomatischen Diensten zur Festigung des Bündnisses mit den deutschen Fürsten betraut, da die Auseinandersetzungen mit Ludwig XIV. und die Bedrohung durch die Türken eine stärkere Einheit des Reiches erforderten. Er bereiste zwischen 1675 und 1693 im Auftrag des Kaisers und mit Billigung des Papstes u. a. die Fürstenhöfe von Hannover, Lüneburg und Berlin. In allen seinen Reunionsgesprächen versuchte Spinola in großer Offenheit über kontroverse Auffassungen zu sprechen, Missverständnisse auszuräumen und der protestantischen Seite die katholische Auffassungen zu erläutern. Im Traktat *Concordia christiana circa puncta principaliora, quae inter romanos et protestantes schisma genearunt* hat er sein Unionsprogramm festgehalten, das aber nie verwirklicht werden konnte.

Sein Verhandlungspartner Molanus war Abt des evangelischen Klosters der Zisterzienser in Loccum. Er gilt nicht als eigenständiger theologischer Denker, „sein Charisma waren Kirchenpolitik und Kirchenregiment“[35]. Er war kein radikaler Verfechter der lutherischen Rechtfertigungslehre, die er als Schüler Georg Calixts in ihrer Absolutheit stets abgelehnt hatte. Von seinem Lehrer übernahm er das Doppelprinzip von Schrift und Tradition. Polemische Zuspitzungen des Konfessionskonflikts waren ihm fremd. Die konfessionellen Gegensätze hielt er für Missverständnisse. Ähnlich wie Leibniz sieht er die Kirche auf dem Weg zur *ecclesia universalis*. Ebenfalls ganz Leibnizens Gedanke ist die von ihm vertretene Auffassung, dass die Einheit der Kirche latent vorhanden ist und nur noch realisiert zu werden brauche; aus der *communio virtualis* müsse eine *communio actualis* werden.[36]

Gemeinsam mit dem Hofprediger Hermann Barckhausen schreibt er als Antwort auf Spinolas *Regulae circa christianorum omnium ecclesiasticam reunionem* den *Methodus reducendae unionis ecclesiasticae inter Romanenses et Protestantes*, der sich durch eine „klare Gedankenfüh-

---

[35] H. W. Krumwiede: *Molans Wirken für die Wiedervereinigung der Kirche*, in: Jahrbuch für niedersächsische Kirchengeschichte 61 (1963), S. 72-114, S. 82.

[36] H. Weidemann: *Gerard Wolter Molanus. Abst zu Loccum*. Bd. II, 1929, S. 52-53.

rung“[37] auszeichnet. Inhaltlich geht es um die Milderung der Streitfragen aus „Liebe zur Einheit der Kirche“[38] und die Feststellung von grundlegenden Übereinstimmungen in der Trinitätslehre, der Christologie und dem Erlösungsverständnis. Doch Papst Innozenz XI. versagt dem *Methodus* die Zustimmung und auch über Spinolas *Regulae* kann kein Konsens erzielt werden.

Leibniz Rolle in den Gesprächen ist zunächst die des kritischen Beobachters. Später bringt er sich moderierend in den Diskurs ein. Er versteht es, „den oft im Sande verlaufenden Gesprächen eine neue Wendung zu geben. [...] Deshalb scheute er weder Mühe noch langwierige Verhandlungen, in denen seine Gesprächspartner oft alte Argumente erneut und wenig einfallsreich vortrugen. War er abwesend, so stagnierten die Verhandlungen.“[39] Zum Disputationsstil bemerkte Leibniz die Bedeutung einer „geregelten Form [..], zu deren genaue Befolgung die Streitenden verpflichtet [sind]“ für den fruchtbaren und erfolgreichen Verlauf der Gespräche. Nicht hinnehmbar sei es daher, wenn man als Diskursteilnehmer „in die Luft hinein deklamiert, sich auf Pünktchen versteift, Ablenkungsmanöver macht durch Abschweifungen oder Änderung der Verhandlungsfolge, nur antwortet, wenn man es günstig findet, die Einwände oder treffenden Erwiderungen seines Gegners totschweigt, sie durch Spöttereien oder Invektiven lächerlich zu machen sucht, unnötige Wiederholungen bringt, die Rolle des Respondenten nicht von der des Opponenten unterscheidet, ebensowenig die des Beweispflichtigen von der des Nicht-Beweispflichtigen.“[40] In diesen Anstandregeln für Diskussionen aller Art zeigt sich eine gewisse Frustration angesichts der Polemiken am Verhandlungstisch und in den Schriftsätzen. Die Polemiker sind nicht an einer wirklichen Argumentation interessiert, sondern wollen nur rhetorisch siegen.[41] Dagegen argumentiert Leibniz besonnen im Geist seiner Philosophie und mit dem nötigen historischen Gespür und konzils-

---

[37] E. Schering: A. a. O., S. 27.

[38] Ebd.

[39] E. Schering: A. a. O., S. 28-29.

[40] *Promemoria für Ernst v. Hessen-Rheinfels* (November 1687), A I, 5, 11.

[41] Vgl. Leibniz an *Johann Friedrich* (Juni 1679): „Car je ne sius pas comme ceux qui sont toujours prevenus avant la dispute. Mais je m'éclairciray sur ces points dans la discussion même. Et je suis si sincere que je ne manqueray pas de suivre ce que j'auray trouvé de plus solide.“ (I, 2, 181).

geschichtlichem Hintergrundwissen. Nach dem Tod Spinolas (1695) verstärkt Leibniz seine Bemühungen in Richtung Paris, wo Jacques-Bénigne Bossuet, Bischof von Meaux, als Gesprächspartner auf katholischer Seite diente. Doch in Frankreich war die Lage denkbar ungünstig für weitere Verhandlungen, nachdem das Edikt von Nantes am 18. Oktober 1685 von König Ludwig XIV. im Edikt von Fontainebleau widerrufen worden war und die neuerliche Verfolgung der Hugenotten eine Fluchtwelle von einer Viertelmillion Menschen in die umliegenden protestantischen Länder auslöste. Das einstige Vertrauensverhältnis war zerrüttet, der Ton des Schriftwechsels nahm an Schärfe zu, die theologischen Differenzen wurden zunehmend durch persönliche Missstimmungen vertieft. Nach dem Tode Bossuets (1704) schrieb Leibniz über die zweite Korrespondenzphase: „[...] der Bischof von Meaux [...] nahm einen zu entschiedenen Ton an und wollte die Dinge zu weit treiben, indem er Lehren aufstellte, die ich nicht zugeben konnte, ohne mein Gewissen und die Wahrheit zu verraten. So kam es, daß ich ihm lebhaft und entschieden antwortete und einen ebenso scharfen Ton annahm wie er, um ihm zu zeigen, daß ich, auch wenn er ein noch so großer Kontroverstheologe war, seine Finessen zu gut kannte, um mich davon überraschen zu lassen.“[42] Den Vorbehalt des Gewissens, den Leibniz in Anspruch nimmt, hatte er bei aller Einheitsbemühung stets betont.

Das Ende der Bemühungen kommt sicherlich als Enttäuschung, aber nicht als Schock. Denn er hat bei allem Optimismus nicht den Blick für die Schwierigkeiten verloren. Zwar ist er davon überzeugt, dass unterschiedliche Auffassungen in theologischen Fragen die Einheit der christlichen Kirche ebensowenig zerstören können wie unterschiedliche philosophische oder naturwissenschaftliche Meinungen. Die Verschiedenheit der Meinungen, ja selbst des Kanons biblischer Texte hat keine grundlegende Verschiedenheit des Glaubens heraufbeschwören können. Doch Leibniz sieht die Verschiedenheit, er ignoriert die Differenzen nicht und scheut sich auch nicht, sie im Geist seiner Philosophie beim Namen zu nennen. Während Leibniz Irrtümern grundsätzlich wohlwollend begegnet, weil er sieht, dass es „für das Heil des Einzelnen wie für das Wohl der Gesamtheit [oft] besser [ist], Sondermeinungen zu tolerieren und

[42] An *Burnet de Kemney* (Dezember 1705), in: Klopp 9, Nr. CCCXL, S. 182.

über Irrtümer hinwegzusehen, statt sie mit blindem Eifer zu bekämpfen“[43], gibt es drei Aspekte, die er im Sinne seiner philosophischen (insbesondere ontologischen und substanzmetaphysischen) sowie seiner theologischen (insbesondere schöpfungstheologischen) Vorstellungen nicht tolerieren kann: 1. das Festhalten an der Unfehlbarkeit des Papstes, 2. den Wunderglauben und 3. die Verweltlichung des liturgischen Ritus.

## IV. Probleme auf dem Weg zur Einheit

### *1. Die Unfehlbarkeit des Papstes*

Auch wenn – wie oben erwähnt – das Papstbild Leibnizens ein positives ist und auch wenn die Oberhoheit des Papstes aufgrund der Kirchengeschichte für Leibniz außer Frage steht, kann es eine „Unfehlbarkeit“ des Amtsträgers nicht geben. Gegen ihre Notwendigkeit zur Schlichtung von Kontroversen argumentiert er mit dem Gewicht der vernünftigen Einsicht in die offenkundigen Vorzüge der christlichen Religion gegenüber anderen Religionen. Nicht etwa eine Person ist mithin unfehlbar, sondern der christliche Glaube an sich, der Glaube an einen unfehlbaren Gott, ist unfehlbar. So habe sich der Christ an Glaubenssätzen, nicht an päpstlichen Verlautbarungen zu orientieren.

### *2. Der Wunderglaube*

Den Glauben an singuläre Eingriffe Gottes in den Lauf der Dinge, auch gegen die Gesetze der Natur, attackiert Leibniz vehement und setzt ihm die „prästabilierte Harmonie“ entgegen, durch die Gott von Anbeginn alles auf das Beste eingerichtet habe, so dass ein „Nachjustieren“ etwaiger Schöpfungsmängel – für Leibniz eine Unmöglichkeit, weil im Widerspruch zum Optimalweltgedanken stehend – nicht nötig ist. An Arnold schreibt Leibniz: „Unendlich viel vernünftiger und Gottes würdiger ist die Annahme, daß Gott die Maschine dieser Welt gleich anfangs so geschaffen hat, daß es ohne Durchbrechung der beiden großen Naturgesetze, nämlich der Gesetze der Erhaltung der Kraft und der Bewegungsrichtung, vielmehr – den Fall des Wunders ausgenommen – unter vollkommener Wahrung der Gesetze so zugeht, daß die Triebfeder der Körper gerade in dem Augenblick bereit ist, in der richtigen Weise von sich aus zu

[43] P. Eisenkopf: A. a. O., S. 94.

spielen, in dem die Seele den entsprechenden Willen und Gedanken hat.“[44]

*3. Die Verweltlichung des Ritus*

Leibniz, in dessen Weltbild alles beseelt ist, kritisiert die unter den „Römischen“ zu beobachtende Tendenz einer Verdinglichung und einer Konzentration auf die Äußerlichkeit: „Ganz gegen den Willen unseres göttlichen Meisters ist die Religion auf bloße Zeremonien zusammengeschrumpft und die Lehre mit bloßen Formeln überladen worden.“[45]. Leibniz sieht die Gefahr, dass durch die Missbräuche in der Praxis des Kultes, „die oft die Seelen von der Liebe zu Gott abzuwenden scheint“[46], ein Hindernis auf dem Weg zur Reunion entstanden ist, das abgetragen werden müsse. Der Ritus habe unbedingt der kirchlichen Tradition zu entsprechen.[47] In seiner Ablehnung formaler dieseitsorientierter Religiosität steht Leibniz dem humanistischen Spiritualismus seiner Zeit nahe, der sich zwischen den Konfessionen als „dritte Kraft“ etablierte.[48]

## V. Die Aktualität Leibnizens für Ökumene und Politik

Aus dem Scheitern der Reunionsbemühungen ist nicht zu schließen, dass die Ökumene als Idee gescheitert oder Leibniz’ Wirken folgenlos gewesen sei. Es ist zu differenzieren zwischen Erfolg und Folgen, Misserfolg bedeutet also nicht Folgenlosigkeit. Leibniz hat deutlich gemacht, wo die Probleme liegen, aber auch, wo sie nicht liegen, nämlich gerade dort, wo sie heute oft gesehen werden, etwa im unterschiedlichen Abendmahlsritus. Die jüngste Enzyklika zum Eucharistieverständnis *Redemptionis Sacramentum* (2004) zementiert Vorstellungen, die eine Einheit erschweren.[49] Doch wenn Glaube noch etwas mit Vernunft zu tun hat, dann kann

[44] G. Krüger (Hrsg.): A. a. O., S. 89.

[45] *Essais de théodicée sur la bonté de dieu, la liberté de l'homme et l'origine du mal* (Preface), GP VI, S. 28.

[46] An *Ernst v. Hessen-Rheinfels* (Oktober 1680), A I, 3, 246-247.

[47] An *Ernst v. Hessen-Rheinfels* (März 1685), A I, 4, 354.

[48] Vgl. F. Heer: *Die dritte Kraft. Humanismus zwischen den konfessionellen Grenzen*, Frankfurt a. M. 1959. Der Spiritualismus hob die theologische Bedeutung individueller Religiosität angesichts einer als „erstarrt, versteinert und ungeistig“ (E. Schering: A. a. O., S. 23) empfundenen Kirche hervor.

[49] *Instruktion* Redemptionis Sacramentum *über einige Dinge bezüglich der heiligsten Eucharistie, die einzuhalten und zu vermeiden sind* (=Verlautbarungen des Apostolischen

hier keine Differenz entstehen, das legt Leibniz in seiner Substanzenlehre dar.
Fest steht ferner, dass auch heute die Kirche nur geeint Frieden stiften kann. Die praktische Zusammenarbeit evangelischer und katholischer Gruppen im sozialen Bereich überwiegt die theologischen Spitzfindigkeiten und herrschaftssichernden Differenzierungen. Vielleicht kann eine geeinte Kirche im Sinne Leibniz' zwar auf diese Weise nicht den äußeren Frieden, aber doch den inneren sichern helfen.
Es wäre jedoch falsch, aus Leibnizens eingeschränktem Einheitsbegriff, der nur die Christenheit umfasst, und seiner Befürwortung einer militärischen Lösung der osmanischen Belagerung Rückschlüsse abzuleiten für die Politik des „Christenclubs" EU, die Beitrittsverhandlungen mit der Türkei betreffend oder für die „westliche Welt" hinsichtlich des Umgangs mit dem Islam. Leibniz zu aktualisieren, bedeutet, ihn beim Wort zu nehmen und aus seinem Denken die Schlussfolgerungen zu ziehen, die er selbst nicht zog, d. h. seine Einheitsidee weiterzudenken und auf die Einheit des Menschengeschlechts zu beziehen. Auch interreligiöse und interkulturelle Einigung muss möglich sein, wenn man mit Leibniz annimmt, dass die Differenz zwischen den „Religions-" und „Kulturmonaden" nur eine graduelle und keine prinzipielle ist.

Stuhls 164), hrsg. v. d. Deutschen Bischofskonferenz, Bonn 2004. Darin ist zur „Disposition für den Empfang der heiligen Kommunion" zu lesen, dass „[k]atholische Spender [..] die Sakramente erlaubt nur katholischen Gläubigen [spenden]" (Nr. 85) und dass bei Messen „in Großstädten" darauf zu achten sei, dass „nicht aus Unwissenheit auch Nichtkatholiken [...] zur heiligen Kommunion hinzutreten" (Nr. 84).